D1640058

UNIREP JURA

Herausgegeben von Prof. Dr. Mathias Habersack

Höchstrichterliche Rechtsprechung in der Fallbearbeitung

Zivilrecht

von

Dr. Moritz Hennemann, M.Jur. (Oxford)

Albert-Ludwigs-Universität Freiburg

 C.F. Müller

Moritz Hennemann, Jahrgang 1985; Studium der Rechtswissenschaften in Heidelberg, Krakau und Oxford (M.Jur., 2010); Promotion 2011 in Freiburg; Assessorexamen 2014 in Hamburg; 2014 bis 2016 Rechtsanwalt bei Hengeler Mueller, Düsseldorf; seit 2016 Akademischer Rat a. Z. am Institut für Medien- und Informationsrecht, Abt. I: Privatrecht (Lehrstuhl *Paal*), Universität Freiburg.

Ausgewählte Veröffentlichungen: Urheberrechtsdurchsetzung und Internet, 2011; Immaterialgüter und Digitalisierung, 2017 (zusammen mit *Andreas Sattler*); Big Data as an Asset – Daten und Kartellrecht, 2018 (zusammen mit *Boris P. Paal*).

Bibliografische Information der Deutschen Nationalbibliothek

Die Deutsche Nationalbibliothek verzeichnet diese Publikation in der Deutschen Nationalbibliografie; detaillierte bibliografische Daten sind im Internet über http://dnb.d-nb.de abrufbar.

ISBN 978-3-8114-4739-4

E-Mail: kundenservice@cfmueller.de
Telefon: +49 89 2183 7923
Telefax: +49 89 2183 7620

www.cfmueller.de
www.cfmueller-campus.de

© 2018 C.F. Müller GmbH, Waldhofer Straße 100, 69123 Heidelberg

Satz: Gottemeyer, Rot
Druck: Zimmermann Druck + Verlag GmbH, Balve

Vorwort

Sehr geehrte Examenskandidatinnen und -kandidaten,

die „Höchstrichterliche Rechtsprechung" bietet Ihnen einen besonders auf Ihre Bedürfnisse zugeschnittenen Überblick über ausgewählte aktuelle Entscheidungen des BGH sowie – in geringem Umfang – des BAG und des BFH. Nicht besprochen werden dagegen instanzgerichtliche Entscheidungen – was keineswegs deren potenzielle Examensrelevanz in Frage stellen soll (siehe nur jüngst LG Arnsberg, NJW 2017, 2421 = JA 2017, 627). In gewissem Maße willkürlich ist zudem die Festlegung des Zeitraums für die in den Blick zu nehmende Rechtsprechung – was gilt noch als „aktuell"? Die Darstellung konzentriert sich auf zwischen 2014 und 2017 ergangene höchstrichterliche Entscheidungen. Es handelt sich hierbei – annäherungsweise – um den Zeitraum, in dem die meisten von Ihnen das Gros der grundständigen Vorlesungen im Zivilrecht gehört haben. Zu den Inhalten dieser Vorlesungen kann (und will) dieses Werk (nur) eine zeitbedingte Auffrischung darstellen. So hat die „Höchstrichterliche Rechtsprechung" nicht die Vermittlung bzw. Wiederholung materieller, grundständiger Rechtskenntnisse – oder auch der Klausurtaktik – zum Gegenstand, sondern setzt diese Kenntnisse vielmehr voraus.

Geboten wird Ihnen dagegen die Möglichkeit, anhand aktueller examensrelevanter Rechtsprechung, Ihr Wissen zu bestimmten Rechtsfragen bzw. Themenkomplexen zu ergänzen, zu überprüfen und zu erweitern. Ein Hauptanliegen ist es, Ihnen die jeweiligen wesentlichen Aspekte der tragenden Entscheidungsgründe sowie die Zusammenhänge der Urteile / Beschlüsse zu vermitteln. Aufgrund der Zielsetzung dieses Werkes kann (und soll) daher auch nicht auf jede denkbare Rechtsfrage eingegangen oder jede der Entscheidungen einer vertieften, umfassenden Kritik unterzogen werden. Ganz grundsätzlich gilt im Übrigen: Jura lernt (und lehrt) man nicht allein anhand von Fällen. Niemals aus dem Blick verloren werden darf deswegen der Umstand, dass gelungene Klausuren und mündliche Prüfungen selten allein einer einzigen Entscheidung nachgebildet werden.

Die Reihenfolge der Fälle orientiert sich zunächst am BGB und wendet sich sodann den Nebengebieten zu – wobei viele Entscheidungen naturgemäß Fragen aus mehreren Rechtsgebieten betreffen. Ganz allgemein bedingt die Vielzahl von höchstrichterlichen Entscheidungen eine Auswahl der zu besprechenden Entscheidungen. Eine solche Auswahl kann anders ausfallen, bedingt Wertungen und mag verständlicherweise auch Kritik hervorrufen – insofern sollen die nachfolgenden 60 Entscheidungen auch keinesfalls als die „wichtigsten" verstanden werden. Vielmehr wurde eine Auswahl getroffen, um unter verschiedensten Gesichtspunkten – sei es aufgrund des streitgegenständlichen Rechtsproblems und / oder aufgrund der Geeignetheit für rechtsgebietsübergreifende Prüfungen (teilweise auch mit Blick auf verfassungsrechtliche Bezüge) – besonders lohnenswerte Konstellationen aufzugreifen. Mit Blick auf die Examensrelevanz habe ich dabei einen Schwerpunkt auf die ersten drei Bücher des BGB gelegt – was auch dazu führt, dass nicht jede „lohnende" Entscheidung aus den Nebengebieten besprochen werden kann (und soll).

Zu den ausgewählten Entscheidungen finden Sie nachfolgend die jeweiligen amtlichen Leitsätze (falls vorhanden), den jeweiligen (stets für Ihre Erfordernisse gekürzten und teilweise vereinfachten) Sachverhalt, die Erläuterung der Entscheidung, ergänzt durch Vorschläge zum Prüfungsaufbau und weiterführende Hinweise auf die anderen Bände der Unirep Jura-Reihe. Die Vorschläge (!) zum Prüfungsaufbau orientieren sich an der jeweiligen Entscheidung des BGH, führen zu den jeweiligen Problemen hin und bilden daher stets (nur) einen Ausschnitt der Prüfung ab.

Zu jedem Rechtsgebiet (soweit vorhanden und ohne Anspruch auf Vollständigkeit) finden Sie zusätzlich im Anhang 1 weiterführende Literaturhinweise zur aktuellen Rechtsprechung / zu aktuellen Entwicklungen in den verschiedenen (Unter-)Rechtsgebieten. Zudem enthält Anhang 2 zur Vertiefung (nicht abschließend zu verstehende) Hinweise auf weitere „lohnende" höchstrichterliche Entscheidungen.

Die „Höchstrichterliche Rechtsprechung" ist ursprünglich konzipiert worden für meine Veranstaltung „Höchstrichterliche Rechtsprechung in der Fallbearbeitung: Zivilrecht" im Zuge des Freiburger Examensvorbereitungsprogramms. Zu Dank verpflichtet bin ich daher zunächst den Freiburger Examenskandidatinnen und -kandidaten für zahlreiche hilfreiche und konstruktive Rückmeldungen innerhalb der Veranstaltungen. Mein besonderer Dank für vielfältige redaktionelle Unterstützungsleistungen gilt den Mitarbeiterinnen und Mitarbeitern des Lehrstuhls *Paal*, Institut für Medien- und Informationsrecht, Abt. I: Privatrecht. Zu danken habe ich ebenso *Dr. Stefan Thönissen*, LL.M. (Yale), der eine frühere Fassung des Manuskripts kritisch durchgesehen und die Fälle 20, 29 und 32 mitkonzipiert hat.

Über Rückmeldungen zur „Höchstrichterlichen Rechtsprechung" freue ich mich sehr. Korrekturvorschläge, Anregungen und Kritik können Sie mir gerne unter moritz.hennemann@jura.uni-freiburg.de zukommen lassen.

In der Hoffnung, Ihnen und Ihrer Examensvorbereitung mit diesem Werk zu dienen, wünsche ich Ihnen für die (in näherer oder fernerer Zukunft) anstehenden Prüfungen viel Erfolg!

Freiburg, im April 2018   *Moritz Hennemann*

Inhaltsverzeichnis

Vorwort V

A. BGB Allgemeiner Teil 1
    I. Vertragsschluss 1
    II. Anfechtung 11

B. Schuldrecht Allgemeiner Teil 14
    I. Schuldverhältnis 14
    II. Schadensersatzrecht 18
    III. AGB-Recht 32
    IV. Sonstiges 38

C. Schuldrecht Besonderer Teil 44
    I. Kaufrecht 44
    II. Mietrecht 63
    III. Werkvertragsrecht 76
    IV. Reisevertragsrecht 80
    V. Geschäftsführung ohne Auftrag 83
    VI. Bürgschaftsrecht 85
    VII. Bereicherungsrecht 88
    VIII. Deliktsrecht 93

D. Sachenrecht 109
    I. Besitzschutz 109
    II. Eigentümer-Besitzer-Verhältnis 115
    III. Mobiliarsachenrecht 118
    IV. Immobiliarsachenrecht 121

E. Familienrecht 130

F. Erbrecht 133

G. Handelsrecht 142

H. Gesellschaftsrecht 145

I. Arbeitsrecht 160

J. Zivilprozess- und Zwangsvollstreckungsrecht 166

Anhang 1: Ergänzende Literaturhinweise 171
Anhang 2: Weitere ausgewählte höchstrichterliche Entscheidungen
               zur Vertiefung 177

A. BGB Allgemeiner Teil

I. Vertragsschluss

1. BGH, Urt. v. 14.5.2014 – VII ZR 334/12, NJW 2014, 2100 = JuS 2014, 1118

Leitsätze

1. Die Grundsätze von Treu und Glauben erfordern, dass der Empfänger eines Vertragsangebots seinen davon abweichenden Vertragswillen in der Annahmeerklärung klar und unzweideutig zum Ausdruck bringt (…).

2. Diese Anforderungen können im Einzelfall nicht gewahrt sein, wenn der Empfänger eines schriftlichen Angebots an Stelle des ursprünglichen Textes die von ihm vorgenommenen wesentlichen Änderungen mit gleichem Schriftbild so in den Vertragstext einfügt, dass diese nur äußerst schwer erkennbar sind, und in einem Begleitschreiben der Eindruck erweckt wird, er habe das Angebot unverändert angenommen.

Sachverhalt (gekürzt)

Nach einer Anfrage der K vom 30.6.2010 über näher bestimmte Bauleistungen übersandte B der K am 10.8.2010 einen „Auftrag" zur Unterzeichnung. Darin war unter anderem festgelegt: „Zahlungen werden in folgender Weise geleistet: Abschläge iHv. 90 % auf die erbrachten Leistungen; 5 % nach Fertigstellung, Schlussrechnung und Abnahme; 5 % Sicherheitseinbehalt auf die Dauer der Gewährleistung." Mit Schreiben vom 18.10.2010 übersandte K der B das von ihr unterzeichnete Auftragsschreiben vom 10.8.2010 mit folgendem Wortlaut:

> „Anbei erhalten Sie die beiden Exemplare des Bauvertrags … unterschrieben zu Ihrer weiteren Verwendung zurück. Wir möchten Sie bitten, ein Exemplar unterschrieben an uns zurückzusenden."

K hatte den Vertragsinhalt geändert. K hatte die Bestimmungen zu Zahlungsweise und zum Sicherheitseinbehalt gelöscht und an deren Stelle mit identischer Schrifttype stattdessen folgenden Text eingefügt:

> „Der Auftraggeber verpflichtet sich, die gesamte Summe an den Auftragnehmer auszuzahlen. Verrechnungen mit alten Bauvorhaben dürfen nicht vorgenommen werden."

B bemerkte diese Änderung nicht, sondern änderte danach in Absprache mit K nur noch die Ausführungsmodalitäten auf dem von K unterzeichneten Auftrag handschriftlich ab und übersandte diesen gegengezeichnet an K.

K verlangt von B Vergütung für die auf Grund des Vertrags ausgeführten Leistungen. B macht die Aufrechnung mit einer Forderung (aus einem anderen Bauvorhaben) geltend.

Erläuterung

Der Fall kombiniert eine Vielzahl von Problemen aus dem Allgemeinen Teil und ermöglicht eine vertiefende Auseinandersetzung mit Fragen der Rechtsgeschäftslehre. Dass im Ergebnis K mit seiner „Trickserei" nicht durchdringen wird, ist absehbar.

Hierfür bedarf es allerdings einer detaillierten Prüfung des Vertragsschlusses. Sauber herauszuarbeiten ist zunächst, worin Angebot und Annahme zu sehen sind. Die Anfrage vom 30.6.2010 ist (wahrscheinlich) nur eine *invitatio ad offerendum*. Andernfalls wäre zu thematisieren, ob das Angebot nicht aufgrund Fristablaufs (nach ca. 6 Wochen) erloschen ist (§ 147 Abs. 2 BGB). Was sodann genau Angebot und Annahme war, kann für die Frage des „Ob" des Vertragsschlusses (wohl) dahinstehen. Zumindest die letzte Gegenzeichnung des B dürfte als Annahme zu begreifen sein (wobei hier ein verdeckter Dissens, § 155 BGB, diskutiert werden kann). Je nach Angaben im Sachverhalt (Anfechtungserklärung, -frist etc.) wäre in einer gutachterlichen Falllösung auch an eine Anfechtung durch B zu denken. In Betracht kommt ein Inhaltsirrtum und / oder eine arglistige Täuschung. Allerdings wird eine *ex tunc*-Nichtigkeit dem Interesse des B selten dienen, sondern es wäre vielmehr eine (Teil-)Anfechtung betreffend das Aufrechnungsverbot zu erwägen.[1] Inwieweit sich K betreffend das Schreiben vom 18.10.2010 auf § 150 Abs. 2 BGB berufen kann (und wann genau der Vertrag geschlossen wurde), muss spätestens bei der Frage nach einem vereinbarten Aufrechnungsverbot geklärt werden. Kurz zu erwähnen: Ein Aufrechnungsverbot wurde nicht *expressis verbis* vereinbart, ergibt sich aber durch Auslegung (§§ 133, 157 BGB) der „untergeschobenen" Klausel. Zur Vereinbarung des Verbots führt der BGH aus:

> „[Die] Auffassung (…), [K] habe [B] wirksam ein neues Vertragsangebot unterbreitet, [kann] keinen Bestand haben. Auch im Rahmen von § 150 II BGB sind die Grundsätze von Treu und Glauben anzuwenden. (…) Erklärt der Vertragspartner seinen vom Angebot abweichenden Vertragswillen nicht hinreichend deutlich, kommt der Vertrag zu den Bedingungen des Angebots zu Stande (…). [K] hat mit der von ihr gewählten Formulierung „anbei erhalten Sie die beiden Exemplare des Bauvertrags … unterschrieben zu Ihrer Verwendung zurück" aus der Sicht eines objektiven Erklärungsempfängers zum Ausdruck gebracht, das Vertragsangebot der [B] unverändert angenommen zu haben. (…) [Der] Vertrag [ist] zu den Bedingungen des Angebots der [B] vom 10.8.2010 zu Stande gekommen ist und [hat] lediglich im Hinblick auf die einvernehmlich neu festgelegten Fristen eine Änderung erfahren."[2]

Prüfungsaufbau

I. § 631 Abs. 1 BGB (iVm. § 650a BGB n. F.)
   1. Werkvertrag
      a) Angebot und Annahme
         aa) Anfrage vom 30.6.2010
            (P) *invitatio ad offerendum*
            (P) Annahmefrist

---

1 *Riehm*, JuS 2014, 118, 120.
2 BGH, NJW 2014, 2100, 2101.

  bb) Schreiben vom 10.8.2010 / Übersendung vom 18.10.2010 / letzte Gegen-
   zeichnung?
   (P) „ob" des Vertrags / § 150 Abs. 2 BGB / Dissens
 b) Anfechtung
  (P) Inhaltsirrtum / Arglistige Täuschung
  (P) Interesse an Anfechtung
  (P) Beschränkung der Anfechtung auf Aufrechnungsverbot?
 c) Zwischenergebnis
2. Aufrechnung, § 389 BGB
 a) Aufrechnungsverbot?
  (P) Auslegung der Klausel
  (P) Vertragsinhalt / § 150 Abs. 2 BGB
 ...

Weiterführende Hinweise

Angebot und Annahme: *Gottwald/Würdinger*, BGB AT, § 2 III Rn. 67 ff.
Konsens und Dissens: *Gottwald/Würdinger*, BGB AT, § 2 IV 9 Rn. 77 ff.

2. BGH, Urt. v. 11.11.2014 – X ZR 32/14, NJW 2015, 1513 = JuS 2015, 644

Leitsatz

Die Erteilung des Zuschlags auf ein von einem Kalkulationsirrtum beeinflusstes Angebot kann einen Verstoß gegen die Pflicht zur Rücksichtnahme auf die Interessen des betreffenden Bieters darstellen. Die Schwelle zu einem solchen Pflichtenverstoß ist überschritten, wenn dem Bieter aus Sicht eines verständigen öffentlichen Auftraggebers bei wirtschaftlicher Betrachtung schlechterdings nicht mehr angesonnen werden kann, sich mit dem irrig kalkulierten Preis als einer auch nur annähernd äquivalenten Gegenleistung für die zu erbringende Bau-, Liefer- oder Dienstleistung zu begnügen (…).

Sachverhalt (gekürzt)

Das Bundesland K hatte Bauarbeiten zur Fahrbahnerneuerung ausgeschrieben und B dort das weitaus günstigste Angebot (455.000 Euro) abgegeben. Nach dem Eröffnungstermin teilte B der Vergabestelle des K mit, sie (B) habe in der Position 00.02.0009 des Leistungsverzeichnisses einen falschen Mengenansatz für den Asphaltbinder gewählt. Statt der geforderten Abrechnungseinheit „Tonne" (Menge: 4.125) sei die Abrechnungseinheit „m²" und als Massenansatz 150 kg/m² zu Grunde gelegt worden (richtig gerechnet hätte B ein Angebot von ca. 679.000 Euro abgegeben). B bat, ihr Angebot wegen dieses Irrtums aus der Wertung zu nehmen. Dem entsprach die Vergabestelle nicht, sondern erteilte B nach weiterer Korrespondenz den Zuschlag. Nachdem B zum Ausdruck gebracht hatte, dass sie (B) den Auftrag nicht ausführen werde, erklärte die Vergabestelle den Rücktritt vom Vertrag und beauftragte einen anderen Bieter (mit dem zweitniedrigsten Gebot). Dieser rechnete für die Ausführung einen Betrag ab, der um ca. 175.000 Euro über dem Angebotspreis der B lag.

K verlangt nun von B Schadensersatz iHv. 175.000 Euro.

Erläuterung

Die Fallkonstellation eignet sich zur Kombination von Problemen der Anfechtung und der *culpa in contrahendo*.

Der Einstieg erfolgt über den Anspruch auf Schadensersatz statt der Leistung. Kurz erwähnenswert ist zunächst, dass gemäß § 325 BGB der Schadensersatzanspruch neben dem Rücktritt des K zum Zuge kommen kann. Im Zuge des Schuldverhältnisses ist – je nach Fallgestaltung – gegebenenfalls zunächst zu prüfen, ob nicht bereits eine Auslegung der Willenserklärungen (§§ 133, 157 BGB) der Parteien weiterhilft oder gar ein Dissens vorliegt. Ist dies beides nicht der Fall, ist fraglich, ob der Vertrag nicht gemäß § 142 Abs. 1 BGB als von Anfang an nichtig anzusehen ist. Die Feststellung der Anfechtungserklärung bedarf wiederum der Auslegung (§§ 133, 157 BGB) der Erklärung der B, ihr Angebot zurücknehmen zu wollen. Sauber geprüft werden muss sodann, ob ein Anfechtungsgrund vorliegt. Hier ist zunächst zwischen den verschiedenen Anfechtungsgründen zu differenzieren. Dabei ist klarzustellen, inwieweit es sich bei dem „Kalkulationsirrtum" um einen (unbeachtlichen) Motivirrtum handelt oder – je nach Angaben im Sachverhalt – um einen beachtlichen Inhaltsirrtum.[3] Zumindest gedanklich sollte man auch prüfen, ob nicht ein Wegfall der Geschäftsgrundlage in Betracht kommt. Verneint man einen Anfechtungsgrund (der BGH spricht die Anfechtung überhaupt nicht an), so sind die Deckungskosten (175.000 Euro) ein grundsätzlich zu ersetzender Schaden des K. Hiergegen steht der B aber eine Einrede aus § 242 BGB *(dolo agit)* zu (nach a. A. ist dies eine Frage der unzulässigen Rechtsausübung). Inzident führt dies zur Prüfung eines Schadensersatzanspruchs aus c. i. c. gerichtet auf Naturalrestitution, § 249 Abs. 1 BGB.

Entscheidend ist sodann die Frage nach der vom BGH bejahten (vorvertraglichen) Pflichtverletzung des K durch eine Annahme des Angebots. Der BGH führt neben dem oben vorgehobenen Leitsatz zusätzlich aus:

> „[Die] Rücksichtnahmepflichten der Vergabestelle aus § 241 II BGB [setzen] nicht erst dann [ein], wenn dem betroffenen Bieter bei Durchführung des Auftrags zum Angebotspreis in absehbarer Zeit Insolvenz oder vergleichbar prekäre wirtschaftliche Schwierigkeiten drohen (…). Es wäre unbillig, das Eingreifen von Rücksichtnahmepflichten aus § 241 II BGB gleichwohl davon abhängig zu machen, dass eine existenzielle Bedrohung des anderen Teils im Raum steht. Dafür ist vielmehr darauf abzustellen, ob zwischen dem Wert der für den Auftraggeber erbrachten Leistung und dessen Gegenleistung eine unbillige Diskrepanz herrscht (…)."[4]

Genau eine solche Lage liegt hier vor, da das Angebot von B ca. 27 % unter dem Angebot des nächsten Bieters liegt.

---

3 Siehe hierzu *Riehm*, JuS 2015, 644, 644 f.
4 BGH, NJW 2015, 1513, 1514.

Prüfungsaufbau

I. §§ 280 Abs. 1 u. 3, 281 Abs. 1 BGB
1. Schadensersatz neben Rücktritt, § 325 BGB
2. Schuldverhältnis
   a) Vertragsschluss
      (P) Auslegung, §§ 133, 157 BGB
   b) Anfechtung?
      aa) Anfechtungserklärung
         (P) Auslegung, §§ 133, 157 BGB
      bb) Anfechtungsgrund
         (1) Erklärungsirrtum
         (2) Inhaltsirrtum
            (P) Kalkulationsirrtum?
         (3) Eigenschaftsirrtum
3. Pflichtverletzung
4. Fristsetzung / Entbehrlichkeit der Fristsetzung, § 281 Abs. 1 u. 2 BGB
5. Vertretenmüssen, § 280 Abs. 1 Satz 2 BGB
6. Schaden
7. *dolo agit*-Einrede, § 242 BGB / (Gegen-)Anspruch der B aus §§ 280 Abs. 1, 241 Abs. 2, 311 Abs. 2 BGB (c. i. c.)
   a) Schuldverhältnis
   b) Pflichtverletzung
      (P) Annahme des Angebots als Pflichtverletzung?
      (P) Existenzielle Bedrohung erforderlich?
   c) Vertretenmüssen
   d) Schaden
   …

Weiterführende Hinweise

Kalkulationsirrtum: *Gottwald/Würdinger*, BGB AT, § 5 II 5 Rn. 156 f.
culpa in contrahendo: *Petersen*, Allgemeines Schuldrecht, § 2 III Rn. 69 ff.

3. BGH, Urt. v. 24.8.2016 – VIII ZR 100/15 – juris = MDR 2017, 75 (Auszüge)

Leitsätze

1. Das auf der eBay-Internetplattform mit Eröffnung der Auktion erklärte Angebot eines Anbieters ist sowohl nach § 145 BGB als auch nach den zur Erläuterung des Vertragsschlussvorgangs aufgestellten eBay-Bedingungen darauf angelegt, „einem anderen" als dem Anbieter die Schließung eines Vertrages anzutragen. Das Angebot kann deshalb nur durch einen vom Anbieter personenverschiedenen Bieter angenommen werden.

2. Das über ein zweites Mitgliedskonto unzulässig auf ein eigenes Angebot abgegebene Gebot eines Anbieters ist unwirksam und bleibt in der Reihe der abgegebenen

Gebote unberücksichtigt. Ein regulärer Bieter muss es deshalb auch nicht übertreffen, um Meistbietender zu werden oder zu bleiben.

3. § 156 BGB findet auf eBay-Auktionen keine Anwendung (…).

Sachverhalt (gekürzt und vereinfacht)

Bei einer auf der Internet-Plattform eBay im Juni 2013 von B durchgeführten Auktion bot B unter dem Benutzerkonto „b." unter Vorgabe eines Startpreises von 1 Euro und einer Auktionsdauer von zehn Tagen einen gebrauchten PKW VW Golf VI zum Verkauf an. Die Auktion erfolgte auf der Grundlage der zu dieser Zeit maßgeblichen Allgemeinen Geschäftsbedingungen von eBay. Dort hieß es auszugsweise:

„§ 10 Auktion, Auktion mit Sofort-Kaufen-Option, Multiauktion und Angebot an unterlegene Bieter:

1. Stellt ein Anbieter auf der eBay-Website einen Artikel im Angebotsformat Auktion ein, gibt er ein verbindliches Angebot zum Abschluss eines Vertrags über diesen Artikel ab. (…) Der Bieter nimmt das Angebot durch Abgabe eines Gebots über die Bieten-Funktion an. Das Gebot erlischt, wenn ein anderer Bieter während der Angebotsdauer ein höheres Gebot abgibt. Bei Ablauf der Auktion oder bei vorzeitiger Beendigung des Angebots durch den Anbieter kommt zwischen Anbieter und Höchstbietendem ein Vertrag über den Erwerb des Artikels zustande, (…).

2. Jeder Bieter kann bei einer Auktion ein Maximalgebot abgeben. (…) Bieten weitere Mitglieder auf den Artikel, so wird das aktuelle Gebot automatisch schrittweise erhöht, sodass der Bieter so lange Höchstbietender bleibt, bis sein Maximalgebot von einem anderen Mitglied überboten wurde. (…)

6. Mitglieder dürfen den Verlauf einer Auktion nicht durch die Abgabe von Geboten unter Verwendung eines weiteren Mitgliedskontos oder durch die gezielte Einschaltung eines Dritten manipulieren. Insbesondere ist es dem Anbieter untersagt, selbst Gebote auf die von ihm eingestellten Angebote abzugeben."

Die Auktion des B begann am 20. Juni 2013. K gab über sein Benutzerkonto „kl." im Laufe des ersten Tages der Auktionslaufzeit mehrere Maximalgebote ab (das erste Gebot lag bei 1,50 Euro), durch die K zeitweise auch als Höchstbietender ausgewiesen wurde. Sein (K) zuletzt um 15:37 Uhr abgegebenes Maximalgebot auf das zum Verkauf stehende Fahrzeug betrug 17.000 Euro. Als einziger weiterer Bieter neben dem Kläger beteiligte sich B in verdeckter Form selbst an der Auktion, indem B über sein weiteres Benutzerkonto „k***k" nacheinander eine Reihe jeweils erhöhter Maximalgebote abgab, und zwar zuletzt um 12:43 Uhr in Höhe von 17.000 Euro. Mit diesem Betrag blieb er bis zum Auktionsende am 30. Juni 2013 Höchstbietender, nachdem der Kläger sein um 15:37 Uhr in gleicher Höhe abgegebenes Maximalgebot nicht mehr weiter erhöht hatte und deshalb aufgrund seines zeitlichen Nachrangs unterlegen war.

Anfang August 2013 forderte K den B mit Anwaltsschreiben unter Fristsetzung auf, ihm das Fahrzeug zu einem Kaufpreis von 1,50 Euro zu übereignen. Nachdem B innerhalb der gesetzten Frist mitgeteilt hatte, das Fahrzeug zwischenzeitlich veräußert zu haben, erklärte K den Rücktritt vom Kaufvertrag und verlangte die Zahlung von Schadensersatz in Höhe von 16.500 Euro.

Erläuterung

Fallkonstellationen mit sogenannten Internet-„Auktionen" (keine Auktionen im Sinne des § 156 BGB[5]) sind inzwischen Klassiker des Allgemeinen Teils – insbesondere seit dem ricardo.de-Urteil des BGH[6]. Die Frage des Vertragsschlusses und möglicher Schadensersatzansprüche bei „Abbruch" der „Auktion" hat den BGH in einer Vielzahl von Fällen beschäftigt.[7] Der vorliegende Fall eignet sich zunächst als kleine Wiederholung der maßgeblichen Standardprobleme zu Internet-„Auktionen". Darüber hinaus führt die (erstmals höchstrichterliche) Bewertung sogenannter treibender Gebote („shill-bidding")[8] zu den (alten) Wurzeln der Rechtsgeschäftslehre.

In der gutachterlichen Prüfung kann man zunächst kurz einen Schadensersatzanspruch wegen Unmöglichkeit (an-)prüfen, für eine Unmöglichkeit reicht die anderweitige Veräußerung grundsätzlich noch nicht aus.[9] Für einen Anspruch auf Schadensersatz statt der Leistung (den auch der BGH präferiert) sind dann zunächst im Zuge des Schuldverhältnisses der Vertragsschluss, also Angebot und Annahme anzusprechen. Das Einstellen zur Auktion durch den „Versteigerer" kann (mit den AGB der Plattform als „Auslegungshilfe") als Angebot an den (regulär) Höchstbietenden begriffen werden.[10] Unter Berücksichtigung der AGB ist nun fraglich, ob das Gebot (Annahme) von K iHv. 1,50 Euro durch ein höheres Gebot des B (bzw. durch Ks eigenen höheren Gebote) erloschen wäre. Dazu müssten die Gebote des B wirksam sein.[11] Dies ist nicht der Fall:

> „Das mit Eröffnung der Auktion erklärte Angebot des [B] war von vornherein nur an von ihm personenverschiedene Bieter gerichtet. Denn das in § 145 BGB geregelte Angebot ist bereits definitionsgemäß darauf angelegt, die Schließung eines Vertrages „einem anderen" als dem Anbietenden anzutragen. (…). Ein Vertrag setzt deshalb zu seiner wirksamen Entstehung begrifflich mindestens zwei zustimmende Willenserklärungen verschiedener Rechtssubjekte voraus (…). Mit diesem Erfordernis einer Personenverschiedenheit der Vertragspartner korrespondiert das Erlöschen eines solchen Schuldverhältnisses bei nachträglicher Vereinigung von Gläubiger- und Schuldnerstellung in einer Person (…) [A]uch die bei der Auslegung der Parteierklärungen zu berücksichtigenden eBay-AGB gehen in § 10 ersichtlich von einer Personenverschiedenheit (…) aus (…). Das nur an einen – personenverschiedenen – Anderen adressierte und deshalb nicht [von B] selbst annehmbare Angebot hat [K] mit seinem bei Auktionsende bestehenden Höchstgebot angenommen. Dieses betrug (…) 1,50 Euro, weil die Eigengebote des Beklagten unwirksam waren und der Kläger sie deshalb weder überbieten musste noch wollte, um Höchstbietender zu werden."[12]

Es ist somit ein Vertrag über das Auto für 1,50 Euro zustande gekommen. Zu den (auch in diesem Fall relevanten) Fragen der Nichtigkeit gemäß § 138 Abs. 1 BGB auf-

---

5 Zur Frage einer analogen Anwendung des § 156 Satz 2 BGB *Linardatos*, LMK 2017, 385307.
6 BGH, NJW 2002, 363.
7 Siehe die Nachweise bei *Riehm*, JuS 2015, 355, 356 Fn. 1.
8 Ausführlich hierzu *Linardatos*, JURA 2015, 1339.
9 Siehe aber näher *Lorenz*, LMK 2015, 365443.
10 Zur Frage einer Rücknahme von Angeboten siehe insbesondere jüngst BGH, NJW 2016, 395.
11 Zu Folgeproblemen siehe *Linardatos*, LMK 2017, 385307.
12 BGH, MDR 2017, 75, 76.

grund des groben Missverhältnisses zwischen Leistung und Gegenleistung und zum Einwand des möglichen Rechtsmissbrauchs („Abbruchjäger" bzw. „windfall profit") siehe nachfolgend Fall 4.

Zusätzlich noch folgende Hinweise: Würde der „Versteigerer" einen Dritten ein sogenanntes Lockvogel-Gebot abgeben lassen, ist dieses Gebot (auch) nach § 117 Abs. 1 BGB zu beurteilen. Siehe ferner zu den Grenzen der Auslegung von Willenserklärungen auf Online-Plattformen anhand von AGB BGH, NJW 2017, 1660.

Prüfungsaufbau

I. §§ 280 Abs. 1 u. 3, 283 BGB
   (P) Unmöglichkeit?
II. §§ 280 Abs. 1 u. 3, 281 Abs. 1 BGB
   1. Schadensersatz neben Rücktritt, § 325 BGB
   2. Schuldverhältnis
      a) Vertragsschluss nach § 156 BGB
      b) Vertragsschluss nach den §§ 145 ff. BGB
         aa) Vertragsschluss bei Internet-„Auktionen" / „eBay"-Rspr.
         bb) Angebot des B
         cc) Annahme des K
            (1) grds. Erlöschen durch höhere Angebote
            (2) Gebote des B höhere Angebote?
               (P) Gebote an sich selbst als „Angebot" im Rechtssinne?
      c) Nichtigkeit, § 138 Abs. 1 BGB
         (P) Missverhältnis zwischen Leistung und Gegenleistung
   3. Pflichtverletzung
   4. Fristsetzung, § 281 Abs. 1 BGB
   5. Vertretenmüssen, § 280 Abs. 1 Satz 2 BGB
   6. Schaden
   7. Rechtsfolge
      (P) Einschränkung durch Treu und Glauben, § 242 BGB („Abbruchjäger")
   …

Weiterführende Hinweise

Vertragsschluss im Internet: *Gottwald/Würdinger*, BGB AT, § 2 III 8 Rn. 74c f.

4. BGH, Urt. v. 12.11.2014 – VIII ZR 42/14, NJW 2015, 548 = JA 2015, 229 = JuS 2015, 355

Leitsatz

Zur Wirksamkeit eines im Wege der Internetauktion („eBay") abgeschlossenen Kaufvertrags, bei dem ein grobes Missverhältnis zwischen Leistung und Gegenleistung besteht (…).

Sachverhalt (gekürzt)

B stellte am 24.5.2012 einen gebrauchten VW Passat für zehn Tage zur Internetauktion bei eBay mit einem Startpreis von 1 Euro ein. K nahm das Angebot wenige Minuten später an, wobei er ein Maximalgebot von 555,55 Euro festlegte. Nach rund sieben Stunden brach B die Auktion ab. Dies führt nach den eBay-AGB zu einer Annahme des bisherigen Höchstgebots, soweit nicht ein Grund zur „Rücknahme" besteht (insbesondere bei Irrtum oder Untergang der Sache). Zu dieser Zeit war K der einzige Bieter. Auf dessen Nachfrage teilte B mit, dass er (B) einen Käufer außerhalb der Auktion gefunden habe.

Nach Ablauf einer von K gesetzten Frist, nimmt K den B auf Schadensersatz iHv. 5.249 Euro mit der zutreffenden Behauptung in Anspruch, dass das Fahrzeug 5.250 Euro wert gewesen sei.

Erläuterung

Der Fall eröffnet im Zuge von Internet-„Auktionen" mit der sogenannten „Abbruchjäger"-Konstellation Fragen der Nichtigkeit gemäß § 138 Abs. 1 BGB (und nach einer absoluten Mindermeinung auch des Rechtsbindungswillen des Abbruchjägers).

Kurz anschneiden kann man zunächst wiederum einen Anspruch wegen Unmöglichkeit, hierfür reicht die Veräußerung allein allerdings noch nicht aus. Maßgebliche Anspruchsgrundlage sind vielmehr die §§ 280 Abs. 1 u. 3, 281 Abs. 1 BGB (unerklärlicherweise zitiert der BGH hier zudem § 437 Nr. 3 BGB[13]). Zunächst ist wiederum die Frage des Vertragsschlusses anzusprechen (siehe hierzu oben Fall 3). Der „Versteigerer" gibt ein Angebot an den Höchstbietenden bzw. – hier entscheidend – das höchste Gebot bei Abbruch ab. Dieses hat K angenommen.

Anschließend muss geprüft werden, ob der Vertrag gegen die guten Sitten – aufgrund des groben Missverhältnisses zwischen Leistung und Gegenleistung – verstößt. Der BGH verneint dies:

> „Bei einer Internetauktion rechtfertigt ein grobes Missverhältnis zwischen dem Maximalgebot eines Bieters und dem (angenommenen) Wert des Versteigerungsobjekts nicht ohne Weiteres den Schluss auf eine verwerfliche Gesinnung des Bieters iSv. § 138 I BGB. Es bedarf vielmehr zusätzlicher (…) Umstände (…)."[14]

Solche Umstände liegen hier nicht vor, insbesondere die anfängliche Begrenzung auf 555,55 Euro soll insoweit kein durchschlagendes Indiz sein. Folgt man der Ansicht des BGH, ist schließlich noch eine Beschränkung des Anspruchs nach Treu und Glauben, § 242 BGB, in Erwägung zu ziehen.[15] Allein ein mögliches Profitieren eines Abbruchjägers reicht hierfür nicht:

> „Denn es ist der Verkäufer, der das Risiko eines für ihn ungünstigen Auktionsverlaufs durch die Wahl eines niedrigen Startpreises unterhalb des Marktwerts ohne Einrichtung

---

13 Vgl. auch *Stadler*, JA 2015, 229, 230.
14 BGH, NJW 2015, 548, 549.
15 Siehe hierzu OLG Koblenz, MMR 2009, 630.

eines Mindestpreises eingegangen ist (…). [B hat] durch seinen freien Entschluss zum nicht gerechtfertigten Abbruch der Auktion die Ursache dafür gesetzt, dass sich das Risiko verwirklicht."[16]

Abschließend noch folgender Hinweis: Der BGH hat jüngst in einer anderen Entscheidung angedeutet, dass ein Rechtsmissbrauch bei Abbruchjägern – je nach Umständen des Einzelfalls – in Betracht komme, musste dies allerdings (aufgrund der Unzulässigkeit der Klage im konkreten Fall) nicht abschließend entscheiden.[17]

Prüfungsaufbau

> I. §§ 280 Abs. 1 u. 3, 283 BGB
> (P) Unmöglichkeit?
> II. §§ 280 Abs. 1 u. 3, 281 Abs. 1 BGB
>   1. Schuldverhältnis
>   a) Vertragsschluss nach § 156 BGB
>   b) Vertragsschluss nach den §§ 145 ff. BGB
>   (P) Vertragsschluss bei Internet-„Auktionen" / „eBay"-Rspr. / Zustandekommen bei Abbruch
>   (P) Rechtsbindungswille des K
>   c) Nichtigkeit, § 138 Abs. 1 BGB
>   (P) Missverhältnis zwischen Leistung und Gegenleistung
>   2. Pflichtverletzung
>   3. Fristsetzung, § 281 Abs. 1 BGB
>   4. Vertretenmüssen, § 280 Abs. 1 Satz 2 BGB
>   5. Schaden
>   6. Rechtsfolge
>   (P) Einschränkung durch Treu und Glauben, § 242 BGB („Abbruchjäger")
>   …

Weiterführende Hinweise

Verstoß gegen die guten Sitten: *Gottwald/Würdinger*, BGB AT, § 4 III 2 Rn. 138 ff.

---

16 BGH, NJW 2015, 548, 549.
17 BGH, MMR 2016, 737, 737 f.

II. Anfechtung

5. BGH, Urt. v 4.12.2015 – V ZR 142/14, BeckRS 2016, 02862 = JuS 2016, 739

Leitsätze

1. Die Bestätigung eines anfechtbaren Rechtsgeschäfts gem. § 144 Abs. 1 BGB schließt als solche etwaige Schadensersatzansprüche des Anfechtungsberechtigten nicht aus.

2. Allerdings liegt in der Bestätigungserklärung in aller Regel ein konkludentes – von dem Anfechtungsgegner anzunehmendes – Angebot des Bestätigenden auf Abschluss eines Erlassvertrages bezogen auf solche Schadensersatzansprüche, die darauf zielen, ihn wegen des die Anfechtung begründenden Umstandes so zu stellen, wie er stünde, wenn der Vertrag nicht zustande gekommen wäre.

Sachverhalt (gekürzt)

Am 17.2.2012 verkaufte ein Ehepaar (B1 und B2) dem K eine vermietete Eigentumswohnung mit Garagenstellplatz für 63.000 Euro unter Ausschluss der Haftung für Sachmängel. Am 30.1.2013 informierten die Mieter G den K darüber, dass sich an den Außenwänden in der Küche, im Schlafzimmer und im Bad großflächig Schimmel bilde und dass dies bereits vor Abschluss des Kaufvertrags mehrfach aufgetreten sei. Es sei damals ein Kostenvoranschlag für die Schimmelbeseitigung bei einer Fachfirma eingeholt worden. K wandte sich am 13.2.2013 an B:

„Hallo B1, hallo B2, ich habe gestern den Kostenvoranschlag zur Schimmelbeseitigung von der Fa. Werner von den Eheleuten G erhalten, welchen Sie ihnen freundlicherweise diese Woche per Post zugesendet haben. Ich habe schon mit dem Malermeister gesprochen. Er wird zeitnah die erforderlichen Arbeiten ausführen und damit sollten zukünftig die in der Winterzeit immer wiederkehrenden Schimmelprobleme in der Wohnung der Vergangenheit angehören. Mit dem Erwerb der Wohnung letztes Jahr bin ich vollumfänglich zufrieden und bin froh, dass ich letztes Jahr den Kaufvertrag unterschrieben habe. Viele Grüße aus Sachsen, K"

Am 21.2.2013 hielt K B1 und B2 vor, sie hätten ihn arglistig getäuscht. B1 und B2 hätten von dem massiven Schimmelbefall in der Vergangenheit gewusst, ihn hierüber aber nicht aufgeklärt. Nachdem B1 und B2 die Vorwürfe des K zurückgewiesen hatten, focht er (K) den Kaufvertrag an und erklärte den Rücktritt.

K verlangt Rückzahlung von 72.000 Euro (Kaufpreis zzgl. weiterer Kosten der Vertragsabwicklung) Zug um Zug gegen Rückübereignung der Wohnung.

Erläuterung

Der Fall hat zwei Knackpunkte. Zum einen die Annahme einer Bestätigung gemäß § 144 Abs. 1 BGB – dies ist eine Frage der Auslegung der E-Mail, §§ 133, 157 BGB:

> „Die Bestätigung eines anfechtbaren Rechtsgeschäfts nach § 144 BGB setzt keine ausdrückliche Erklärung voraus, sondern kann auch durch schlüssige Handlungen erfolgen. Es genügt ein Verhalten, das den Willen offenbart, trotz Kenntnis der Anfechtbarkeit an dem Rechtsgeschäft festzuhalten, d.h. das Rechtsgeschäft ungeachtet des Anfechtungsgrundes gelten zu lassen."[18]

Zum anderen die Frage, ob die Bestätigung (zugleich und konkludent) einen Verzicht von weiteren Gestaltungsrechten (Rücktritt) bzw. ein Angebot zum Abschluss eines Erlassvertrags betreffend auf Rückabwicklung gerichtete Ansprüche (ein Verzicht bzw. Erlassvertrag hinsichtlich aller in Betracht kommenden Rechte / Ansprüche soll dem BGH zufolge nur ganz ausnahmsweise in Betracht kommen). Ein Angebot auf Abschluss eines Erlassvertrages nimmt der BGH an für den Anspruch auf Rückabwicklung aus §§ 280 Abs. 1, 241 Abs. 2, 311 Abs. 2 BGB und aus §§ 437 Nr. 3, 280 Abs. 1 u. 3, 281 Abs. 1 BGB (großer Schadensersatz). Das Angebot nahmen B1 und B2 konkludent an. Nach § 151 Satz 1 BGB ist ein Zugang der Annahme entbehrlich. Da gerade mit dem Erlassvertrag keine Rückübertragungspflicht begründet wurde (sondern eine solche gerade ausgeschlossen wurde), war der Erlassvertrag auch nicht nach § 311b Abs. 1 BGB formbedürftig.[19]

Nicht erwähnt werden vom BGH weitere Anspruchsgrundlagen betreffend eine Rückabwicklung (so insbesondere § 823 Abs. 2 BGB iVm. § 263 StGB und § 826 BGB) oder auch eine Rückabwicklung aufgrund eines Rücktritts (§§ 437 Nr. 2, 440, 323 Abs. 1 BGB). Es ist aber davon auszugehen, dass auch solche Ansprüche von dem Erlassvertrag respektive das Rücktrittsrecht als Gestaltungsrecht von einem (einseitigen) Verzicht des K erfasst sind.[20]

Darüber hinaus ist mit dem BGH folgendes zu bedenken:

> „Demgegenüber kann der Anfechtungsgegner in aller Regel aus einer Bestätigung nicht darauf schließen, solchen Schadensersatzansprüchen nicht ausgesetzt zu werden, die den vollzogenen Leistungsaustausch unberührt lassen und auch im wirtschaftlichen Ergebnis nicht auf eine Rückabwicklung hinauslaufen. (…) Auf solche Schadensersatzansprüche, bei denen sich der Anfechtungsberechtigte „auf den Boden des Vertrages stellt" (…), erstreckt sich das Angebot auf Abschluss eines Erlassvertrages deshalb im Regelfall nicht."[21]

Daher kommen – über das hiesige Begehren des K hinaus – die folgenden Ansprüche nach wie vor in Betracht: Nacherfüllung, §§ 437 Nr. 1, 439 Abs. 1 BGB; Minderung, §§ 437 Nr. 2, 441, 323 Abs. 1 BGB; sogenannter kleiner Schadensersatz, §§ 437 Nr. 3, 280 Abs. 1 u. 3, 281 Abs. 1 BGB; sowie (jeweils nur gerichtet die [Wert-]Differenz) An-

---

18 BGH, BeckRS 2016, 02862, Rz. 8.
19 Siehe allgemein hierzu MüKo/*Schlüter*, 7. Aufl. 2016, § 397 Rn. 2.
20 *Riehm*, JuS 2016, 739, 740 f.
21 BGH, BeckRS 2016, 02862 Rz. 27.

sprüche aus §§ 280 Abs. 1, 241 Abs. 2, 311 Abs. 2 BGB, § 823 Abs. 2 BGB iVm. § 263 StGB, und § 826 BGB.

Denkbar ist es auch die gesamte Problematik als Fall einer *dolo agit*-Einrede zu thematisieren.[22]

Prüfungsaufbau

I. §§ 437 Nr. 2, 346 Abs. 1, 440, 323 Abs. 1 BGB
  1. Kaufvertrag
    a) Vertragsschluss
    b) Nichtigkeit gemäß § 142 Abs. 1 BGB
      aa) Anfechtungserklärung
      bb) Anfechtungsgrund
        (P) Arglistige Täuschung
      cc) Ausschluss der Anfechtung, § 144 Abs. 1 BGB
        (P) Bestätigung?
  2. Gewährleistungsausschluss
    (P) § 444 BGB
  3. Mangel, § 434 BGB
  4. Fristsetzung / Entbehrlichkeit der Fristsetzung, § 323 Abs. 1 u. 2 BGB
  5. Rücktrittserklärung, § 349 BGB
  6. Verzicht
    (P) . Bestätigung als allgemeiner Verzicht?
    (P) Bestätigung als Verzicht auf das Gestaltungsrecht
    ...
II. §§ 437 Nr. 3, 280 Abs. 1 u. 3, 281 Abs. 1 BGB (großer Schadensersatz)
III. §§ 280 Abs. 1, 241 Abs. 2, 311 Abs. 2 BGB
IV. § 823 Abs. 2 BGB iVm. § 263 StGB
V. § 826 BGB
(III.-V. gerichtet auf Rückabwicklung)
    jeweils: (P) Bestätigung als Erlassvertrag / (P) Annahme des Angebots zum Abschluss eines Erlassvertrags / § 151 Satz 1 BGB

Weiterführende Hinweise

Bestätigung eines anfechtbaren Geschäftes: *Gottwald/Würdinger*, BGB AT, § 5 IV 2 Rn. 170
Erlass: *Petersen*, Allgemeines Schuldrecht, § 3 III 1 Rn. 135 f.

---

22 *Riehm*, JuS 2016, 739, 741.

B. Schuldrecht Allgemeiner Teil

I. Schuldverhältnis

6. BGH, Urt. v. 23.7.2015 – III ZR 346/14, NJW 2015, 2880 = JuS 2016, 70

Leitsatz

Wenn minderjährige Mitglieder eines Amateursportvereins von ihren Familienange-hörigen oder Angehörigen anderer Vereinsmitglieder zu Sportveranstaltungen gefah-ren werden, handelt es sich grundsätzlich – auch im Verhältnis zum Sportverein – um eine reine Gefälligkeit, die sich im außerrechtlichen Bereich abspielt, so dass Aufwen-dungsersatzansprüche gegen den Verein (hier: Ersatz eines Verkehrsunfallschadens) ausscheiden.

Sachverhalt (gekürzt)

Die Enkelin der K spielt in der Mädchen-Fußballmannschaft des beklagten Vereins B. Die Mannschaft nahm am 9.1.2011 in F. an der Hallenkreismeisterschaft teil. K, die ihre Enkelin zu dieser Veranstaltung bringen wollte, verunfallte als Teil eines von (Groß-)Eltern wahrgenommenen „Fahrdiensts" mit ihrem Pkw auf der Fahrt von S. nach F. und zog sich dabei erhebliche Verletzungen zu. Die A-Versicherungs-AG, bei der B eine Sportversicherung unterhält, lehnte die bei ihr angemeldeten Ansprüche der K ab. Es würden nur Vereinsmitglieder und zur Durchführung versicherter Ver-anstaltungen „offiziell eingesetzte" Helfer Versicherungsschutz genießen; zu diesem Personenkreis gehöre K nicht.

K hat daraufhin B auf Ersatz ihres materiellen und immateriellen Schadens in An-spruch genommen.

Erläuterung

Die Abgrenzung zwischen vertraglicher Bindung und (rein außerrechtlicher) Gefällig-keit ist das Eingangstor zum (Schuld-)Recht. Die Lehrbuch-Klassiker hierzu (private Einladung zum Abendessen etc.) dürften bekannt sein.

Der aktuelle Fall ermöglicht dem BGH zur Frage Stellung zu nehmen, ob bei einer außerrechtlichen Gefälligkeit Ansprüche aus Geschäftsführung ohne Auftrag (GoA) in Betracht kommen. Das juristische Bauchgefühl verneint dies intuitiv. Wenn es keine vertragliche Bindung gibt, wieso sollte der andere Teil (über das Deliktsrecht hinaus) für Schäden einstehen? Das sieht im Ergebnis auch der BGH so, wenngleich die dog-matische Begründung nicht auf der Hand liegt. Der Reihe nach wäre aus gutachter-licher Perspektive zunächst ein Anspruch auf Aufwendungsersatz gemäß § 670 BGB zu prüfen. Ein solcher scheidet mangels (vertraglichen) Auftrags aus. An dieser Stelle wäre – je nach Konstellation – der Sachverhalt ausgiebig auszuwerten. Hat – was der mitgeteilte Tatbestand des BGH offenlässt – eine Absprache mit dem Verein (mit einer vertretungsberechtigten Person!) stattgefunden oder organisieren sich die Eltern allein aus Gründen der Zeitersparnis? Zusammenfassend führt der BGH zum erforderlichen Rechtsbindungswillen aus:

> „Maßgeblich ist (…), wie sich dem objektiven Beobachter nach Treu und Glauben unter Berücksichtigung der Umstände des Einzelfalls mit Rücksicht auf die Verkehrssitte – das Handeln des Leistenden darstellt. Eine vertragliche Bindung [ist] zu bejahen (…), wenn erkennbar ist, dass für den Leistungsempfänger wesentliche Interessen wirtschaftlicher Art auf dem Spiel stehen und er sich auf die Leistungszusage verlässt oder wenn der Leistende an der Angelegenheit ein eigenes rechtliches oder wirtschaftliches Interesse hat (…)."[23]

Sodann muss man sich der Prüfung der (berechtigten) GoA zuwenden. Ob die Regelungen der GoA bei außerrechtlichen Gefälligkeiten überhaupt Anwendung finden, kann selbstredend unmittelbar geprüft werden. Aus klausurtaktischen Gründen ist allerdings eine (zumindest teilweise) nachgelagerte Prüfung zu erwägen. Dies ermöglicht, zunächst auf weitere sich stellende Fragen einzugehen. Sind mit der wohl ganz überwiegenden Meinung Schäden (die keine „freiwilligen" Vermögensopfer sind) auch als Aufwendungen im Sinne des §§ 683 Abs. 1, 670 BGB zu qualifizieren? Dies ließe sich durch Auslegung, Analogie oder mit dem Rechtsgedanken des § 110 Abs. 1 HGB begründen.[24] Sodann steht man vor der „Herausforderung", dass nun sämtliche Tatbestandsmerkmale der berechtigten GoA diskutabel sind. (Auch-)Fremdes Geschäft, Fremdgeschäftsführungswille, im Interesse und ohne Auftrag. Gleichwohl muss nun das indizielle Bauchgefühl umgesetzt werden, dass mittels der GoA bei außerrechtlichen Gefälligkeiten nicht eine rechtsgeschäftsähnliche Inanspruchnahme „durch die Hintertür" eingeführt wird. Hierzu wird vertreten, dass eine außerrechtliche Gefälligkeit kein „Geschäft" sei bzw. kein Fremdgeschäftsführungswille vorläge oder dass der Handelnde im sozialen Bereich (entsprechend § 685 Abs. 1 BGB) keine Aufwendungen (typisierend) erwarte bzw. verlange.[25] Der BGH bezieht nicht abschließend Stellung:

> „Gefälligkeiten des täglichen Lebens oder vergleichbare Vorgänge können insoweit regelmäßig den Tatbestand der §§ 677 ff. BGB nicht erfüllen. Hierbei kann dahinstehen, ob [ein] normative[s] [Verständnis] des Begriffs des „Geschäfts" (…) oder (…) des „Geschäftsübernahmewillens" [entscheidend ist] (…)."[26]

Zumindest kurz sollte stets in vergleichbaren Fallkonstellationen erwogen werden, ob nicht eine Haftung des Vereins aus c. i. c. in Betracht kommt. Anknüpfungspunkt wäre eine Aufklärungspflichtverletzung betreffend den (eingeschränkten) Versicherungsschutz – im Ergebnis dürfte dies allerdings dem Verein zu weitgehende Pflichten auferlegen.

---

23 BGH, NJW 2015, 2880, 2880.
24 Hierzu *Mäsch*, JuS 2016, 70, 70.
25 Zu alledem mit Nachweisen *Mäsch*, JuS 2016, 70, 71.
26 BGH, NJW 2015, 2880, 2880.

Abschließend noch folgender Hinweis: Bei einer (deliktsrechtlichen) Haftung im Zuge von Gefälligkeitsverhältnissen bedarf die Vereinbarung eines Haftungsverzichts einer sorgfältigen Prüfung.[27]

Prüfungsaufbau

I. § 670 BGB
  1. Schuldverhältnis?
    (P) Abgrenzung Auftrag, § 662 BGB / Gefälligkeit im außerrechtlichen Bereich
    …
II. §§ 683, 677, 670 BGB
  1. Aufwendungen
    (P) Schäden als Aufwendungen
  2. Voraussetzungen der (berechtigten) GoA
    a) Fremdes Geschäft
      (P) „Geschäft" bei Gefälligkeit?
    b) Fremdgeschäftsführungswille
      (P) Wille zum Führen eines „Geschäfts"?
    c) Im Interesse
    d) Ohne Auftrag
      (P) Ausschluss nach § 685 Abs. 1 BGB (analog)?
    …

Weiterführende Hinweise

Abgrenzung zwischen Gefälligkeit und Rechtsgeschäft: *Gottwald/Würdinger*, BGB AT, § 1 III 6 Rn. 31 f.
Anwendbarkeit der GoA: *Buck-Heeb*, Besonderes Schuldrecht 2, § 4 Rn. 20 ff.

7. BGH, Urt. v. 17.11.2016 – III ZR 139/14, NJW-RR 2017, 888

Leitsatz

Zu den Voraussetzungen der Einbeziehung eines Dritten in den Schutzbereich eines Vertrags.

Sachverhalt (gekürzt)

B wechselte im März 2009 auf Bitten der Nießbrauchsberechtigten (N) einer Doppelhaushälfte die an der Fassade angebrachte Außenlampe aus. Dabei erneuerte er auch die Verkabelung der Lampe bis zurück zur nächsten Umverteilung. Der Eigentümer (E) der Doppelhaushälfte beauftragte in der Folgezeit den Arbeitgeber des K mit Putzarbeiten an der Fassade des Gebäudeteils. Als K bei deren Ausführung am

---

27 Hierzu BGH, NJW-RR 2017, 272.

16.9.2009 mit der Außenlampe in Berührung kam, erlitt K einen Stromschlag, der zu einem hypoxischen Hirnschaden führte.

K ist seither schwerstbehindert und umfassend pflegebedürftig. Ermöglicht wurde der Stromschlag durch einen im Inneren des Gebäudes in die Wand geschlagenen Metallnagel, der das Schutzleiterkabel – noch vor der Umverteilung, hinter der die neue Verkabelung verlegt wurde – durchtrennt und eine Verbindung zwischen dem von B an das Lampengehäuse geklemmten Teil des Schutzleiterkabels und dem stromführenden Phasenleiterkabel hergestellt hatte. Hierdurch war das Lampengehäuse unter Strom gesetzt und der Fehlerstromschutzschalter funktionslos gemacht worden.

K nimmt den B auf Schadensersatz und Schmerzensgeld in Anspruch.

Erläuterung

Der jüngst entschiedene Fall eignet sich hervorragend zur knappen Wiederholung der Grundsätze des Vertrags mit Schutzwirkung zugunsten Dritter (VSD). Lehrbuchartig unterstreicht der BGH die Gründe für die Anerkennung des VSD (ergänzende Vertragsauslegung), seine bisherige Rechtsprechung (zunächst nur Personenschäden in „Wohl und Wehe"-Verhältnissen, sodann behutsame Ausweitung des persönlichen und sachlichen Anwendungsbereichs) und die einzelnen Voraussetzungen des VSD. Die entsprechende Passage ist lesenswert:

> „Der Dritte muss bestimmungsgemäß mit der (Haupt-)Leistung in Berührung kommen und den Gefahren von Schutzpflichtverletzungen ebenso ausgesetzt sein wie der Gläubiger (Leistungsnähe). Der Gläubiger muss ein Interesse an der Einbeziehung des Dritten in den Schutzbereich des Vertrages haben (Einbeziehungsinteresse). Für den Schuldner muss die Leistungsnähe des Dritten und dessen Einbeziehung in den Schutzbereich des Vertrages erkennbar und zumutbar sein (Erkennbarkeit und Zumutbarkeit). Für die Ausdehnung des Vertragsschutzes muss nach Treu und Glauben ein Bedürfnis bestehen, weil (…) der Dritte anderenfalls nicht ausreichend geschützt wäre (Schutzbedürfnis) (…)."[28]

Vor diesem Hintergrund verneint der BGH bereits das Erfordernis eines Einbeziehungsinteresses betreffend K sowie die Erkennbarkeit für B. Ein schutzwürdiges Interesse der N sei nicht erkennbar, insbesondere habe auch nicht sie (N) den Arbeitgeber des K beauftragt, sondern der E; ebenso sei nicht entscheidend, dass bestimmungsgemäß nur bestimmte Personen mit der Lampe in Kontakt kommen (wobei für N gerade dieser Personenkreis nicht abschließend beurteilt werden kann). Weiter führt der BGH aus:

> „[Das allgemeine] Bestreben der [N], „niemanden" durch die Lampe zu Schaden kommen zu lassen [bzw.] die Sicherheit „aller Personen" zu gewährleisten, die mit ihrem Wissen und Wollen mit der Lampe in Berührung kommen würden, [reiche nicht aus] (…). [Dieses] Anliegen gründete sich nicht auf eine rechtsgeschäftliche oder auch nur soziale Sonderbeziehung der [N zu K], sondern allenfalls auf ihr möglicherweise obliegende deliktische Verkehrssicherungspflichten (…)."[29]

---

28 BGH, NJW-RR 2017, 888, 890.
29 BGH, NJW-RR 2017, 888, 890.

In Betracht kommen selbstredend deliktsrechtliche Ansprüche, gegebenenfalls gegen N, vor allem aber gegen B (§ 823 Abs. 1 BGB bzw. § 823 Abs. 2 BGB iVm. § 229 StGB). Zu diesen Ansprüchen konnte der BGH aus revisionsrechtlichen Gründen nicht (abschließend) Stellung beziehen (die Vorinstanz hatte die Frage nach deliktsrechtlichen Ansprüchen aufgrund des anhängigen Strafverfahrens gegen B wegen fahrlässiger Körperverletzung, § 229 StGB, offengelassen).

Prüfungsaufbau

> I. §§ 280 Abs. 1, 241 Abs. 2 BGB iVm. den Grundsätzen des Vertrags mit Schutzwirkung zugunsten Dritter
> 1. Schuldverhältnis zwischen K und B
> 2. Schuldverhältnis zwischen N und B
>   (P) Abgrenzung Auftrag, § 662 BGB / Gefälligkeit im außerrechtlichen Bereich
> 3. Einbeziehung des K nach den Grundsätzen des Vertrags mit Schutzwirkung zugunsten Dritter
>   a) Leistungsnähe
>   b) Gläubigernähe / Einbeziehungsinteresse der N
>   (P) Gegenüber K?
>   (P) Abgegrenzter Personenkreis?
>   c) Erkennbarkeit und Zumutbarkeit
>   (P) Für B?
>   ...
> II. § 823 Abs. 1 BGB
> III. § 823 Abs. 2 BGB iVm. § 229 StGB

Weiterführende Hinweise

Vertrag mit Schutzwirkung zugunsten Dritter: *Petersen*, Allgemeines Schuldrecht, § 12 Rn. 464 ff.

II. Schadensersatzrecht

8. BGH, Urt. v. 18.3.2016 – V ZR 89/15, NJW 2016, 3235 = JuS 2016, 1024

Leitsatz

Der Eigentümer einer Sache kann, wenn der bösgläubige oder verklagte Besitzer seine Herausgabepflicht nach § 985 BGB nicht erfüllt, unter den Voraussetzungen der §§ 280 Abs. 1 u. 3, 281 Abs. 1 u. 2 BGB Schadensersatz statt der Leistung verlangen.

Sachverhalt (gekürzt und vereinfacht)

B betreibt Getränkemärkte und beteiligte sich an dem Einkaufsring der deutschen Getränkemärkte (EKR), der mit der mittlerweile insolventen C-GmbH einen Kooperationsvertrag geschlossen hatte. Die C-GmbH erhielt die exklusiven Vermarktungsrechte für digitale TV-Werbung und durfte in den Getränkemärkten der Mitglieder des EKR Videogerätesysteme aufstellen, die in ihrem Eigentum verbleiben sollten. Nach der Präambel des Kooperationsvertrags wurden die teilnehmenden Mitglieder des EKR aus dem Vertrag berechtigt und verpflichtet. Die Mitglieder sollten Provisionen für die Werbeeinnahmen erhalten. Auf der Grundlage dieses Kooperationsvertrags, der zum 30.9.2011 beendet wurde, stellte die C-GmbH 15 Videogerätesysteme in den Getränkemärkten der B auf.

Gestützt auf die (als zutreffend zu unterstellende) Behauptung, die C-GmbH habe die Videogerätesysteme an K verkauft und übereignet, forderte K deren Herausgabe. Nachdem B dies verweigert hat, verlangt K Schadensersatz iHv. 7.500 Euro (500 Euro je Gerätesystem).

Erläuterung

Der BGH entscheidet mit diesem Urteil eine zentrale Streitfrage im Verhältnis zwischen Sachenrecht und allgemeinem Schuldrecht – genauer: zwischen der Vindikation nach § 985 BGB und dem allgemeinen Leistungsstörungsrecht.

Die Ausgangslage für die Frage, ob der Eigentümer bei verweigerter Herausgabe seines Eigentums Schadensersatz statt der Leistung nach den §§ 280 Abs. 1 u. 3, 281 Abs. 1 BGB verlangen kann, stellt sich wie folgt dar: Sachenrechtlich stehen dem Eigentümer zur Verfügung die Vindikation nach § 985 BGB und – unter weiteren Voraussetzungen – Ansprüche aufgrund des Eigentümer-Besitzer-Verhältnis (EBV). Als spezielle(re) Regelung beurteilt sich die Frage nach etwaigen Schadensersatzansprüchen also zunächst nach den §§ 987 ff. BGB, insbesondere §§ 989, 990 BGB. Seinem Wortlaut nach umfasst der Schadensersatzanspruch nach §§ 989, 990 BGB allerdings nicht den sogenannten Vorenthaltungsschaden, sondern nur die Verschlechterung, den Untergang oder die Unmöglichkeit der Herausgabe der Sache. Diese Fälle sind allerdings hier nicht einschlägig – das Eigentum *kann* noch herausgegeben werden (früher wurde teilweise vertreten, dass die Nichtleistung den Fällen der Unmöglichkeit entspricht). Hieraus könnte man nun folgern, dass die §§ 987 ff. BGB abschließend sind und ein Anspruch aus §§ 280 Abs. 1 u. 3, 281 Abs. 1 BGB ausgeschlossen ist. Zu dem gleichen Ergebnis gelangt man, wenn man die Vindikation (mit guten Gründen) allein als „Instrument" zur Zusammenführung von Eigentum und Besitz begreift. Dies ist in keiner Weise ein unbilliges Ergebnis, denn dem Eigentümer steht es nach wie vor frei Herausgabeklage zu erheben. Zu bedenken ist auch: Gewährt man einen Schadensersatzanspruch aus §§ 280 Abs. 1 u. 3, 281 Abs. 1 BGB, ist gut vertretbar, dass dies wirtschaftlich betrachtet zu einer Art „Zwangskauf" der Sache führt.[30]

---

30   Siehe im Übrigen etwa *Baldus/Raff*, JR 2017, 429.

Der BGH sieht dies (auch aus historischen Gründen und Verweisen zur Schuldrechtsreform) anders und bejaht eine Anwendbarkeit des allgemeinen Leistungsstörungsrechts – in Übereinstimmung mit den gesetzlichen Wertungen des EBV – für den verschärft haftenden Besitzer (bösgläubig oder verklagt):

> „[M]it der Einfügung von § 281 BGB [sollten] die Gläubigerrechte gerade gestärkt werden (...) Der Anwendung der §§ 280, 281 BGB auf den Herausgabeanspruch aus § 985 BGB steht (...) nicht entgegen, dass es auf eine Art „Zwangskauf" hinausliefe (...). Der Schuldner wird rechtlich nicht gezwungen, die Sache zu erwerben. Gibt er sie nach einer Fristsetzung nicht freiwillig heraus, läuft er allerdings Gefahr, dass der Gläubiger schon vor einer rechtskräftigen Entscheidung über den Anspruch aus § 985 BGB Schadensersatz statt der Leistung verlangt (...) [dies] entspricht (...) dem Ziel der Schuldrechtsmodernisierung, dem Gläubiger (...) eine einfachere und kostengünstigere Möglichkeit zu geben, von der Leistungspflicht zum Schadensersatz überzugehen (...)."[31]

Ferner gebe es in Ansehung von Vollstreckungsschwierigkeiten ein „praktisches Bedürfnis".[32]

Für eine gutachterliche Lösung noch folgender Hinweis: Nach dem Rechtsgedanken des § 281 Abs. 4 u. 5 BGB sowie § 255 BGB erwirbt der Besitzer dann im Gegenzug Eigentum an den streitgegenständlichen Sachen. Soweit es nicht um den Vorenthaltungsschaden geht, ist ein Anspruch aus §§ 990 Abs. 2, 280 Abs. 1 u. 2, 286 BGB zu prüfen.

Prüfungsaufbau

I. §§ 989, 990 BGB
  1. Eigentümer-Besitzer-Verhältnis
    a) Eigentum der K
      aa) Ursprüngliches Eigentum der C-GmbH
      bb) Übertragung an K, §§ 929 Satz 1, 931 BGB
        (P) Herausgabeanspruch? / Rechtsnatur des Vertrags
    b) Besitz der B
    c) Kein Recht zum Besitz
  2. Bösgläubigkeit
  3. Anspruchsumfang
    (P) Vorenthaltungsschaden? / § 990 Abs. 2 BGB / Verschlechterung, Untergang, keine Herausgabe möglich?

II. §§ 280 Abs. 1 u. 3, 281 Abs. 1 BGB
  1. Schuldverhältnis
    (P) Eigentümer-Besitzer-Verhältnis
  2. Pflichtverletzung
    (P) Anwendbarkeit auf die Vindikation? / Rechtsnatur der Vindikation / Anwendbarkeit für den verschärft haftenden Besitzer?
  3. Fristsetzung / Entbehrlichkeit der Fristsetzung, § 281 Abs. 1 u. 2 BGB
  4. Vertretenmüssen, § 280 Abs. 1 Satz 2 BGB
  5. Schaden
  6. Rechtsfolge
  ...

---

31 BGH, NJW 2016, 3235, 3237.
32 BGH, NJW 2016, 3235, 3237. Hierzu näher *Kaiser*, NJW 2016, 3239.

Weiterführende Hinweise

Verhältnis des Sachenrechts zum Schuldrecht: *Habersack*, Sachenrecht, § 3 III 2 Rn. 36 ff.
Verhältnis zwischen der Vindikation nach § 985 und dem Schadensersatz statt der Leistung:
  Petersen, Allgemeines Schuldrecht, § 7 I 3 Rn. 338

9. BGH, Urt. v. 18.3.2015 – VIII ZR 176/14, NJW 2015, 2564 = JuS 2015, 1121

Leitsatz

Zu den Anforderungen an eine Fristsetzung zur Nacherfüllung gem. §§ 281 Abs. 1 Satz 1, 323 Abs. 1 BGB (Aufforderung, den Kaufgegenstand auszutauschen, mit der Ankündigung, anderenfalls rechtliche Schritte zu ergreifen; […]).

Sachverhalt (gekürzt und vereinfacht)

K erwarb von B am 3.5.2011 für 15.000 Euro einen Fuchswallach der Rasse Quarter Horse. Im Kaufvertrag wurde vereinbart, dass „eine Nachbesserung" auch durch „Lieferung eines vergleichbaren Pferdes" erfolgen kann. Anfang 2012 wurde festgestellt, dass das Pferd an der unheilbaren „Kissing Spines"-Erkrankung (Muskelerkrankung, die zu heftigen Reaktionen des Pferdes beim Reiten führt) leidet. Als K den B in einem von beiden Seiten hitzig geführten Gespräch zur Rede stellt, weist B Anschuldigungen, etwaige Pflichten und die Einholung eines Sachverständigengutachtens von sich, da letzteres „nichts bringe". K wies darauf hin, dass ihm das Pferd zu gefährlich sei und führte zudem aus: „Entweder wird das Pferd ausgetauscht oder wir gehen rechtlich gegen Euch vor." B antwortete: „Wir sehen uns vor Gericht."

Mit Schreiben vom 2.8.2012 erklärte K den Rücktritt vom Kaufvertrag unter Berufung darauf, dass das Pferd an der „Kissing Spines"-Erkrankung leide, die bereits bei Übergabe vorhanden gewesen sei.

K begehrt die Rückzahlung des Kaufpreises Zug um Zug gegen Rückgabe des Pferdes.

Erläuterung

Das Setzen einer Frist zur Leistung (bzw. die Entbehrlichkeit einer solchen Fristsetzung) ist Voraussetzung einer Vielzahl von (klausurrelevanten) Ansprüchen des allgemeinen (z. B. § 281 Abs. 1 BGB oder §§ 346 Abs. 1 iVm. 323 Abs. 1 BGB) und besonderen (z. B. § 437 BGB iVm. den vorgenannten Normen) Schuldrechts. Mit der vorliegenden Entscheidung konkretisiert der BGH die Voraussetzungen für eine (ordnungsgemäße) Fristsetzung.[33]

In einer gutachterlichen Prüfung kann zunächst darauf hingewiesen werden, dass ein Rücktritt wegen Unmöglichkeit der Nacherfüllung nicht in Betracht kommt. Die Par-

---

[33] Siehe bereits BGH, NJW 2009, 3153; siehe zusätzlich auch BGH, NJW 2015, 3455.

teien haben die Möglichkeit zur „Nachbesserung" (auszulegen als: Nachlieferung) vereinbart. Damit liegt entweder eine Stückschuld mit ersetzbarer Primärleistungspflicht oder eine Gattungsschuld, aber keine Unmöglichkeit vor.[34]

Im Zuge der Prüfung eines Rückzahlungsanspruchs nach Rücktritt wäre dann insbesondere die Fristsetzung zu erörtern. Bs Äußerungen führen zunächst dazu, eine Entbehrlichkeit der Fristsetzung (aufgrund einer ernsthaften und endgültigen Leistungsverweigerung) zu thematisieren. Das Berufungsgericht (und der BGH hat dies unbeanstandet gelassen) lehnt dies allerdings aufgrund der Umstände des (hitzigen) Gesprächs ab:

> „Eine endgültige Erfüllungsverweigerung [ergibt sich nicht aus der] (…) umgangssprachliche[n] Formulierung (…), wonach man sich vor Gericht wiedersehe. Derartige Äußerungen ließen nicht darauf schließen, dass [B] eine Nachlieferung auch dann abgelehnt hätte, wenn [er, B,] hierzu von [K] ernsthaft unter Gewährung einer angemessenen Frist aufgefordert worden wäre. Insbesondere [hat] die behauptete Antwort [des B] (…) in ihrem unverbindlichen Stil dem von [K] unmittelbar zuvor angeschlagenen derben Ton entsprochen (…)."[35]

Streitentscheidend ist demnach, ob K in dem Gespräch B eine Frist gesetzt hat. Hieran kann man deswegen mit guten Gründen zweifeln, da sich der Hinweis auf die „gerichtlichen Schritte" auch (allein) auf die Nacherfüllung (und nicht auf den nun geltend gemachten Rücktritt) beziehen könnte.[36] Der BGH dagegen senkt die Anforderungen an eine Fristsetzung (weiter) ab:[37]

> „Für eine Fristsetzung (…) genügt es, wenn der Gläubiger durch das Verlangen nach sofortiger, unverzüglicher oder umgehender Leistung oder durch vergleichbare Formulierungen deutlich macht, dass dem Schuldner für die Erfüllung nur ein begrenzter (bestimmbarer) Zeitraum zur Verfügung steht. Der Angabe eines bestimmten Zeitraums oder eines bestimmten (End-)Termins bedarf es nicht. Weder lässt sich dem Begriff der Fristsetzung entnehmen, dass die maßgebliche Zeitspanne nach dem Kalender bestimmt sein muss oder in konkreten Zeiteinheiten anzugeben ist, noch erfordert es der Zweck der Fristsetzung gem. §§ 437 Nr. 2, 323 I BGB oder nach §§ 437 Nr. 3, 281 I BGB, dass der Gläubiger für die Nacherfüllung einen bestimmten Zeitraum oder einen genauen (End-)Termin angibt. Dem Schuldner soll mit der Fristsetzung vor Augen geführt werden, dass er die Leistung nicht zu einem beliebigen Zeitpunkt bewirken kann, sondern dass ihm hierfür eine zeitliche Grenze gesetzt ist. Dieser Zweck wird durch eine Aufforderung, sofort, unverzüglich oder umgehend zu leisten, hinreichend erfüllt (…) Bereits in dem Verlangen, das Pferd „auszutauschen", verbunden mit der die Ernsthaftigkeit der Erklärung verdeutlichenden Warnung, andernfalls rechtliche Schritte zu ergreifen, liegt bei verständiger Würdigung unmissverständlich die Aufforderung, umgehend Abhilfe durch Übergabe eines gesunden Pferdes zu schaffen (…)."[38]

Abschließend noch folgender Hinweis: Für den Rücktritt von einem Verbrauchsgüterkauf wegen Beseitigung eines Mangels ist umstritten, ob das Erfordernis einer Frist*setzung* (und nicht nur eines Nacherfüllungsbegehrens) in Ansehung von Art. 3

---

34 *Riehm*, JuS 2015, 1121, 1122.
35 BGH, NJW 2015, 2564, 2565.
36 *Riehm*, JuS 2015, 1121, 1123.
37 Kritisch hierzu etwa *Höpfner*, NJW 2016, 3633.
38 BGH, NJW 2015, 2564, 2565.

Abs. 5 Verbrauchsgüterkauf-RL (bzw. Art. 18 Abs. 2 Verbraucherrechte-RL) europa-rechtskonform bzw. ob insoweit Abhilfe etwa durch eine richtlinienkonforme Ausle-gung des § 323 Abs. 2 Nr. 3 BGB geboten ist – durch die geringen Anforderungen des BGH hat der Streit allerdings an Bedeutung verloren.[39]

Prüfungsaufbau

> I. §§ 437 Nr. 2, 346 Abs. 1, 440, 326 Abs. 5 BGB
> (P) Unmöglichkeit der Nacherfüllung?
> (P) Stückschuld mit ersetzbarer Primärleistungspflicht / Gattungsschuld
> II. §§ 437 Nr. 2, 346 Abs. 1, 440, 323 Abs. 1 BGB
> 1. Kaufvertrag
> 2. Mangel, § 434 BGB
> 3. Fristsetzung
> (P) Entbehrlichkeit der Fristsetzung?
> (P) Anforderungen an Fristsetzung
> 4. Rücktrittserklärung, § 349 BGB
> ...

Weiterführende Hinweise

Fristsetzung: *Petersen*, Allgemeines Schuldrecht, § 4 I 1 Rn. 143 f. und *Huber/Bach*, Beson-deres Schuldrecht 1, § 8 II 2 Rn. 216 ff.
Vereinbarkeit des Fristsetzungserfordernisses mit der Verbrauchsgüterkaufrichtlinie: *Huber/ Bach*, Besonderes Schuldrecht 1, § 8 II 2 Rn. 234 ff.

10. BGH, Beschl. v. 11.11.2014 – VIII ZR 37/14, BeckRS 2015, 01272 = JA 2015, 868

Sachverhalt (gekürzt)

K erwarb am 3.8.2012 von dem Pferdezüchter und -händler B einen Hengst zum Preis von 1.500 Euro. K und B vereinbarten, dass K das Pferd mit einem Transporter abho-len werde und es bis dahin „verladefromm" sein sollte. Mitte September 2012 teilte B mit, dass das Verladen des Hengstes problemlos möglich sei. Am 24.9.2012 erschien K mit einem nicht zur Verladung von Pferden geeigneten Anhänger, um den Hengst ab-zuholen. Ein Verladetraining hatte B zuvor mit dem Hengst nicht vorgenommen. Der Hengst wollte den Anhänger allerdings nicht betreten. K versuchte, das Pferd mithilfe des B gleichwohl zu verladen und zog dazu den Hengst an einem Strick in den Anhän-ger hinein. Der Verladevorgang dauerte insgesamt eine Stunde. Als die hintere Stange des Anhängers umgelegt wurde, geriet der Hengst in Panik und versuchte, rückwärts zu entweichen. Dabei geriet er mit dem Rücken unter die eingelegte Stange, sodass

---

39 Siehe *Gutzeit*, NJW 2015, 2565, 2566 sowie ausf. MüKoBGB/*Ernst*, 7. Aufl. 2016, § 323 Rn. 51 und MüKoBGB/*Lorenz*, 7. Aufl. 2016, Vor § 474 Rn. 21a.

sich ein Querschnittssyndrom entwickelte und das Tier wenige Tage später eingeschläfert werden musste.

K hat mit Schreiben vom 16.10.2012 den Rücktritt vom Kaufvertrag erklärt und Rückzahlung des von ihr entrichteten Kaufpreises verlangt. B ist der Ansicht, ihm stünde ein (anteiliger) Schadensersatzanspruch zu, und macht insoweit eine Aufrechnung geltend.

Erläuterung

Der kurios anmutende Sachverhalt bietet die Chance, die sogenannte „beiderseitige Unmöglichkeit" (genauer: beidseitig zu vertretende Umstände für die Unmöglichkeit der Primärleistung)[40] in neuem Gewand zu prüfen. Klassicherweise ist in diesem Zusammenhang die Frage aufgeworfen nach der Folge für den Gegenleistungsanspruch gemäß § 326 Abs. 1 BGB sowie nach etwaigen Schadensersatzansprüchen der Parteien gemäß §§ 280 Abs. 1 u. 3, 283 BGB respektive §§ 280 Abs. 1, 241 Abs. 2 BGB.

Etwas anders verhält es sich hier: Es liegt ein Fall der beiderseitigen Unmöglichkeit (Verschulden – so ist zu unterstellen – jeweils zu 50 %) vor, K hatte allerdings (lediglich) den Rücktritt erklärt und darauf sein Rückzahlungsverlangen gestützt. Ein Rücktrittrecht besteht im Fall der Unmöglichkeit der Leistung grundsätzlich nach § 326 Abs. 5 BGB iVm. der Rechtsgrundverweisung auf § 323 BGB. Ein entsprechendes Rücktrittsrecht ist nicht nach – wie teilweise vertreten – § 323 Abs. 6 BGB ausgeschlossen. Der BGH stellt hierzu (lapidar) fest:

> „[D]er Rücktritt des Gläubigers (…) [ist] nach dem eindeutigen Wortlaut des § 323 Abs. 6 BGB nicht ausgeschlossen, wenn Gläubiger und Schuldner die Unmöglichkeit der Leistung gleichermaßen zu vertreten haben, sondern nur dann, wenn der Gläubiger die Unmöglichkeit allein oder weit überwiegend zu vertreten hat."[41]

Ein Anspruch des K auf Rückzahlung des Kaufpreises ist somit gemäß §§ 346 Abs. 1, 326 Abs. 5, 323 Abs. 1 BGB entstanden.

Interessant sind in diesem Zusammenhang die ergänzenden Ausführungen des BGH zu einem entsprechenden (Rückzahlungs-)Anspruch auf der Grundlage von § 326 Abs. 4 BGB:

> „Die (…) Rechtsfrage [betreffend § 323 Abs. 6 BGB] ist auch nicht entscheidungserheblich. [Wende man] (…) die Regelung des § 326 Abs. 4 BGB [an], [erhielte K ebenso einen] Rückzahlungsanspruch gemäß § 326 Abs. 4 BGB (…)."[42]

K hätte ihren Anspruch auf Rückzahlung also auch auf § 326 Abs. 4 BGB stützen können. Dieser Anspruch setzt voraus, dass der Schuldner wegen Unmöglichkeit der Leistung gemäß § 275 Abs. 1 BGB nicht zu leisten hat und der Gläubiger der Leistung gemäß § 326 Abs. 1 Satz 1 BGB den Anspruch auf die Gegenleistung verliert. Damit beantwortet der BGH – nicht ausdrücklich, aber wohl implizit[43] – den Streit um die

---

40 Übersicht zum Streitstand bei MüKoBGB/*Ernst*, 7. Aufl. 2016, § 326 Rn. 81 ff.
41 BGH, BeckRS 2015, 01272 Rz. 10.
42 BGH, BeckRS 2015, 01272 Rz. 11.
43 Siehe auch *Looschelders*, JA 2015, 868, 869.

beiderseitige Unmöglichkeit zugunsten der „Theorie der beiderseitigen Schadensersatzansprüche".[44] Der Gegenleistungsanspruch entfällt in diesem Fall (vollständig) nach § 326 Abs. 1 Satz 1 BGB. Den Parteien stehen aber (vertragliche) Schadensersatzansprüche gemäß §§ 280 Abs. 1 u. 3, 283 BGB (Anspruch des Gläubigers der Primärleistung) bzw. §§ 280 Abs. 1, 241 Abs. 2 BGB (Anspruch des Schuldners der Primärleistung) zu, die beide um das jeweilige Mitverschulden der anderen Partei nach § 254 Abs. 1 BGB zu mindern sind.

Im Zuge der Prüfung eines Mitverschuldens könnte noch erwogen werden, dass K als weisungsgebundene Partei für B handelte. In diesem Fall würde das schuldhafte Handeln von K dem B nach § 278 BGB zugerechnet. Der BGH lehnt Ks Weisungsgebundenheit allerdings mit dem Hinweis auf die Stellung als Vertragspartnerin ab.

Zu einem vertraglichen Schadensersatzanspruch musste der BGH im Übrigen keine Ausführungen machen. Aufrechnen konnte B bereits mit einem deliktsrechtlichen (um das Mitverschulden geminderten) Anspruch gemäß §§ 823 Abs. 1, 254 Abs. 1 BGB wegen Tötung des Pferdes (das Pferd stand zum Zeitpunkt der zumindest fahrlässigen Verletzungshandlung der K noch im Eigentum des B).

Prüfungsaufbau

I. §§ 346 Abs. 1, 326 Abs. 5, 323 Abs. 1 BGB
1. Kaufvertrag
2. Unmöglichkeit der Leistung
3. Ausschluss nach § 323 Abs. 6 BGB
    (P) Wortlaut
4. Rücktrittserklärung, § 349 BGB
5. Rechtsfolge
6. Aufrechnung, § 389 BGB
    a) Aufrechnungserklärung, § 388 Satz 1 BGB / Gleichartige Leistungen
    b) Fällige (Gegen-)Forderung des B
        aa) §§ 280 Abs. 1, 241 Abs. 2 BGB
            (1) Schuldverhältnis
            (2) Pflichtverletzung
                (P) Nebenpflicht, die Erfüllung des Vertrags nicht zu vereiteln
            (3) Vertretenmüssen, § 280 Abs. 1 Satz 2 BGB
                (P) Zurechnung des Verschuldens der K gemäß § 278 BGB?
            (4) Schaden
            (5) Rechtsfolge
                (P) Mitverschulden, § 254 Abs. 1 BGB
        bb) § 823 Abs. 1 BGB
            (P) Mitverschulden, § 254 Abs. 1 BGB
            ...

Weiterführende Hinweise

Beiderseits zu vertretende Unmöglichkeit: *Petersen*, Allgemeines Schuldrecht, § 6 II 4 Rn. 323 ff.

---

44 Vgl. MüKoBGB/*Ernst*, 7. Aufl. 2016, § 326 Rn. 81 ff.

11. BGH, Urt. v. 14.1.2016 – VII ZR 271/14, NJW 2016, 1089 = JA 2016, 948 = JuS 2016, 462

Leitsatz

Zur Drittschadensliquidation bei der Inanspruchnahme eines Architekten für Kosten der Sanierung von Mängeln eines Industriehallenfußbodens, die auf von dem Architekten schuldhaft verursachte Mängel des Architektenwerks zurückzuführen sind, wenn die Sanierungskosten nicht von dem Auftraggeber des Architekten und Halleneigentümer, sondern von einem mit dem Auftraggeber vertraglich verbundenen Pächter entsprechend den Regelungen des Pachtvertrags getragen worden sind.

Sachverhalt (gekürzt und vereinfacht)

K ist Eigentümerin einer Halle in L., die sie an die A verpachtet hatte.

> § 5 des Pachtvertrags lautet: „Ein- und Umbauten, Instandhaltungen: Die Pächterin hat alle während der Pachtzeit erforderlichen Ausbesserungen und Erneuerungen rechtzeitig und ordnungsgemäß auszuführen und zu zahlen."

2003 erweiterte K die genannte Halle, damit Platz für zwei weitere Produktionslinien (Linien 4 und 5) entsteht. Mit Architektenleistungen (unter anderem mit der Bauüberwachung) für dieses Bauvorhaben beauftragte K den B. Anfang 2006 stellte sich heraus, dass der neue Hallenfußboden im Bereich der Produktionslinien 4 und 5 sanierungsbedürftig war, woraufhin K erfolglos eine Frist zur Nacherfüllung setzte. Mitte 2006 ließ A den Hallenfußboden im Bereich der Produktionslinien 4 und 5 sanieren. Sämtliche mit der Sanierung zusammenhängenden Arbeiten wurden von der A in Auftrag gegeben, ihr in Rechnung gestellt und von ihr beglichen.

K verlangt von B Ersatz der zur Sanierung des Hallenfußbodens von der A getragenen Kosten iHv. insgesamt 840.000 Euro mit der Begründung, B hafte hierfür als Folge der – dies ist als zutreffend zu unterstellen – mangelhaften Architektenleistung.

Erläuterung

Der Schwerpunkt des Falles ist die Bestimmung des maßgeblichen Schadens. Das Urteil ermöglicht eine konzise Wiederholung der Grundsätze der Schadensbestimmung unter Einschluss der Drittschadensliquidation.

Eingefasst ist die Prüfung in einen Schadensersatzanspruch (Mangelfolgeschaden[45]), wobei gegebenenfalls kurz auf die Qualifikation des Architektenvertrags einzugehen ist (grundsätzlich ein Werkvertrag; siehe nun § 650p BGB n. F.). Schwierig(er) ist die Frage des Schadens. Vorab: Das mangelhafte Werk selbst ist nicht der Schaden (so aber die Vorinstanz), sondern nur die Pflichtverletzung.[46] Maßgeblich sind vielmehr die erforderlichen Sanierungskosten, die grundsätzlich K als Eigentümer belasten (würden). K hat allerdings aufgrund der pachtvertraglichen Regelung mit A bereits

---

45 *Looschelders*, JA 2016, 948, 948.
46 *Looschelders*, JA 2016, 948, 949; *Weiss*, NJW 2016, 1091, 1091.

(von vornherein) keine Vermögenseinbuße erlitten. Ein eigener Schaden des K liegt damit nach den Grundsätzen der Vorteilsausgleichung nicht vor:

> „[E]in Schadensersatzanspruch des Bestellers [kann] auf Grund einer normativen, von Treu und Glauben (§ 242 BGB) geprägten schadensrechtlichen Wertung zu verneinen sein, wenn dem Besteller durch dessen Erfüllung ungerechtfertigte, ihn bereichernde Vorteile zufließen würden (…).“[47]

Vielmehr hat A einen Schaden erlitten. Eine Berücksichtigung dieses Schadens kommt (nur) nach den Grundsätzen der Drittschadensliquidation in Betracht. Maßgeblich ist,

> „dass der Schädiger keinen Vorteil daraus ziehen soll, wenn ein Schaden, der eigentlich bei dem Vertragspartner eintreten müsste, zufällig auf Grund eines zu dem Dritten bestehenden Rechtsverhältnisses auf diesen verlagert ist (…).“[48]

Voraussetzung ist: K hat einen „Anspruch“, aber keinen Schaden, A einen Schaden, aber keinen „Anspruch“ – letzteres ist insbesondere deswegen der Fall, weil der Vertrag zwischen K und B nicht als Vertrag mit Schutzwirkung (VSD) zugunsten von A zu qualifizieren ist, es fehlt an der erforderlichen Gläubigernähe der A bzw. dem Einbeziehungsinteresse der K.[49]

Beachtenswert ist, dass der BGH für die Drittschadensliquidation nicht (ausdrücklich) auf die bekannten Fallgruppen (mittelbare Stellvertretung, obligatorische Gefahrentlastung, Obhut), sondern (allein) auf die zufällige Schadensverlagerung abstellt.[50] Grundlage der Drittschadensliquidation (und des Schadensrechts allgemein) ist, dass es nicht zu einer (unzulässigen) Schadenshäufung käme (dann läge keine Schadens-„Verlagerung“ vor). Eine Schadenshäufung wäre absehbar, wenn K in keiner Weise noch einen Regress von A (analog § 255 BGB bzw. § 285 BGB auf Abtretung des um den Schaden des A „ergänzten“ Anspruchs der K bzw. auf Auskehrung des Surrogats) zu befürchten hätte:

> „Bei einer Drittschadensliquidation, bei der der nach dem Vertrag Ersatzberechtigte Leistung an sich verlangt, ist es dessen Sache, die grundsätzlich den Schädiger nichts angeht, die Ersatzleistung an den geschädigten Dritten weiterzuleiten (…). Nur wenn feststeht, dass der geschädigte Dritte tatsächlich nichts davon erhalten würde, ist es gerechtfertigt, den Anspruch zu versagen. Das Vorliegen eines solchen Ausnahmefalls ist vom Schädiger zu beweisen (…).“[51]

B ist also insofern beweisbelastet (geblieben). Die Regelung in § 5 des Pachtvertrags allein ist hierfür nicht ausreichend. Die (auszulegende) Klausel enthält keinen Verzicht auf einen Regress des A.[52] K steht somit ein Anspruch auf Schadensersatz nach §§ 634 Nr. 4, 280 Abs. 1 iVm. 650p, 650q Abs. 1 BGB iVm. den Grundsätzen der Drittschadensliquidation zu. Umgekehrt: Hätten sich K und A in der Zwischenzeit (abschließend) darüber geeinigt, dass zwischen ihnen keine Ansprüche mehr bestehen, käme eine Drittschadensliquidation dagegen nicht mehr in Betracht.

47 BGH, NJW 2016, 1089, 1090.
48 BGH, NJW 2016, 1089, 1090.
49 *Looschelders*, JA 2016, 948, 949; *Riehm*, JuS 2016, 462, 464.
50 *Weiss*, NJW 2016, 1091, 1091 f.
51 BGH, NJW 2016, 1089, 1091.
52 *Riehm*, JuS 2016, 462, 464.

Ergänzend noch folgender Hinweis für etwaige Klausuren: Ein Einstieg in die aufgeworfenen Problemfelder wäre ebenso denkbar durch eine Prüfung eines Anspruches der A gegen K (analog § 255 BGB bzw. § 285 BGB) bzw. gegen B (nach entsprechender Abtretung).

Prüfungsaufbau

I. §§ 634 Nr. 4, 280 Abs. 1 iVm. 650p, 650q Abs. 1 BGB iVm. den Grundsätzen der Drittschadensliquidation
1. (Architekten-)Vertrag
   (P) Qualifikation des Architektenvertrags
2. Mangel
3. Pflichtverletzung
4. Vertretenmüssen, § 280 Abs. 1 Satz 2 BGB
5. Schaden
   a) Eigener Schaden
      (P) Vorteilsausgleichung
   b) Schaden der A
      aa) Sanierungskosten
      bb) Drittschadensliquidation
         (P) Zufällige Schadensverlagerung? / Schadenshäufung / Pachtvertragliche Regelung
         ...

Weiterführende Hinweise

Drittschadensliquidation: *Petersen*, Allgemeines Schuldrecht, § 13 Rn. 480 ff.

12. BGH, Versäumnisurt. v. 22.9.2016 – VII ZR 14/16, NJW 2016, 3715 = JuS 2017, 261

Leitsatz

Wirft ein Zuschauer eines Fußballspiels einen gezündeten Sprengkörper auf einen anderen Teil der Tribüne, kann er vertraglich auf Schadensersatz für eine dem Verein deswegen gemäß § 9a Nrn. 1 und 2 der Rechts- und Verfahrensordnung des Deutschen Fußball-Bundes e.V. (DFB) auferlegte Geldstrafe haften.

Sachverhalt (gekürzt und vereinfacht)

K betreibt den Profifußballbereich des 1. FC Köln. Am 9.2.2014 spielte der 1. FC Köln zuhause in der 2. Bundesliga gegen den SC Paderborn 07. Die Stadionordnung untersagt unter anderem das Mitführen und Abbrennen von Feuerwerkskörpern und das Werfen mit Gegenständen. Auf die Stadionordnung, die auch Vertragsstrafen bei Verstößen vorsieht – weitergehende Schadensersatzansprüche aber unberührt lässt – wird am Ticketschalter und auf dem Ticket hingewiesen.

B verfolgte die Begegnung nach Kauf eines Tickets vom Oberrang der Nordtribüne im RheinEnergieStadion. In der zweiten Halbzeit zündete B einen Knallkörper, der aufgrund seiner Sprengenergie dem Sprengstoffgesetz unterfällt, und warf ihn auf den Unterrang, wo der Knallkörper detonierte. Durch die Explosion wurden sieben Zuschauer verletzt.

Wegen dieses Vorfalls verhängte das Sportgericht des DFB mit Urteil vom 19.3.2014 eine Verbandsstrafe gegen K, bestehend aus einer Geldstrafe in Höhe von 40.000 Euro.

K bezahlte die Geldstrafe und verlangt von B Schadensersatz iHv. 40.000 Euro.

Erläuterung

Der Fall eignet sich in hervorragender Weise für eine Klausur. Abgeprüft werden können verschiedene grundlegende Aspekte des allgemeinen Schuld- und Schadensersatzrechts.

Dies beginnt mit der Qualifikation des Zuschauervertrags, der – hier nicht (letzt-) entscheidend – auch ein Vertrag mit Schutzwirkung zugunsten Dritter (insbesondere der anderen Zuschauer, aber auch der Spieler) ist. Die von B begangene Pflichtverletzung ist unter mehreren Gesichtspunkten begründbar. Zunächst hat B gegen seine vertragliche Verpflichtung, konkretisiert durch die Stadionordnung, verstoßen. Zudem verstößt B auch unbeschadet der Stadionordnung durch den Wurf eines Knallkörpers gegen seine aus § 241 Abs. 2 BGB resultierende Rücksichtnahmepflicht gegenüber K (ungestörter Spiel- bzw. Veranstaltungsablauf) und auch gegenüber den anderen Zuschauern (VSD). Auf diese Pflichtverletzung(en) ist das Verschulden des B zu beziehen.

Die sodann erforderliche Feststellung eines Schadens (40.000 Euro für die Verbandsstrafe) bedingt eine sorgfältige Prüfung. Einfach ist zunächst die Kausalität im Sinne der *conditio-sine-qua-non*-Formel: ohne Wurf keine Verbandsstrafe. Mehr Begründungsaufwand erfordert die Frage, ob der adäquate Schaden auch noch vom Schutzzweck der Norm umfasst ist – genauer: ob zwischen dem Verhalten und der Verbandstrafe ein Zurechnungszusammenhang besteht. Der BGH bejaht dies:

> „Die der K auferlegte Verbandsstrafe stammt aus dem Bereich der Gefahren, zu deren Abwendung die verletzte Vertragspflicht besteht[, und] (…) steht in dem notwendigen inneren Zusammenhang mit der Störung des Spielablaufs. (…) Die Verurteilung durch das Sportgericht des DFB erfolgte auf der Grundlage von § 9a Nr. 1 und 2 der Rechts- und Verfahrensordnung des DFB [(RuVO)] (…) Damit beruht die ausgesprochene Strafe direkt auf der Störung durch B. [Die Verbandsstrafe] ist gerade nicht nur „zufällig" aus Anlass der Störung verhängt worden (…)."[53]

Dass nicht jedes Fehlverhalten zu Sanktionen führt, ändert selbstredend auch nichts an der Zurechnung im Einzelfall. Ob § 9a RuVO unwirksam ist (dies ist sehr umstritten), hält der BGH nicht für maßgeblich,

---

53 BGH, NJW 2016, 3715, 3716 f.

„weil [die] Entscheidung zur Zahlung der Geldstrafe durch das vertragswidrige Verhalten (…) herausgefordert worden ist und keine ungewöhnliche oder unsachgemäße Reaktion hierauf darstellt (…)."[54]

Vorläufiges Zwischenergebnis: Ein Schaden liegt vor. Hält man kurz inne, ist folgendes zu bedenken: Der (von B potenziell zu ersetzende) Schaden (bzw. die Höhe) resultiert aus einem Verfahren der Sportsgerichtsbarkeit, an dem nur Verband und Verein beteiligt sind. B ist in keiner Weise beteiligt und hat auch keine Verfahrensrechte. Eine Ansicht stuft daher entsprechende Verfahren als „verbandsgerichtliche Verfahren zu Lasten Dritter" und sittenwidrig (§ 138 Abs. 1 BGB) ein – und verneint einen Schaden des Vereins unter normativen Gesichtspunkten.[55]

Für die gutachterliche Lösung ist noch auf einige weitere Aspekte hinzuweisen: Diskutiert werden kann noch ein möglicher Haftungsausschluss zwischen Verein und Zuschauer für sonstige Schäden (außerhalb der Vertragsstrafe) im Wege der (ergänzenden) Vertragsauslegung (so die Vorinstanz). Hiergegen spricht allerdings bereits, dass in der Stadionordnung weitere Ansprüche vorbehalten werden.[56]

Zudem kann – je nach Fallkonstellation (z. B. bei mangelhaften Kontrollen) – (an-) geprüft werden, ob nicht der Anspruch der K aufgrund eigenen bzw. zurechenbaren Mitverschuldens gemindert werden muss.[57] Hiergegen – dies bestätigt auch der BGH – spricht allerdings, dass der Verein keine Obliegenheit gegenüber den Zuschauern (!) dahingehend hat, diese zu überprüfen.[58]

Prüft man schließlich noch deliktsrechtliche Ansprüche der K gegen B aus § 823 Abs. 1 BGB (Recht am eingerichteten und ausgeübten Gewerbebetrieb), § 823 Abs. 2 BGB iVm. SprengG bzw. § 826 BGB ist die Betriebsbezogenheit, der Schutzzweck des SprengG respektive der erforderliche Vorsatz hinsichtlich der Schadensfolgen zu problematisieren.[59]

Verkomplizieren ließe sich der Fall übrigens noch wie folgt in vierfacher Hinsicht: 1. B erwirbt das Ticket nicht am Stadion, sondern nutzt die Dauerkarte eines Freundes (so auch im Originalfall) – hier wären dann Ausführungen dazu erforderlich, ob und wie B in die Rechte (und Pflichten) des Dauerkarteninhabers eingetreten ist.[60] 2. Der (Heim-)Verein ist nicht Vertragspartner des Zuschauers (sondern etwa der Dachverband, so zum Beispiel bei DFB-Pokal-Spielen) – dann muss diskutiert werden, inwieweit der (Heim-)Verein als Dritter in den Schutzbereich des Zuschauervertrags einbezogen ist.[61] 3. B ist als Fan des Gastvereins im Stadion (Gästeblock) und der DFB sanktioniert nicht den Heimverein, sondern den Gastverein – dann ist zu erwä-

---

54 BGH, NJW 2016, 3715, 3717.
55 *Martens*, NJW 2016, 3691, 3694. Hiergegen wiederum etwa *Weller/Benz/Wolf*, JZ 2017, 237, 244.
56 Zur Begrenzung des abwälzbaren Schadens im Wege der ergänzenden Vertragsauslegung siehe *Grunewald*, NZG 2016, 1121, 1124.
57 Siehe etwa OLG Rostock, NJW 2006, 1819, 1820.
58 Zur Schadensminderungsobliegenheit des Vereins bei einer unrechtmäßigen Verbandsstrafentscheidung *Weller/Benz/Wolf*, JZ 2017, 237, 245.
59 *Mäsch*, JuS 2017, 261, 264.
60 Hierzu *Mäsch*, JuS 2017, 261, 262.
61 Hierzu *Meier/Lenze*, MDR 2017, 6, 6 ff.

gen, ob der Gästeverein als Dritter in den Schutzbereich des Vertrags zwischen dem Heimverein und B einbezogen ist.[62] 4. B unterliegt einem Stadionverbot und gelangt ohne gültiges Ticket ins Stadion – hier dürfte die Prüfung von § 826 BGB größere Bedeutung erlangen.[63]

Im konkreten Fall hatte übrigens das Sportgericht des DFB gegen K nicht nur wegen des vorbenannten Vorfalls, sondern auch wegen vier weiterer vorangegangener Vorfälle bei anderen Spielen des 1. FC Köln eine Gesamtstrafe verhängt. Nach zwischenzeitlicher Zurückverweisung gelangt der BGH zu dem Ergebnis, dass sich die Höhe des Schadensersatzanspruchs gegen K danach bestimmt, in welchem Umfang die verhängte Gesamtstrafe darauf beruht, dass mit dieser Gesamtstrafe weitere Vorfälle sanktioniert wurden.[64]

Prüfungsaufbau

I. §§ 280 Abs. 1, 241 Abs. 2 BGB
  1. Schuldverhältnis
     (P) Zuschauervertrag
  2. Pflichtverletzung
     (P) Verstoß gegen Stadionordnung / Verhaltenspflichten im Fußballstadion / Rücksichtnahmepflicht nach § 241 Abs. 2 BGB
  3. Vertretenmüssen, § 280 Abs. 1 Satz 2 BGB
  4. Schaden
     (P) Kausalität / Zurechnungszusammenhang zwischen Pflichtverletzung und Schaden
     (P) Verbandsstrafen sittenwidrig? / Verstoß gegen das staatliche (Straf-) Gewaltmonopol?
  5. Mitverschulden, § 254 BGB
     (P) Obliegenheit des Vereins, Zuschauer von Störungen abzuhalten?
  6. Haftungsausschluss
     (P) Ergänzende Vertragsauslegung
  7. Rechtsfolge

II. § 826 BGB
   (P) Billigendes In-Kauf-Nehmen der Schadensfolgen? / Mit welcher Wahrscheinlichkeit mit Schadenseintritt gerechnet?
   ...

Weiterführende Hinweise

Nebenleistungspflichten und nichtleistungsbezogene Nebenpflichten (Schutzpflichten): *Petersen*, Allgemeines Schuldrecht, § 1 V 1 Rn. 32 f.
Schadenszurechnung und normativer Schaden: *Petersen*, Allgemeines Schuldrecht, § 14 III Rn. 508 ff. und § 14 V 2 Rn. 520 f.

---

62 Hierzu *Weller/Benz/Wolf*, JZ 2017, 237, 243; verneinend etwa LG Hannover, SpuRt 2015, 174; vgl. *Mäsch*, JuS 2017, 261, 264.
63 Hierzu *Riehm*, LMK 2016, 384429.
64 BGH, NJW 2018, 394, 395.

III. AGB-Recht

13. BGH, Urt. v. 29.4.2015 – VIII ZR 104/14, NJW 2015, 2244 = JuS 2016, 354

Leitsatz

Zu den Anforderungen an eine Verkürzung der Verjährungsfrist für Schadensersatzansprüche in AGB beim Gebrauchtwagenkauf (…).

Sachverhalt (gekürzt und vereinfacht)

K kaufte von dem Autohändler B einen gebrauchten Pkw des Typs „Brilliance BS 4", den B am 23.2.2010 an K übergab. Dem Kaufvertrag lagen die AGB des B zu Grunde. Die AGB lauten auszugsweise wie folgt:

„VI. Sachmangel.

1. Ansprüche des Käufers wegen Sachmängeln verjähren in einem Jahr ab Ablieferung des Kaufgegenstandes an den Kunden. (…)

5. Der Abschnitt VI. Sachmangel gilt nicht für Ansprüche auf Schadensersatz; für diese Ansprüche gilt der Abschnitt VII. Haftung. (…)

VII. Haftung.

1. Hat der Verkäufer auf Grund der gesetzlichen Bestimmungen für einen Schaden aufzukommen, der leicht fahrlässig verursacht wurde, so haftet der Verkäufer beschränkt: Die Haftung besteht nur bei Verletzung vertragswesentlicher Pflichten, etwa solcher, die der Kaufvertrag dem Verkäufer nach seinem Inhalt und Zweck gerade auferlegen will oder deren Erfüllung die ordnungsgemäße Durchführung des Kaufvertrags überhaupt erst ermöglicht und auf deren Einhaltung der Käufer regelmäßig vertraut und vertrauen darf. Diese Haftung ist auf den bei Vertragsabschluss vorhersehbaren typischen Schaden begrenzt. (…)

5. Die Haftungsbegrenzungen dieses Abschnitts gelten nicht bei Verletzung von Leben, Körper oder Gesundheit."

Nach der Übergabe des Fahrzeugs traten Korrosionsschäden auf.

Mit Schreiben vom 8.11.2011 forderte K den B zur Beseitigung dieser Schäden unter Fristsetzung bis zum 17.11.2011 auf. B beruft sich auf Verjährung. Die Kosten für eine Beseitigung der Korrosionsschäden, die auf Verarbeitungsfehler bei der Produktion zurückzuführen sind, betragen 2.100 Euro.

Diesen Betrag verlangt K nun (nach Ablauf der gesetzten Frist) von B.

Erläuterung

AGB-rechtliche Fälle in Zusammenhang mit Gebrauchtwagen sind Klassiker des Allgemeinen Schuldrechts und beschäftigen den BGH regelmäßig.[65] Der Fall kombiniert eine umfassende AGB-rechtliche Prüfung mit Fragen der Pflichtverletzung und des Vertretenmüssens.

Der BGH prüft hier zunächst, ob ein Schadensersatzanspruch gemäß §§ 437 Nr. 3, 280 Abs. 1 u. 3, 281 Abs. 1 BGB betreffend die mangelhafte Lieferung in Betracht kommt. Diese Pflichtverletzung hat B allerdings nicht zu vertreten. Das (etwaige) Verschulden des Herstellers ist dem B nicht gemäß § 278 BGB zuzurechnen. Für die Pflichtverletzung ist deshalb an die nicht erfolgte Nacherfüllung anzuknüpfen. Hier stellt sich (inzident) die maßgebliche Fallfrage. Konnte sich nämlich B bezüglich der Nacherfüllung nach § 214 Abs. 1 BGB auf die Einrede der Verjährung berufen, war die Nichtleistung der Nacherfüllung keine Pflichtverletzung. Zu prüfen ist also, ob B die Einrede der Verjährung zustand. Da die gesetzliche Verjährungsfrist (§ 438 Abs. 1 Nr. 3 BGB) noch nicht abgelaufen ist, kommt nur die in Abschnitt VI. Nr. 1 S. 1 der AGB vorgesehene (kürzere) Verjährungsfrist in Betracht. Diese Regelung hat sich an den §§ 307 ff. BGB messen zu lassen. Dabei fällt auf, dass die Verkürzung der Verjährungsfrist auf ein Jahr bei gebrauchten Sachen nach § 476 Abs. 2 BGB n. F. = § 475 Abs. 2 BGB a. F. möglich erscheint[66] – und wenn Nacherfüllungsansprüche früher verjähren, scheiden folgerichtig auch Schadensersatzansprüche dann (entsprechend früher) aus. Genau hinsichtlich dieser Konsequenz (Verjährung der Nacherfüllung „schlägt durch" auf den Schadensersatzanspruch) könnte der (unbedarfte) Laie (und auch der Jurist) im Unklaren gelassen werden. Der BGH nimmt vor diesem Hintergrund einen Verstoß gegen das Transparenzverbot gemäß § 307 Abs. 1 Satz 2 BGB an:

> „[Den] Regelungen in Abschnitt VI Nr. 1 S. 1, Nr. 5 der [AGB] (…) sind die Auswirkungen der Verjährungsfrist für sachmangelbedingte Schadensersatzansprüche nicht mit der gebotenen Klarheit zu entnehmen. Für den Käufer bleibt unklar, ob er mit einem Schadensersatzanspruch wegen der Verletzung der Pflicht zur Nacherfüllung (§§ 437 Nr. 3, 281 I, 280 I und III, 439 I BGB) wegen Abschnitt VI Nr. 1 S. 1 bereits nach einem Jahr oder erst nach Ablauf der gesetzlichen Verjährungsfrist von zwei Jahren (§ 438 I Nr. 3 BGB) ausgeschlossen ist. Denn einerseits soll gem. Abschnitt VI Nr. 5 die Verjährungsverkürzung in Abschnitt VI Nr. 1 nicht für Schadensersatzansprüche gelten. Andererseits sollen nach Abschnitt VI Nr. 1 S. 1 Ansprüche wegen Sachmängeln, also auch der Anspruch auf Nacherfüllung, nach Ablauf eines Jahres ab Ablieferung der Kaufsache verjähren."[67]

Mit anderen Worten: Entweder führt wegen Abschnitt VI. 1. die frühere Verjährung des Nacherfüllungsanspruchs dazu, dass damit auch die Grundlage für den Schadensersatzanspruch entfällt (und Abschnitt VI. 5. greift nur, wenn überhaupt ein Schadensersatzanspruch besteht) oder Abschnitt VI. 5. überlagert Abschnitt VI. 1. vollständig dahingehend, dass der Schadensersatzanspruch wegen nicht erfolgter Nacherfüllung nicht beschränkt wird. Letzteres ist mit dem BGH bereits aufgrund der Regelung des

---

65 Siehe auch BGH, NJW-RR 2015, 738 = JuS 2015, 1036.
66 Siehe jüngst allerdings EuGH, JZ 2018, 298; hierzu *Leenen*, JZ 2018, 284.
67 BGH, NJW 2015, 2244, 2245.

§ 305c Abs. 1 BGB anzunehmen – womit K eigentlich bereits geholfen ist. Unabhängig davon: Die Regelungen in Abschnitt VI Nr. 1 S. 1, Nr. 5 der AGB sind intransparent im Sinne des § 307 Abs. 1 S. 2 BGB und damit unwirksam.

Für die Prüfung bedeutet dies, dass B die Einrede der Verjährung (noch) nicht zusteht und die nicht erfolgte Nacherfüllung eine Pflichtverletzung darstellt.

Schließlich kann in einer gutachterlichen Prüfung noch kurz auf die Verjährung des Schadensersatzanspruchs selbst eingegangen werden. Hier bestehen allerdings keine Besonderheiten, da die AGB insoweit keine Abweichung von der gesetzlichen Verjährungsfrist vorsehen.

Prüfungsaufbau

> I. §§ 437 Nr. 3, 280 Abs. 1 u. 3, 281 Abs. 1 BGB (betreffend mangelhafte Lieferung)
> 1. Kaufvertrag
> 2. Mangel, § 434 BGB
> 3. Pflichtverletzung
> 4. Fristsetzung
> 5. Vertretenmüssen, § 280 Abs. 1 Satz 2 BGB
>   (P) Zurechnung nach § 278 BGB?
>
> II. §§ 437 Nr. 3, 280 Abs. 1 u. 3, 281 Abs. 1 BGB (betreffend nicht erfolgte Nacherfüllung)
> 1. Kaufvertrag
> 2. Mangel, § 434 BGB
> 3. Pflichtverletzung
>   a) Nicht erfolgte Nacherfüllung / Recht zur Verweigerung der Nacherfüllung nach § 214 Abs. 1 BGB?
>   aa) Verjährung des Nacherfüllungsanspruchs gemäß VI. 1. der AGB nach einem Jahr?
>   (P) § 305c Abs. 2 BGB
>   bb) Verstoß gegen §§ 307 ff. BGB
>   (1) Vorliegen von AGB / Wirksame Einbeziehung / Überraschende Klauseln
>   (2) Inhaltskontrolle
>   (a) Anwendungsbereich, § 307 Abs. 3 BGB
>   (b) Inhaltskontrolle, §§ 307 Abs. 1 Satz 1 u. Abs. 2, 308 f. BGB
>   (P) Unangemessene Benachteiligung? / § 476 Abs. 2 BGB n. F. / Verstoß gegen § 309 Nr. 7 lit. a u. b BGB?
>   (c) Transparenzkontrolle, § 307 Abs. 1 Satz 2 BGB
>   (P) Klarheit / Nachvollziehbarkeit
>   ...

Weiterführende Hinweise

Allgemeine Geschäftsbedingungen: *Petersen*, Allgemeines Schuldrecht, 6. Teil Rn. 556 ff.

14. BGH, Urt. v. 31.8.2017 – VII ZR 308/16, NJW 2017, 3145

Leitsatz

Eine Vertragsstrafenvereinbarung in Allgemeinen Geschäftsbedingungen des Herausgebers eines Gutscheinblocks (hier: „Schlemmerblock"), die für schuldhaft vorsätzliche Vertragsverstöße von unterschiedlichem Gewicht einen pauschalen Betrag von 2.500 Euro vorsieht, ist unwirksam, weil sie angesichts des typischerweise geringsten Vertragsverstoßes unverhältnismäßig hoch ist und den Vertragspartner entgegen Treu und Glauben unangemessen benachteiligt (…).

Sachverhalt (gekürzt)

K und B sind Kaufleute. B betreibt eine Gaststätte in O. K ist Herausgeberin eines Gutscheinblocks, des sogenannten „Schlemmerblocks". K bietet Betreibern von Gaststätten an, zweiseitige Anzeigen darin zu veröffentlichen. Die Gastwirte verpflichten sich im Gegenzug dazu, den Erwerbern eines „Schlemmerblocks" (Kunden) gegen Vorlage der darin enthaltenen Gutscheine und Abnahme von mindestens zwei Hauptgerichten einen Preisnachlass von 100% für das günstigere oder für ein gleichwertiges Hauptgericht zu gewähren. Am 14.8.2014 schlossen K und B einen Vertrag über die Aufnahme der Gaststätte des B in den „Schlemmerblock" für das Jahr 2015. Die maximale Anzahl der einzulösenden Gutscheine wurde dabei auf 8.000 Stück festgelegt. Die in den Vertrag einbezogenen Allgemeinen Geschäftsbedingungen der K enthalten unter Nr. 20 folgende Klausel:

> „Der Gutschein-Anbieter verpflichtet sich, bei einem vorsätzlich schuldhaften Verstoß gegen die im vorliegenden Anzeigenvertrag sowie in den Allgemeinen Geschäftsbedingungen übernommenen Pflichten eine Vertragsstrafe für jeden Fall der Zuwiderhandlung (…) an die [K] zu zahlen. Die Vertragsstrafe beträgt 2.500,00 Euro für jeden Fall, jedoch maximal insgesamt 15.000 Euro und ist verwirkt, wenn ein Gutschein-Nutzer sich über die Nichteinhaltung der im vorliegenden Anzeigenvertrag sowie in den Allgemeinen Geschäftsbedingungen übernommenen Pflichten nachgewiesen berechtigt bei [K] beschwert. (…) Der Gutschein-Anbieter ist berechtigt, den Nachweis zu führen, dass die Beschwerde unberechtigt ist."

Die in den Allgemeinen Geschäftsbedingungen übernommen Pflichten sehen unter anderem vor, dass der Gutschein-Anbieter (1.) sämtliche Hauptgerichte der regulären Speisekarte zur Auswahl stellen muss, (2.) mindestens acht Hauptgerichte anbietet, (3.) die Gutscheine innerhalb der kompletten Öffnungszeiten einlösen lässt und allgemein (4.) keine Nachteile in Qualität, Quantität und Service für die Kunden zulässt.

Anfang des Jahres 2015 beschwerten sich mehrere Kunden bei K über die Nichteinlösung von Gutscheinen durch B. Auf Aufforderung der K, die Gutscheine einzulösen, erklärte B mit Schreiben vom 12.2.2015, dass er (B) „keine Schlemmerblöcke mehr annehmen" werde. K begehrt nunmehr von B die Zahlung einer Vertragsstrafe in Höhe von 2.500 Euro.

Erläuterung

Der auf den ersten Blick überschaubare Sachverhalt eignet sich hervorragend zur Rekapitulation der Grundsätze der AGB-rechtlichen Inhaltskontrolle bei einer Verwendung im unternehmerischen Verkehr. Inhaltlich bestätigt der BGH in dieser Entscheidung (wiederum) seine Tendenz, für die AGB-rechtliche Inhaltskontrolle nicht mehr wesentlich zwischen Verträgen mit Verbrauchern und Verträgen im unternehmerischen Verkehr zu unterscheiden.[68] Grundlage für einen Anspruch auf Zahlung der Vertragsstrafe ist die vertragliche Vereinbarung in Nr. 20 der AGB von K. Prüfungsmaßstab ist das AGB-Recht, § 343 BGB findet nach § 348 HGB keine Anwendung und ist im Übrigen auch nachrangig zur AGB-rechtlichen Inhaltskontrolle.[69]

An einem Vorliegen von AGB und der wirksamen Einbeziehung bestehen keine Zweifel. Die Vertragsstrafe ist auch keine überraschende Klausel (§ 305c Abs. 1 BGB). Fraglich ist vielmehr, ob Nr. 20 der AGB der Inhaltskontrolle standhält. Maßstab ist (nur) § 307 Abs. 1 BGB, nicht etwa § 309 Nr. 6 BGB (vgl. § 310 Abs. 1 BGB). Hierzu der BGH unter Verweis auf seine ständige Rechtsprechung:

> „Nach § 307 I 1 BGB ist eine formularmäßige Vertragsbestimmung unwirksam, wenn sie den Vertragspartner des Verwenders entgegen den Geboten von Treu und Glauben unangemessen benachteiligt. Das ist der Fall, wenn der Verwender durch einseitige Vertragsgestaltung missbräuchlich eigene Interessen auf Kosten seines Vertragspartners durchzusetzen versucht, ohne von vornherein auch dessen Belange hinreichend zu berücksichtigen und ihm einen angemessenen Ausgleich zuzugestehen (…). Dabei ist ein generalisierender, überindividueller Prüfungsmaßstab und eine von den Besonderheiten des Einzelfalls losgelöste typisierende Betrachtungsweise zugrunde zu legen (…).“[70]

Eine solche Benachteiligung des Schuldners kann sich bei einer Vertragsstrafe auch aus der unangemessenen Höhe ergeben; dem BGH zufolge soll dies auch für den unternehmerischen Geschäftsverkehr gelten. Insbesondere liegt – auch und gerade unter Beachtung des Sinn und Zwecks der §§ 339 ff. BGB – eine Benachteiligung somit vor,

> „wenn die Sanktion außer Verhältnis zum Gewicht des Vertragsverstoßes und den Folgen für den Schuldner der Vertragsstrafe steht (…). Ist ein bestimmter Betrag als pauschale Sanktion vorgesehen, ohne dass nach Art, Gewicht und Dauer der Vertragsverstöße differenziert wird, kann die Unangemessenheit schon daraus folgen; eine solche Sanktion wäre nur dann zulässig, wenn dieser Betrag auch angesichts des typischerweise geringsten Vertragsverstoßes noch angemessen wäre (…).“[71]

Auf dieser Grundlage ist nun Arbeit am Sachverhalt gefragt und die Klausel allgemein zu bewerten (dass für die Totalverweigerung von B im konkreten Fall die Vertragsstrafe durchaus angemessen erscheint, ist hier nicht relevant). In die Waagschale zu werfen ist etwa, dass das Geschäftsmodell der K durchaus eine gewisse „Druckfunktion" erfordert. Zu erörtern ist allerdings auch, dass die konkrete Vertragsstrafenvereinbarung (zumindest unter Berücksichtigung von § 305c Abs. 2 BGB) keine Diffe-

---

68 *Wais*, NJW 2017, 3147, 3148.
69 *Stürner*, JURA 2018, 196.
70 BGH, NJW 2017, 3145, 3146.
71 BGH, NJW 2017, 3145, 3146.

renzierung nach Art und Höhe der Pflichtverletzung zulässt (und beispielsweise auch schon bei einer minimalen Verschlechterung des Service erfüllt ist). Für den BGH ist dies entscheidend (zulasten der K). Diskutiert werden kann ebenso, dass die Klausel nur vorsätzliche Pflichtverletzungen umfasst. Im Ergebnis überzeugt dies den BGH allerdings auch nicht, der insoweit darauf hinweist, dass B nach § 345 und §§ 280 Abs. 1 Satz 2, 286 Abs. 4 BGB die Beweislast trägt.

Wer an dieser Stelle nun unter Hinweis auf die unangemessene Benachteiligung die Prüfung für beendet erklärt, vergibt sich recht „einfache" Punkte. Denn einzugehen ist noch auf die (Standard-)Argumentation, dass bei unwirksamen AGB keine geltungserhaltende Reduktion stattfindet – und dem BGH zufolge auch nicht im unternehmerischen Verkehr.[72] Ferner ist zu erwägen, ob die Klausel nicht teilbar ist. Dies erscheint in Ansehung der verschiedenen Pflichten durchaus naheliegend[73], der BGH verneint es gleichwohl:

> „Hält die hier getroffene Regelung somit der richterlichen Inhaltskontrolle nicht stand, ist sie insgesamt unwirksam. Eine geltungserhaltende Reduktion findet nicht statt (…). Die Klausel kann auch nicht hinsichtlich bestimmter gravierender Pflichtenverstöße für wirksam erachtet werden, da sie insoweit nicht teilbar ist."[74]

Abschließend noch die folgende Überlegung: Würde sich das Ergebnis ändern, falls die AGB eine sogenannte salvatorische Klausel enthalten? Mit guten Gründen kann dies abgelehnt werden, denn eine solche Klausel müsste ihrerseits der AGB-Prüfung unterzogen werden und wäre – so der BGH – nach §§ 306 Abs. 2, 307 Abs. 1 Satz 1 BGB ihrerseits unwirksam.

Prüfungsaufbau

> I. Anspruch auf Zahlung der Vertragsstrafe
> 1. Nr. 20 der AGB
> 2. Prüfungsmaßstab, § 310 Abs. 1 BGB
> 3. Unwirksamkeit gemäß § 307 BGB
>   a) Vorliegen von AGB / Wirksame Einbeziehung / Überraschende Klauseln
>   b) Inhaltskontrolle, § 307 Abs. 1 BGB
>   aa) Anwendungsbereich, § 307 Abs. 3 BGB
>   bb) Inhaltskontrolle, § 307 Abs. 1 Satz 1 u. Abs. 2 BGB / Unangemessene Benachteiligung?
>   (P) Keine Differenzierung nach Pflichten
>   (P) Nur für vorsätzliche Pflichtverletzungen
> 4. Geltungserhaltende Reduktion?
>   (P) im unternehmerischen Verkehr
> 5. Teilbarkeit der Klausel?
>   (P) Differenzierung nach Pflichten
> …

---

72 Umstritten, siehe nur MüKoBGB/*Basedow*, 7. Aufl. 2016, § 306 Rn. 13.
73 *Wais*, NJW 2017, 3147, 3148.
74 BGH, NJW 2017, 3145, 3147.

Weiterführende Hinweise

Allgemeine Inhaltskontrolle: *Petersen*, Allgemeines Schuldrecht, 6. Teil II Rn. 565 ff.

IV. Sonstiges

15. BGH, Urt. 4.5.2016 – XII ZR 62/15, NJW 2016, 3718 = JuS 2017, 783

Leitsatz

Allein der Umstand, dass der Kunde eines Fitnessstudios berufsbedingt seinen Wohnort wechselt, vermag eine außerordentliche Kündigung seines Vertrags nicht zu rechtfertigen (…).

Sachverhalt (gekürzt und vereinfacht)

K ist Betreiberin eines Fitnessstudios und schloss mit B am 1.8.2012 einen Vertrag über die Nutzung eines in Hannover gelegenen Fitnessstudios für einen Zeitraum von 24 Monaten (Fitnessstudiovertrag). K und B vereinbarten ein (gegenüber kürzeren Vertragslaufzeiten reduziertes) monatliches Nutzungsentgelt von 65 Euro. Ferner enthält der Vertrag in Nr. 8 eine Vorfälligkeitsklausel, wonach bei einem Zahlungsverzug von mehr als zwei Monatsraten sämtliche Entgelte für die Restlaufzeit sofort zur Zahlung fällig werden.

Im Oktober 2013 wurde der – bis dahin in Hannover lebende – B zum Soldaten auf Zeit ernannt; gleichzeitig stellte er die Zahlung der Mitgliedsbeiträge ein. Anschließend wurde B für die Zeit von Oktober bis Dezember 2013 nach Köln und von Januar bis Mai 2014 nach Kiel abkommandiert. Seit Juni 2014 ist B in Rostock stationiert und ist dort seit diesem Zeitpunkt auch amtlich gemeldet. Am 5.11.2013 kündigte B seine Mitgliedschaft bei K.

K verlangt von B restliches Nutzungsentgelt für die Zeit von Oktober 2013 bis einschließlich Juli 2014.

§ 46 Abs. 8 Satz 1 u. 3 TKG lautet: [1]Der Anbieter von (…) Telekommunikationsdiensten (…) ist verpflichtet, wenn der Verbraucher seinen Wohnsitz wechselt, die vertraglich geschuldete Leistung an dem neuen Wohnsitz des Verbrauchers (…) zu erbringen, soweit diese dort angeboten wird. (…) [3]Wird die Leistung am neuen Wohnsitz nicht angeboten, ist der Verbraucher zur Kündigung (…) berechtigt.

Erläuterung

Der Fall eignet sich zur Wiederholung der Grundsätze zur außerordentlichen Kündigung eines Dauerschuldverhältnisses.

In der gutachterlichen Falllösung wäre ein Anspruch auf Vergütung aus dem Vertrag zu prüfen; begänne man mit der Prüfung einer bestimmten gesetzlichen Anspruchsgrundlage müsste man (an früherer oder späterer Stelle) eine (abschließende) Qualifikation des Vertrags vornehmen. Die Qualifikation eines Fitnessstudiovertrags ist einerseits nicht völlig unproblematisch (wohl ein typengemischter Vertrag mit vornehmlich mietvertraglichem Inhalt, jedenfalls regelmäßig kein Vereinsbeitritt wie der gebräuchliche, aber juristisch etwas unsaubere Begriff „Mitgliedsbeiträge" vermuten lassen könnte), andererseits hier auch nicht erforderlich. Ausreichend ist festzustellen, dass es sich um ein Dauerschuldverhältnis handelt.

Aus dem allgemeinen Rechtsgedanken der §§ 626 Abs. 1, 543 Abs. 1, 314 Abs. 1 BGB folgt für Dauerschuldverhältnisse ein Recht auf außerordentliche Kündigung bei „wichtigem Grund". Ein solcher ist anzunehmen, wenn eine Fortsetzung des Vertrags für die kündende Partei unter Berücksichtigung der Umstände des Einzelfalls und unter Abwägung der gegenseitigen Interessen nicht zumutbar ist. Dabei trägt jede Partei grundsätzlich das Risiko einer Veränderung von aus ihrer Sphäre stammenden privaten Umständen (Rechtsgedanke des § 537 BGB). Umgekehrt heißt dies, dass eine Unzumutbarkeit tendenziell bei nicht beeinflussbaren Umständen in Betracht kommt. An dieser Stelle ist eine sorgfältige Auswertung des Sachverhalts erforderlich. Der Fall bietet genügend „Stoff" zur Abwägung im Einzelfall: Der Soldat wurde erst nach Vertragsschluss zum Soldaten auf Zeit ernannt (ohne sein Einverständnis nicht möglich), seinen (amtlichen) Wohnsitz verlagerte B erst im Juni 2014 nach Rostock (verbrachte also gegebenenfalls seine Wochenenden weiterhin in Hannover), für die lange Vertragslaufzeit (und das damit verbundene Risiko) wurde B ein reduzierter monatlicher Beitrag gewährt. Demgegenüber unterliegt B als Soldat deutschlandweiten (und häufigen) Verwendungs- und Versetzungsmöglichkeiten (die Kommandierung ist eine Verfügung über einen zeitweilig abweichenden Dienstort ohne Dienstpostenwechsel – etwa bei einem Lehrgang), die dazu führen, dass Soldatinnen und Soldaten eingeschränkter als andere Berufsgruppen langfristig ihren Dienstort planen können. Der BGH sieht im Ergebnis keinen wichtigen Grund:

> „[D]er berufsbedingte Wohnortwechsel [fällt], auch wenn er durch die Abkommandierung fremdbestimmt ist, letztlich in die Sphäre des [B] (…)."[75]

Konsequenter Weise ist der Wohnsitzwechsel damit ein Risiko des B, weswegen auch kein Kündigungsrecht gemäß § 313 Abs. 3 Satz 2 BGB (Wegfall der Geschäftsgrundlage) besteht.[76]

Ein Kündigungsrecht begründet auch nicht § 46 Abs. 8 Satz 3 TKG analog (dessen Wertungen könnten alternativ auch in die Bestimmung eines wichtigen Grunds einfließen):

> „Es fehlt (…) an einer planwidrigen Regelungslücke (…) [und] an einer (…) Vergleichbarkeit eines Telekommunikationsvertrags mit einem Fitnessstudiovertrag (…), weil

---

75 BGH, NJW 2016, 3718, 3719.
76 Das Verhältnis von § 314 Abs. 1 BGB und § 313 Abs. 3 Satz 2 BGB ist umstritten, siehe hierzu MüKoBGB/*Gaier*, 7. Aufl. 2016, § 314 Rn. 14.

Gegenstand des Telekommunikationsvertrags die Daseinsvorsorge ist (...). Eine damit vergleichbare Bedeutung kann dem Fitnessstudiovertrag nicht beigemessen werden."[77]

Prüfungsaufbau

I. Anspruch auf Zahlung der Beiträge, § 311 Abs. 1 BGB
  1. Qualifikation des Vertrages
     (P) Fitnessstudiovertrag
  2. Vertragslaufzeit bis 31.7.2014?
     a) (Außerordentliche) Kündigung am 5.11.2013?
        aa) Rechtsgedanke der §§ 626 Abs. 1, 543 Abs. 1, 314 Abs. 1 BGB
           (1) Kündigungserklärung
           (2) Wichtiger Grund?
              (P) Umzug
              (P) Rechtsgedanke des § 46 Abs. 8 Satz 3 TKG?
        bb) § 46 Abs. 8 Satz 3 TKG analog?
           (P) Voraussetzungen der Analogie
        cc) § 313 Abs. 3 Satz 2 BGB
           (P) Wegfall der Geschäftsgrundlage?
        ...

Weiterführende Hinweise:

Kündigung von Dauerschuldverhältnissen: *Petersen*, Allgemeines Schuldrecht, § 4 IV Rn. 237 f.

16. BGH, Beschl. v. 3.12.2014 – XII ZB 181/13, NJW 2015, 1014 = JuS 2015, 271

Leitsätze (in Auszügen)

1. Im Falle einer Schwiegerelternschenkung führt das Scheitern der Ehe von Kind und Schwiegerkind auch dann, wenn der Fortbestand der Ehe Geschäftsgrundlage der Zuwendung war, nicht automatisch, sondern nur bei gesondert festzustellender Unzumutbarkeit des Festhaltens an der Schenkung zu einem Anspruch auf Vertragsanpassung.

2. Zu den Voraussetzungen des Anspruchs der Schwiegereltern auf dingliche Rückgewähr des dem Schwiegerkind geschenkten Grundeigentums bei Störung der Geschäftsgrundlage. (...)

3. Die Verjährung der gem. § 313 Abs. 1 BGB erfolgenden Vertragsanpassung einer Grundstücksschenkung von Schwiegereltern richtet sich nach § 196 BGB.

---

77 BGH, NJW 2016, 3718, 3719.

Sachverhalt (gekürzt und vereinfacht)

Die (damaligen) Eheleute S und G bewohnten die Erdgeschosswohnung in einem Hausanwesen, das dem Vater der S (V) gehörte. Diese Wohnung sanierten S und G und errichteten zudem einen Anbau. Im Jahre 1993 übertrug V das Grundstück auf S und G zu jeweils hälftigem Miteigentum. Mitte 2004 trennten sich S und G; G zog aus der Ehewohnung aus. Die Ehe wurde 2006 geschieden.

2012 begehrt S von G Übertragung des hälftigen Miteigentumsanteils an dem vormals ehelichen Hausanwesen aus abgetretenem Recht des V. G hat die Einrede der Verjährung erhoben.

Erläuterung

Der Fall nimmt seinen Ausgang in der familiären Beziehung zwischen den Beteiligten, betrifft allerdings natürlich vornehmlich Fragen des allgemeinen Schuldrechts und der Verjährung. Der BGH nimmt in diesem Zusammenhang wichtige Klärungen zum Anspruchsinhalt und zur Verjährung bei einer Störung der Geschäftsgrundlage vor.

Grundlage des Falls ist eine sogenannte „Schwiegerelternschenkung" – hiermit sind Zuwendungen der Schwiegereltern an das Schwiegerkind gemeint, die nach neuester BGH-Rechtsprechung als Schenkungen im Sinne des § 516 Abs. 1 BGB (und nicht als unbenannte Zuwendungen) zu qualifizieren sind:

> „Insbesondere fehlt es nicht an einer mit der Zuwendung einhergehenden dauerhaften Vermögensminderung beim Zuwendenden, wie sie § 516 I BGB voraussetzt (…). Schwiegereltern [übertragen] den zuzuwendenden Gegenstand regelmäßig in dem Bewusstsein auf das Schwiegerkind, künftig an dem Gegenstand nicht mehr selbst zu partizipieren."[78]

Die Rückabwicklung solcher Schenkungen beurteilt sich nach § 313 BGB (im Gutachten wären auch sonstige Anspruchsgrundlagen nach §§ 527, 525, 812 iVm. § 398 BGB und § 812 Abs. 1 Satz 2 2. Fall iVm. § 398 BGB zu erwägen), wobei insbesondere die Prüfung der Zumutbarkeit im konkreten Einzelfall besonderer Beachtung bedarf:

> „Im Falle einer Schwiegerelternschenkung führt das Scheitern der Ehe von Kind und Schwiegerkind daher auch dann, wenn der Fortbestand der Ehe Geschäftsgrundlage der Zuwendung war, nicht automatisch, sondern nur bei gesondert festzustellender Unzumutbarkeit des Festhaltens an der Schenkung zu einem Anspruch auf Vertragsanpassung. (…) Neben der Ehedauer sind dabei unter anderem die persönlichen und wirtschaftlichen Verhältnisse von Schwiegereltern und früheren Ehegatten, der Umfang der durch die Zuwendung bedingten und beim Schwiegerkind noch vorhandenen Vermögensmehrung, aber auch mit der Schenkung verbundene Erwartungen des Zuwendenden hinsichtlich seiner Versorgung im Alter von Bedeutung (…)."[79]

Zum Anspruchsinhalt führt der BGH aus:

> „In welchem Umfang ein Rückforderungsanspruch besteht, ist unter Abwägung sämtlicher Umstände des Einzelfalls und mit Blick darauf, dass die Anpassung ausschließlich

---

78 BGH, NJW 2015, 1014, 1014.
79 BGH, NJW 2015, 1014, 1015.

die Herstellung eines zumutbaren Zustands zum Ziel hat, zu entscheiden. (…) Bei Zuwendungen von Schwiegereltern wird eine auf Grund der Störung der Geschäftsgrundlage vorzunehmende Vertragsanpassung nur in seltenen Ausnahmefällen dazu führen, dass der zugewendete Gegenstand zurückzugewähren ist. In der Regel kann nur ein Ausgleich in Geld verlangt werden, dessen Höhe sich nach den Umständen des Einzelfalls richtet. Soweit die Ehe Bestand gehabt hat, ist der Zweck der Zuwendung nämlich jedenfalls teilweise erreicht, so dass das Zugewendete nicht voll zurückgegeben werden muss. Ausnahmen sind denkbar, wenn nur die Rückgewähr geeignet erscheint, einen untragbaren, mit Treu und Glauben unvereinbaren Zustand zu vermeiden. (…) In Betracht wird die Annahme eines derartigen Ausnahmefalls insbesondere bei in Natur nicht teilbaren Gegenständen kommen, etwa bei Hausgrundstücken oder Miteigentumsanteilen an diesen, wenn zusätzliche Umstände hinzutreten. (…). Die dingliche Rückgewähr ist dabei jedoch nur ein Element der (…) Anpassung; diese hat zugleich auch die Belange des Verpflichteten zu berücksichtigen. Das wird regelmäßig einen an das Schwiegerkind Zug um Zug gegen die dingliche Rückgewähr zu leistenden angemessenen Ausgleich in Geld bedingen (…)."[80]

Auf dieser Grundlage kommt somit (nur) ein Anspruch des V gegen G auf Rückübertragung Zug um Zug gegen eine angemessene Ausgleichszahlung in Betracht. Unschädlich war es, dass V den Anspruch an S abgetreten hat:

> „Ein entsprechender Rückübertragungsanspruch ist weder höchstpersönlicher Natur (…) noch wegen seines Leistungsinhalts gem. § 399 Var. 1 BGB unabtretbar (…)."[81]

(Streit-)Entscheidend ist damit die Frage nach der Verjährung eines entsprechenden Anspruchs aus § 313 Abs. 1 BGB. In Betracht kommt entweder die Regelverjährung nach § 195 BGB oder die besondere Verjährung des § 196 BGB. Der BGH bejaht für den hier in Rede stehenden Anspruch auf Rückübertragung eines Grundstück(anteil)s letzteres:

> „Der Anspruch aus § 313 I BGB geht (…) zwar nicht unmittelbar auf Übertragung des Eigentums an einem Grundstück, sondern „nur" auf Vertragsanpassung. Der Wortlaut des § 196 BGB schließt dessen Anwendung schon auf den Anpassungsanspruch jedoch nicht aus. Denn der Anpassungsanspruch ist bei Fällen der Störung der Geschäftsgrundlage einer Grundstücksschenkung letztlich darauf gerichtet, einen Rückgewähranspruch hinsichtlich der Zuwendung und damit auf Übertragung von Grundeigentum (oder Geldzahlung wegen Unmöglichkeit der Teilrückgabe) zu erhalten."[82]

Damit kann G die Einrede der Verjährung nicht erheben. Abschließend noch folgender Hinweis: Geht es bei einer Schwiegerelternschenkung nicht um ein Grundstück, gilt (natürlich) § 195 BGB, wobei die Kenntnis oder grob fahrlässige Unkenntnis vom Scheitern der Ehe – dies soll regelmäßig spätestens mit der Zustellung des Scheidungsantrags zum Ausdruck kommen – maßgeblich für den Verjährungsbeginn ist.[83]

---

80 BGH, NJW 2015, 1014, 1015 f.
81 BGH, NJW 2015, 1014, 1016.
82 BGH, NJW 2015, 1014, 1017.
83 BGH, NJW 2016, 629, 633 = JuS 2016, 741.

Prüfungsaufbau

I. §§ 527, 525, 812 BGB iVm. § 398 BGB
(P) Schenkung oder unbenannte Zuwendung
(P) Auflage?
...

II. § 313 Abs. 1 BGB iVm. § 398 BGB
1. Störung der Geschäftsgrundlage
   a) Schwerwiegende Veränderung von Umständen
   b) Umstände als Grundlage des Vertrags
   c) Zumutbarkeit
      (P) Festhalten an Vermögensverschiebung unzumutbar
2. Anspruchsinhalt / Rechtsfolge
   (P) Vertragsanpassung oder Rücktritt
3. Abtretung, § 398 BGB
   (P) Abtretbarkeit des Anspruchs, § 399 1. Fall BGB
4. Einrede der Verjährung, § 214 BGB
   (P) § 195 BGB oder § 196 BGB
5. Zug um Zug, § 320 BGB
...

III. § 812 Abs. 1 Satz 2 2. Fall iVm. § 398 BGB
...

Weiterführende Hinweise

Ehebezogene Drittzuwendungen: *Lipp*, Familienrecht, § 13 II 3 Rn. 296 ff.
Schenkung unter Auflage: *Huber/Bach*, Besonderes Schuldrecht 1, § 18 V 1 Rn. 695 ff.
Wegfall der Geschäftsgrundlage: *Petersen*, Allgemeines Schuldrecht, § 4 III Rn. 217 ff.

C. Schuldrecht Besonderer Teil

I. Kaufrecht

17. BGH, Urt. v. 2.4.2014 – VIII ZR 46/13, NJW 2014, 2183 = JA 2015, 68

Leitsätze

1. Zur Abgrenzung von Kaufvertrag und Werklieferungsvertrag (hier: Lieferung von Aluminium-Profilleisten in einem bestimmten Farbton durch einen Fachgroßhändler für Baubedarf).

2. Beim Kaufvertrag ist der vom Verkäufer eingeschaltete Hersteller der Kaufsache nicht Erfüllungsgehilfe des Verkäufers; gleiches gilt gem. § 651 Satz 1 BGB [= § 650 Satz 1 BGB n. F.] beim Werklieferungsvertrag, wenn der Lieferant einen Dritten mit der Bearbeitung der Sache betraut (…).

Sachverhalt (gekürzt und vereinfacht)

K stellt in seiner Schreinerei Holzfenster mit einer Aluminiumverblendung her. B betreibt einen Fachgroßhandel für Baubedarf. K und B stehen in laufender Geschäftsbeziehung miteinander. Im Jahr 2005 erhielt K einen Auftrag zur Lieferung und zum Einbau von Aluminium-Holz-Fenstern für den Neubau eines Wohnhauses des S (Bauherr). K bestellte bei B die in einer Liste der B angebotenen, für die Herstellung der Aluminium-Außenschalen benötigten Profilleisten im Farbton RAL 9007 (grau-metallic). B beauftragte N, die ein Pulverbeschichtungswerk betreibt, mit der Beschichtung der – von B als Stangenware zur Verfügung gestellten – Profilleisten und lieferte die beschichteten Leisten an K. K fügte die von ihm (K) zugeschnittenen Aluminium-Profile zu einem Rahmen zusammen und montierte sie auf die Holzfenster.

Nach dem Einbau der Fenster rügte S Lackabplatzungen an den Aluminium-Außenschalen gegenüber K. Ursache für die mangelnde Haftung der Beschichtung ist eine nicht fachgerechte Vorbehandlung der Profilleisten während des Beschichtungsprozesses seitens N. S verlangte von K Mangelbeseitigung durch Erneuerung der Außenschalen an allen 19 Fenstern.

B verweigert die Nacherfüllung. K verlangt (unter anderem) von B Zahlung von 43.000 Euro, die für den Aus- und Einbau mangelfreier Profilleisten erforderlichen Kosten.

Erläuterung

Der Fall eignet sich zur Wiederholung von verschiedenen Aspekten des Kauf-, Werk- und Werklieferungsrechts und dient auch dazu, die gewährleistungsrechtlichen Novellierungen zum 1.1.2018 in den Blick zu nehmen.[84]

Beachtung verdient zunächst die Frage, ob zwischen K und B ein Kauf- oder ein Werklieferungsvertrag vereinbart wurde. Hier ist eine Auswertung des Sachverhalts geboten. Der BGH bejaht einen Kaufvertrag:

„[D]er Vertragsgegenstand – Lieferung einer bestimmten Menge von Aluminium-Profilleisten (...) – [ist] Standardware, die von [B] als Fachgroßhändlerin für den Baubedarf listenmäßig angeboten wird (...) [Es] handelt sich um einen reinen Kaufvertrag, der nur eine Liefer- und keine Herstellungspflicht der [B] zum Gegenstand hat."[85]

Erster Anknüpfungspunkt für einen Schadensersatzanspruch könnte die nicht mangelfreie Lieferung sein. Diesbezüglich traf B allerdings kein Verschulden, weswegen sich der BGH mit der Frage nach einer Verschuldenszurechnung (§ 278 BGB) auseinander setzte. Dem BGH zufolge – entgegen umfangreicher Kritik in der Literatur[86] – soll B allerdings nicht das Verschulden der N nach § 278 BGB zugerechnet werden, da ein Lieferant nicht Gehilfe bei der Erfüllung der Verkäuferpflichten sei – und zwar unabhängig davon, ob es sich um einen Kaufvertrag oder um einen Werklieferungsvertrag handelt.[87]

Zweiter Anknüpfungspunkt für einen Schadensersatzanspruch könnte die nicht erfolgte Nachlieferung sein. Fraglich ist in diesem Zusammenhang allerdings der Umfang eines entsprechenden Anspruchs im Verhältnis zwischen K und B. Der BGH urteilte noch in Bezug auf § 439 BGB a. F.:

„Der Anspruch auf Schadensersatz statt der Leistung wegen verweigerter und unzumutbarer Nacherfüllung erstreckt sich (...) nicht auf Ersatz der Aus- und Einbaukosten für den (...) notwendig gewordenen Austausch der Aluminium-Außenschalen. Denn insoweit besteht kein ursächlicher Zusammenhang zwischen der Verweigerung der Nacherfüllung und den Aus- und Einbaukosten. Diese Kosten wären auch entstanden, wenn [B] durch Ersatzlieferung mangelfreier Profilleisten ordnungsgemäß nacherfüllt hätte."[88]

Denn es handelte sich eben um einen Vertrag zwischen zwei Unternehmern:

„[D]ie richtlinienkonforme Auslegung des § 439 Abs. I Alt. 2 BGB, nach der die Nacherfüllungsvariante „Lieferung einer mangelfreien Sache" neben dem Ausbau und Abtransport der mangelhaften Kaufsache auch den Einbau der als Ersatz gelieferten Sache erfasst, [ist] auf den Verbrauchsgüterkauf (§ 474 BGB) beschränkt (...)."[89]

Auf der Grundlage der alten Rechtslage waren daher die Aus- und Einbaukosten nur dann ersetzbar, wenn man den Schadensersatzanspruch an die mangelfreie Lieferung anknüpfte (und – anders als hier – ein Verschulden vorliegt).

---

84 Hierzu ausführlich etwa *Lorenz*, JuS 2018, 10.
85 BGH, NJW 2014, 2183, 2183 f.
86 Vgl. *Witt*, NJW 2014, 2156, 2157 mwN.
87 Hierzu näher *Lorenz*, LMK 2014, 359378; *Looschelders*, JA 2015, 68, 70.
88 BGH, NJW 2014, 2183, 2184.
89 BGH, NJW 2014, 2183, 2184.

Eine solche Betrachtung kann nunmehr auf der Grundlage von § 439 Abs. 3 BGB n. F. nicht mehr aufrechterhalten werden. Vielmehr steht K nun nach § 439 Abs. 3 BGB n. F. ein Anspruch auf Aufwendungsersatz zu. Da K die mangelhafte Sache „gemäß ihrer Art und ihrem Verwendungszweck in eine andere Sache eingebaut oder an eine andere Sache abgebracht hat", ist B verpflichtet, K die erforderlichen Aufwendungen für das Entfernen der mangelhaften und den Einbau oder das Anbringen von mangelfreien Profilleisten zu ersetzen.

Ferner schied im vorliegenden Fall auch ein Anspruch des K gegen B nach § 478 Abs. 2 BGB a. F. aus, da zwischen K und S ein Werkvertrag (und kein Verbrauchsgüterkaufvertrag) geschlossen wurde. Dieses Ergebnis ist trotz der Neuregelung in § 445a BGB n. F. (Rückgriff des Verkäufers) nach wie vor richtig, denn die Neuregelung bezieht sich zwar allgemein auf Kaufverträge, nicht aber auf Werkverträge.

Für eine gutachterliche Prüfung noch folgende über den Sachverhalt hinausgehende Hinweise: Das Verhältnis zwischen K und S bestimmt sich somit nach werkvertraglichem Gewährleistungsrecht. Soweit eine andere Sache des S beim Einbau beschädigt worden sind, kommt unter Umständen ein Anspruch des S gegen N nach dem Produkthaftungsgesetz in Betracht.

Prüfungsaufbau

– auf der Grundlage der neuen Rechtslage –

I. §§ 437 Nr. 3, 280 Abs. 1 BGB (nicht mangelfreie Lieferung)
  1. Kaufvertrag
     (P) Profilleisten / Abgrenzung zum Werklieferungsvertrag
  2. Mangel, § 434 BGB / Pflichtverletzung
  3. Vertretenmüssen, § 280 Abs. 1 Satz 2 BGB
     (P) Zurechnung des Verschuldens der N gemäß § 278 BGB?
     …
II. § 439 Abs. 3 BGB
  1. Kaufvertrag
  2. Mangel, § 434 BGB
  3. Einbau in andere Sache gemäß ihrer Art und ihrem Verwendungszweck
     …
III. § 478 Abs. 2 BGB
     (P) Qualifikation des Vertrags zwischen K und S
     …

Weiterführende Hinweise

Abgrenzung zwischen Kauf- und Werkvertrag: *Huber/Bach*, Besonderes Schuldrecht 1, § 16 I Rn. 485

Umfang des Nacherfüllungsanspruchs: *Huber/Bach*, Besonderes Schuldrecht 1, § 7 VI 2 Rn. 142 ff.

18. BGH, Urt. v. 29.6.2016 – VIII ZR 191/15, NJW 2016, 3015

Leitsätze (in Auszügen)

1. Die Frage, ob eine Erklärung als (rechtsverbindliche) Willenserklärung zu werten ist, beurteilt sich nach den für die Auslegung von Willenserklärungen geltenden Maßstäben (…). Bei der Abgrenzung einer Allgemeinen Geschäftsbedingung von einer unverbindlichen Erklärung ist daher der für die inhaltliche Auslegung von Allgemeinen Geschäftsbedingungen geltende Grundsatz der objektiven Auslegung heranzuziehen (…).

2. Dabei kommt allerdings nicht die Unklarheitenregelung des § 305c Abs. 2 BGB zur Anwendung. Denn diese setzt voraus, dass es sich bei der in Frage stehenden Erklärung um eine Allgemeine Geschäftsbedingung handelt (…).

3. Ob es sich bei einer in einem „verbindlichen Bestellformular" über den Ankauf eines Kraftfahrzeugs vorgedruckten und durch eine individuelle Datumsangabe ergänzte Erklärung „Datum der Erstzulassung lt. Fzg-Brief" um eine rechtsverbindliche Erklärung handelt oder nicht, ist nach objektiven Maßstäben zu entscheiden. Denn für den Fall ihrer Rechtsverbindlichkeit käme allein eine Einordnung als Allgemeine Geschäftsbedingung oder als typische, im Gebrauchtwagenhandel übliche Individualerklärung in Betracht. Auch im letztgenannten Fall gilt ein objektiver, von den Vorstellungen der konkreten Parteien und der Einzelfallumstände losgelöster Auslegungsmaßstab (…).

4. Die in einem „verbindlichen Bestellformular" über den Ankauf eines Kraftfahrzeugs vorgedruckte und mit einer individuellen Datumsangabe versehene Erklärung „Datum der Erstzulassung lt. Fzg-Brief" stellt keine auf den Abschluss einer konkludenten Beschaffenheitsvereinbarung nach § 434 Abs. 1 Satz 1 BGB über eine bestimmte Höchststandzeit zwischen Herstellung und Erstzulassung des Fahrzeugs oder eine bestimmte Modellreihenzugehörigkeit gerichtete Willenserklärung, sondern allein eine Wissenserklärung dar (…).

5. Anders als bei Neuwagen und „Jahreswagen", bei denen vor der Erstzulassung eine Standzeit von höchstens zwölf Monaten hinzunehmen ist (…), lassen sich bei (sonstigen) Gebrauchtwagen keine allgemein gültigen Aussagen dahin treffen, ab welcher Grenze eine Standzeit zwischen Herstellung und Erstzulassung eine Beschaffenheit darstellt, die nicht mehr üblich ist und die der Käufer auch nicht erwarten musste (…).

Sachverhalt (gekürzt)

K kaufte am 27.6.2012 von der Kraftfahrzeughändlerin B einen Gebrauchtwagen (Audi) mit einer Laufleistung von 38.000 km zum Preis von 33.000 Euro. In dem „verbindlichen Bestellformular" ist in dem vorgedruckten Feld „Datum der Erstzulassung lt. Fzg.-Brief" der 18.2.2010 eingetragen. Weiter sind dort die Angaben enthalten, dass das Fahrzeug nicht reimportiert worden und laut Vorbesitzer als Euromobilfahrzeug genutzt worden sei. Angaben zum Baujahr oder zur Modellreihe enthält das Bestellformular nicht.

Nach der am 29.6.2012 erfolgten Übergabe des Fahrzeugs stellte K fest, dass dieses bereits am 1.7.2008 hergestellt worden war und damit zur „Modellreihe 2009" gehörte.

Unter Berufung auf eine sich daraus ergebende und von ihm (K) als Sachmangel bewertete Standzeit vor der Erstzulassung von 19,5 Monaten erklärte K am 23.1.2013 den Rücktritt vom Kaufvertrag und verlangt (unter anderem) Rückzahlung des Kaufpreises abzüglich Nutzungsersatz Zug um Zug gegen Rückgabe und Rückübereignung des streitgegenständlichen Fahrzeugs.

Erläuterung

Die äußerst umfangreiche (und mit bereits zusammenfassenden Leitsätzen versehene) Entscheidung arbeitet lehrbuchartig praxisrelevante Fragen des Gewährleistungsrechts beim Gebrauchtwagenkauf auf.

Kern der Prüfung ist die Frage, ob ein Sachmangel vorliegt. Die Angabe zur Erstzulassung könnte eine (konkludente) Beschaffenheitsvereinbarung dahingehend sein, dass (zumindest) eine bestimmte Höchststandzeit nicht überschritten ist bzw. eine bestimmte Modellreihe vorliegt. Die Prüfung der Beschaffenheitsvereinbarung führt in den Allgemeinen Teil, denn Voraussetzung wäre eine entsprechende Willenserklärung. Dies bedarf zunächst der Auslegung, für die – unabhängig davon, ob eine AGB-Klausel oder eine im Gebrauchtwagenhandel übliche Individualerklärung in Rede steht – ein objektiver Maßstab gelten soll.[90] Der BGH verneint im Ergebnis eine Willenserklärung (und damit eine Beschaffenheitsvereinbarung):

> „[D]er Senat [misst] (…) bei der gebotenen objektiven Auslegung einschränkenden Zusätzen, wie „laut Fahrzeugbrief", „laut Vorbesitzer", „soweit ihm bekannt", keinen rechtsverbindlichen Erklärungsgehalt [bei], sondern [sieht] darin allein eine Wissenserklärung (…). Wer sich im Rahmen von Kaufvertragsverhandlungen für eine Aussage ausdrücklich auf eine bestimmte Quelle bezieht, bringt damit dem Wortlaut nach hinreichend deutlich zum Ausdruck, woher er die Angabe entnommen hat und dass es sich dabei nicht um eigenes Wissen handelt (…)[, sondern um] eine Wissenserklärung oder – besser – Wissensmitteilung (…) Durch die Einschränkung „lt. Fzg.-Brief" hat [B] deutlich gemacht, dass sie nicht einmal für die Richtigkeit des Erstzulassungsdatums einstehen will. Erst recht kann dieser Angabe keine stillschweigende Beschaffenheitsvereinbarung über das Baujahr oder eine Modellreihenzugehörigkeit des erworbenen Gebrauchtwagens entnommen werden."[91]

Zusätzlich verneint der BGH einen Sachmangel gemäß § 434 Abs. 1 Satz 2 Nr. 2 BGB. Insbesondere ändere allein die Standzeit als solche bzw. eine bestimmte (aber nicht konkret vereinbarte) Modellreihe nämlich nichts an der (objektiven) Eignung als Fahrzeug.

Insgesamt ist der vorliegende Fall damit abzugrenzen von Konstellationen, in denen ein „fabrikneues" Fahrzeug[92] oder ein „Jahreswagen"[93] vereinbart wurde. Im Ergebnis scheidet somit ein mangelbedingter Rücktritt aus.

---

90 Siehe auch die Leitsätze 1 bis 3.
91 BGH, NJW 2016, 3015, 3018.
92 Vgl. BGH, NJW 2003, 2824.
93 Vgl. BGH, NJW 2006, 2694.

In Betracht kommt noch ein Anspruch aus §§ 280 Abs. 1, 241 Abs. 2, 311 Abs. 2 BGB, der allerdings neben dem (grundsätzlich vorrangigen) kaufrechtlichen Gewährleistungsrecht nur bei Verletzung einer Aufklärungspflicht und damit verbundener arglistiger Täuschung in Betracht kommt. Da das Fahrzeug die übliche und objektiv berechtigterweise zu erwartende Beschaffenheit aufwies, ist eine darüber hinaus gehende Aufklärungspflicht mit dem BGH zu verneinen.

Prüfungsaufbau

I. §§ 437 Nr. 2, 346 Abs. 1, 440, 323 Abs. 1 BGB
 1. Kaufvertrag
 2. Mangel, § 434 BGB
  a) Beschaffenheitsvereinbarung, § 434 Abs. 1 Satz 1 BGB, betreffend Standzeit vor Erstzulassung / Modellreihe
   (P) Auslegung / (P) Willens- oder Wissenserklärung?
  b) § 434 Abs. 1 Satz 2 Nr. 2 BGB betreffend Standzeit vor Erstzulassung / Modellreihe
   (P) Eignung / übliche und zu erwartende Beschaffenheit
   ...
II. §§ 280 Abs. 1, 241 Abs. 2, 311 Abs. 2 BGB
 1. Anwendbarkeit neben dem kaufrechtlichen Gewährleistungsrecht
 2. Schuldverhältnis
 3. Pflichtverletzung
  (P) Aufklärungspflicht / arglistige Täuschung
  ...

Weiterführende Hinweise

Sachmangel: *Huber/Bach*, Besonderes Schuldrecht 1, § 5 I Rn. 48 ff.

19. BGH, Urt. v. 18.10.2017 – VIII ZR 32/16, NJW 2018, 150 = JA 2018, 146

Leitsätze

1. Auch bei einem hochpreisigen Dressurpferd begründet das Vorhandensein eines „Röntgenbefundes", sofern die Kaufvertragsparteien keine anderslautende Beschaffenheitsvereinbarung geschlossen haben, für sich genommen grundsätzlich noch keinen Sachmangel nach § 434 Abs. 1 Satz 2 BGB (...). Hierbei kommt es nicht entscheidend darauf an, wie häufig derartige Röntgenbefunde vorkommen (...).

2. Der Verkäufer eines solchen Dressurpferdes hat – wie auch sonst beim Verkauf eines Reitpferdes – ohne eine anderslautende Beschaffenheitsvereinbarung der Kaufvertragsparteien nur dafür einzustehen, dass das Tier bei Gefahrübergang nicht krank

ist und sich auch nicht in einem (ebenfalls vertragswidrigen) Zustand befindet, aufgrund dessen bereits die Sicherheit oder zumindest hohe Wahrscheinlichkeit besteht, dass es alsbald erkranken wird und es deshalb oder aus sonstigen Gründen für die vertraglich vorausgesetzte beziehungsweise gewöhnliche Verwendung nicht mehr einsetzbar sein wird (…).

3. Die Veräußerung eines vom Verkäufer – hier einem nicht im Bereich des Pferdehandels tätigen selbständigen Reitlehrer und Pferdeausbilder – ausschließlich zu privaten Zwecken genutzten Pferdes ist regelmäßig nicht als Unternehmergeschäft zu qualifizieren (…).

Sachverhalt (gekürzt und vereinfacht)

K kaufte Ende des Jahres 2010 von B im Wege eines mündlich geschlossenen Kaufvertrages, der durch K initiiert wurde, den damals 10-jährigen Hannoveraner Wallach „D." zum Preis von 500.000 Euro, um diesen als Dressurpferd bei Grand-Prix-Prüfungen einzusetzen. B, der selbständig als Reitlehrer und Pferdetrainer tätig ist, hatte das Pferd zuvor für private Zwecke erworben und zum Dressurpferd ausgebildet. Nachdem die Z – welcher K das Pferd anschließend zur Verwendung in Turnieren zur Verfügung stellen wollte – „D." am 24. und 25.11.2010 probegeritten und eine auf Veranlassung des K in der Pferdeklinik E. am 30.11.2010 durchgeführte „große Ankaufsuntersuchung" keine erheblichen Befunde ergeben hatte, erfolgte die Übergabe des Pferdes an K am 3.1.2011. Eine konkrete Vereinbarung über die Beschaffenheit von „D." wurde nicht getroffen. Im Rahmen einer tierärztlichen Untersuchung wurde am 15.6.2011 bei „D." am rechten Facettengelenk zwischen dem vierten und dem fünften Halswirbel (C4/C5) ein Röntgenbefund festgestellt. Später ergab eine weiterführende computertomographische Untersuchung der Halswirbelsäule, dass der hintere (kaudale) Gelenkfortsatz des vierten Halswirbels rechts deutlich verändert war. Klinische Auswirkungen des Röntgenbefunds wurden allerdings nicht festgestellt. K ist der Ansicht, der Röntgenbefund sei die Ursache für die schwerwiegenden Rittigkeitsprobleme, die „D." – unstreitig – nach der Übergabe gezeigt habe; das Pferd lahme, habe offensichtliche Schmerzen und widersetze sich einer reiterlichen Einwirkung. Mit Schreiben vom 27.6.2011 erklärte K – nach vergeblicher Fristsetzung zur Nacherfüllung – den Rücktritt vom Kaufvertrag. K verlangt Rückzahlung des Kaufpreises Zug um Zug gegen Rückgabe des Pferdes.

Erläuterung

Zu prüfen ist ein Anspruch nach §§ 437 Nr. 2, 90a S. 3, 346 Abs. 1, 440, 323 Abs. 1 BGB. Streitentscheidend ist die Frage, ob ein Sachmangel vorliegt.[94] Die entsprechende Prüfung des § 434 BGB erfordert eine sorgfältige Auswertung des Sachverhalts. Zunächst kann kurz darauf hingewiesen werden, dass keine Beschaffenheitsvereinbarung (§ 434

---

[94] Eine – vom BGH nicht (an)diskutierte – Anfechtung wegen eines Irrtums über eine verkehrswesentliche Eigenschaft soll auch dann ausgeschlossen sein, wenn die Voraussetzungen eines Sachmangels nicht erfüllt sind, siehe Palandt/*Weidenkaff*, BGB, 77. Aufl. 2018, § 437 Rn. 53.

Abs. 1 Satz 1 BGB) zwischen K und B getroffen wurde. Dies sieht auch der BGH so. Da die Vorinstanz allerdings eine Beschaffenheitsvereinbarung angenommen hatte, rekapituliert der BGH lehrbuchartig die (strengen) Voraussetzungen einer entsprechenden Vereinbarung:

> „(…) [E]ine Beschaffenheitsvereinbarung iSv. § 434 I 1 BGB [setzt] voraus, dass der Verkäufer in vertragsgemäß bindender Weise die Gewähr für das Vorhandensein einer Eigenschaft der Kaufsache übernimmt und damit seine Bereitschaft zu erkennen gibt, für alle Folgen des Fehlens dieser Eigenschaft einzustehen (…). Eine solche Vereinbarung kann ausdrücklich oder (…) durch schlüssiges Verhalten getroffen werden (…). Allerdings sind an das Vorliegen einer Beschaffenheitsvereinbarung nach § 434 I 1 BGB strenge Anforderungen zu stellen; unter der Geltung des neuen Schuldrechts kommt sie nicht mehr im Zweifel, sondern nur noch in eindeutigen Fällen in Betracht (…) [F]ür den Abschluss einer Beschaffenheitsvereinbarung nach § 434 I 1 BGB bedarf es zweier aufeinander bezogener korrespondierender Willenserklärungen nach §§ 145 ff. BGB (Angebot und Annahme)."[95]

Fraglich ist daher vielmehr, ob das Pferd nicht der vertraglich vorausgesetzten Verwendung entspricht bzw. sich nicht zur gewöhnlichen Verwendung eignet (§ 434 Abs. 1 Satz 2 Nr. 1 u. 2 BGB) – und deswegen ein Sachmangel vorliegt. Hierfür ist zu unterscheiden. Die Verwendung allgemein als (hochklassiges) „Dressurpferd" steht mangels klinischer Auswirkungen des Röntgenbefunds nicht in Frage. Der Röntgenbefund selbst begründet – unbeschadet der Tatsache, ob dieser bereits bei Gefahrübergang bereits vorlag – noch keinen Sachmangel. Dies resultiert auch aus der Tatsache, dass Tiere nicht „irgendwelche" Sachen sind, sondern Lebewesen[96]:

> „(…) Der Käufer eines Pferdes kann deshalb redlicherweise nicht erwarten, dass er auch ohne besondere (Beschaffenheits-)Vereinbarung ein Tier mit „idealen" Anlagen erhält, sondern muss im Regelfall damit rechnen, dass das von ihm erworbene Tier in der einen oder anderen Hinsicht physiologische Abweichungen vom Idealzustand aufweist, wie sie für Lebewesen nicht ungewöhnlich sind (…). [B] hat als Verkäufer nur (…) dafür einzustehen, dass das Tier bei Gefahrübergang nicht krank ist und sich auch nicht in einem (ebenfalls vertragswidrigen) Zustand befindet, aufgrund dessen bereits die Sicherheit oder zumindest hohe Wahrscheinlichkeit besteht, dass es alsbald erkranken wird (…) und es deshalb oder aus sonstigen Gründen für die vertraglich vorausgesetzte beziehungsweise gewöhnliche Verwendung nicht mehr einsetzbar sein wird."[97]

Einen Sachmangel könnten allerdings die Rittigkeitsprobleme bilden. Hierzu wäre erforderlich, dass diese bei Gefahrübergang bereits vorlagen. Dies ist nicht geklärt, so dass sich die Frage aufdrängt, ob K die Beweislastumkehr nach § 477 BGB n. F. = § 476 BGB a. F. (die auch bei einem Tierkauf Anwendung findet) zugutekommt. Hierfür müsste B allerdings als Unternehmer (§ 14 BGB) einzustufen sein. An dieser Stelle gilt es, sauber unter Auswertung des Sachverhalts herauszuarbeiten, dass B Reitlehrer und Pferdetrainer ist, für den der Verkauf (auf Initiative der K) nicht „in Ausübung" seiner Tätigkeit erfolgt.[98] Der BGH wiederholt zunächst die Grundsätze zur Bestim-

---

95 BGH, NJW 2018, 150, 151 f.
96 Vgl. auch § 90a Satz 1 BGB, Art. 20a GG.
97 BGH, NJW 2018, 150, 152 f.
98 Siehe auch den 3. Leitsatz.

51

mung der Unternehmereigenschaft („objektiv zu bestimmende Zweckrichtung")[99] und führt dann aus:

> „Eine Vermutung dafür, dass alle vorgenommenen Rechtsgeschäfte eines Unternehmers „im Zweifel" seinem geschäftlichen Bereich zuzuordnen sind, besteht nicht. (…) Ein entsprechender allgemeiner, auf alle selbstständig Erwerbstätigen anzuwendender Rechtsgedanke ist [auch nicht] § 344 I HGB (…) zu entnehmen, weil die auf Verbraucherschutz ausgerichteten Bestimmungen in §§ 13, 14 BGB ein anderes Regelungsziel verfolgen als der auf Publizität und Vertrauensschutz gerichtete § 344 HGB (…)."[100]

Ergänzend sei noch darauf hingewiesen, dass sich der BGH in jüngerer Zeit in verschiedenen Entscheidungen der Präzisierung des Sachmangelbegriffs angenommen hat. So hat der BGH in einer informativen Entscheidung betreffend Zuchtferkel etwa klargestellt, dass

> „[d]ie Eignung einer Sache für eine bestimmte Verwendung (…) nicht erst zu verneinen [ist], wenn die Tauglichkeit der Kaufsache zu diesem Gebrauch ganz aufgehoben ist, sondern bereits dann, wenn sie lediglich gemindert ist (…)."[101]

Prüfungsaufbau

> I. §§ 437 Nr. 2, 346 Abs. 1, 440, 323 Abs. 1, 90a S. 3 BGB
>   1. Kaufvertrag
>   2. Mangel, § 434 BGB
>   a) Beschaffenheitsvereinbarung, § 434 Abs. 1 Satz 1 BGB
>   b) Vertraglich vorausgesetzte Verwendung oder Eignung zur gewöhnlichen Verwendung, § 434 Abs. 1 Satz 2 Nr. 1 u. 2 BGB
>   aa) Dressurpferd?
>   bb) Relevanz des Röntgenbefunds
>   (P) Bei Gefahrübergang? / (P) Sachmangel?
>   cc) „Rittigkeitsprobleme"
>   (1) Bei Gefahrübergang?
>   (2) Beweislastumkehr nach § 477 BGB n. F.?
>   (P) B Unternehmer? / „in Ausübung" / Rechtsgedanke des § 344 Abs. 1 HGB?
>   …

Weiterführende Hinweise

Sachmangel: *Huber/Bach*, Besonderes Schuldrecht 1, § 5 I Rn. 48 ff.
Begriff des Unternehmers: *Schürnbrand*, Verbraucherschutzrecht, § 1 V Rn. 21 ff.

---

99 Hierzu auch BGH, NJW 2018, 146 (2. Leitsatz).
100 BGH, NJW 2018, 150, 153 f.
101 BGH, NJW 2017, 2817 = JA 2017, 865 (2. Leitsatz).

20. BGH, Urt. v. 18.1.2017 – VIII ZR 234/15, NJW 2017, 1666 = JuS 2017, 683

Leitsatz

Die bei Gefahrübergang vorhandene und im Zeitpunkt der Rücktrittserklärung fortbestehende Eintragung eines Kraftfahrzeugs in dem Schengener Informationssystem (SIS) zum Zwecke der Sicherstellung und Identitätsfeststellung ist ein erheblicher Rechtsmangel, der den Käufer zum Rücktritt vom Kaufvertrag berechtigt (…).

Sachverhalt (gekürzt)

K und B schlossen Mitte des Jahres 2012 mündlich einen Kaufvertrag über einen gebrauchten Rolls Royce Corniche Cabrio (Oldtimer) zum Preis von 29.000 Euro. B übergab dem K den Pkw Mitte Oktober 2012 gegen Zahlung des Kaufpreises. Bei dem Versuch des K, den Pkw Ende Juli 2013 anzumelden, wurde das Fahrzeug polizeilich sichergestellt, weil es im Schengener Informationssystem (SIS) von französischen Behörden als am 6.6.2012 gestohlen gemeldet und zur Fahndung (Sicherstellung und Identitätsfeststellung) ausgeschrieben worden war. Gegen K und B wurden von der StA Düsseldorf strafrechtliche Ermittlungsverfahren wegen des Verdachts der Hehlerei eingeleitet. Am 30.9.2013 erfolgte die Freigabe des Kraftfahrzeugs, nachdem im Zuge der Ermittlungen die Vermutung aufgekommen war, der ehemalige französische Eigentümer des Kraftfahrzeugs habe den Diebstahl zum Zwecke des Versicherungsbetrugs nur vorgetäuscht. In der Freigabebescheinigung des Polizeipräsidiums Düsseldorf an K ist vermerkt, dass keine Bedenken gegen eine amtliche Zulassung bestünden. Am 17.12.2013 wurde der Pkw auf K zugelassen. Die zunächst im November 2013 eingestellten staatsanwaltlichen Ermittlungsverfahren gegen K und B wurden im Januar 2014 wieder aufgenommen und dauerten jedenfalls noch bis in das Jahr 2015 an. Das Fahrzeug ist nach wie vor im SIS ausgeschrieben. Mit Schreiben vom 2.5.2014 erklärte K gegenüber B den Rücktritt vom Kaufvertrag und verlangt von B Zahlung von 29.000 Euro Zug um Zug gegen Rückgabe des Fahrzeugs.

Erläuterung

Voraussetzung des von K geltend gemachten Anspruchs auf Rückzahlung ist das Bestehen eines Rücktrittsrechts. Ein solches könnte dem BGH zufolge aus der Mangelhaftigkeit der Kaufsache resultieren; der BGH geht (leider) auf eine etwaige Nichterfüllung (Eigentumsverschaffung) durch den Verkäufer nicht ein[102]. In Betracht kommt ein Sachmangel (§ 434 Abs. 1 Satz 2 Nr. 2 BGB) oder ein Rechtsmangel (§ 435 BGB).

Ein Rechtsmangel setzt nach § 435 Satz 1 BGB voraus, dass Dritte in Bezug auf die Kaufsache Rechte gegen den Käufer geltend machen können. Die Verschaffung von Eigentum in Erfüllung der kaufvertraglichen Pflichten allein reicht daher noch nicht aus. Hier könnte sich der Rechtsmangel aus der Eintragung im SIS ergeben. Hierzu – und zur Abgrenzung zum Sachmangel – führt der BGH aus:

---

102 Siehe hierzu *Heese*, JZ 2017, 529, 530.

„Ein Rechtsmangel liegt deshalb vor, wenn Rechte eines Dritten eine individuelle Belastung des Käufers ergeben, also geeignet sind, ihn in der ungestörten Ausübung der ihm nach § 903 S. 1 BGB gebührenden Rechtsposition zu beeinträchtigen (…). Hinsichtlich der rechtlichen Natur dieser individuellen Belastung kommen nicht nur dingliche Rechte eines Dritten, sondern auch obligatorische Rechte in Betracht, wenn ihre Ausübung eine tatsächliche Beeinträchtigung der Nutzung für den Käufer bedeuten, indem sie dem Rechtsinhaber ein Recht zum Besitz der Sache verschaffen (…). Auch auf öffentlichem Recht beruhende Eingriffsbefugnisse, Beschränkungen und Bindungen, die die Nutzung der Kaufsache beeinträchtigen, können einen Rechtsmangel begründen (…). Dies gilt – in Abgrenzung zu den dem Bereich der Sachmängelgewährleistung (§ 434 BGB) zuzuordnenden Sachverhalten – jedenfalls dann, wenn das Eingreifen öffentlich-rechtlicher Normen nicht Folge der (auch) einen Sachmangel begründenden nicht vertragsgemäßen Beschaffenheit der Kaufsache ist; andernfalls liegt es nahe, (nur) einen Sachmangel anzunehmen (…).“[103]

Auf der Grundlage dieser Maßstäbe bejaht der BGH das Vorliegen eines Rechtsmangels in Bezug auf die Eintragung im SIS:

„Zwar handelt es sich bei dem Schengener Informationssystem (nur) um eine interne Datenbank der Sicherheitsbehörden des Schengen-Raums, mit der – anders als bei einer bereits vollzogenen behördlichen Beschlagnahme oder Sicherstellung – noch kein unmittelbarer Eingriff in Form des Entzugs der Sache verbunden ist. Die Eigenart der auf einem internationalen Abkommen beruhenden SIS-Sachfahndung gebietet es jedoch, bereits die Eintragung als solche und nicht erst eine daraufhin erfolgende Beschlagnahme oder Sicherstellung als Rechtsmangel einzuordnen. Denn bereits die Eintragung eines Kraftfahrzeugs in dieses Fahndungssystem ist für den Käufer mit der Gefahr einer erheblichen Nutzungsbeeinträchtigung verbunden und führt damit zu einer individuellen Belastung, die geeignet ist, den Käufer in der ungestörten Ausübung der ihm nach § 903 S. 1 BGB gebührenden Rechtsposition zu beeinträchtigen. (…) [D]ie SIS-Ausschreibung eines Kraftfahrzeugs [ist] mit der konkreten, im gesamten Schengen-Raum bestehenden Gefahr verbunden, dass bei der Zulassung des Fahrzeugs, einer Halteränderung oder bei einer polizeilichen Kontrolle die Eintragung festgestellt wird und das Fahrzeug daraufhin behördlicherseits – nach den jeweiligen Rechtsvorschriften des Landes, in dem es aufgefunden wird – rechtmäßig sichergestellt oder beschlagnahmt wird (…).“[104]

Keine (durchschlagende) Relevanz entfaltet deswegen auch die „Freigabe“ durch das Polizeipräsidium Düsseldorf oder die anschließende Zulassung.

Entscheidend für den Rechtsmangel sind somit nicht – da überhaupt nicht feststehend – etwaige zivilrechtliche Rechte Dritter, sondern die öffentlich-rechtlichen Zugriffsmöglichkeiten. Zeitlicher Anknüpfungspunkt für das Vorliegen eines Rechtsmangels ist im Übrigen der Rechtsübergang[105], nicht dagegen der Gefahrübergang als solcher (so allerdings der BGH im vorliegenden Fall).

Für ein „sauberes“ Durchprüfen ist schließlich noch auf die Notwendigkeit einer Fristsetzung durch K einzugehen; diese kann nach § 440 Satz 1 BGB mit guten Gründen als entbehrlich eingestuft werden (so auch der BGH unter Bezugnahme auf die kon-

---

103 BGH, NJW 2017, 1666, 1666.
104 BGH, NJW 2017, 1666, 1667.
105 Umstr., siehe etwa *Schwab*, JuS 2017, 683, 684.

kreten Umstände des Falles). Ferner ist der Rechtsmangel – gerade mit Blick auf die Weiterverkäuflichkeit – auch nicht unerheblich (§ 323 Abs. 5 Satz 2 BGB).

Abweichend von der Lösung des BGH über §§ 437 Nr. 2, 346 Abs. 1, 323 Abs. 1, 435 Satz 1 BGB erscheint es im Übrigen gut vertretbar, eine (vorübergehende, aber der dauerhaften gleichzustellende) Unmöglichkeit der Nacherfüllung anzunehmen und ein Rücktrittsrecht auf §§ 437 Nr. 2, 326 Abs. 5 BGB zu stützen.[106]

Zu beachten ist schließlich, dass die Abgrenzung zwischen Sach- und Rechtsmangel im vorliegenden Fall nicht streitentscheidend war. Gleichwohl kann – und wird möglicherweise in der Klausur – eine solche Abgrenzung dann von entscheidender Bedeutung sein, wenn etwa ein Gewährleistungsausschluss (nur) für Sachmängel vereinbart wurde[107] oder wenn die sich nur auf Sachmängel beziehende Beweislastumkehr des § 477 BGB n. F. (§ 476 BGB a. F.) in Rede steht.[108]

Prüfungsaufbau

> I. §§ 437 Nr. 2, 346 Abs. 1, 323 Abs. 1, 435 Satz 1 BGB
> 1. Kaufvertrag
> 2. Rechtsmangel, § 435 Satz 1 BGB
>   (P) Abgrenzung zum Sachmangel
>   (P) Öffentlich-rechtliche Beschränkungen
> 3. Fristsetzung / Entbehrlichkeit der Fristsetzung, § 440 Satz 1 BGB
> 4. Erheblichkeit, § 323 Abs. 5 Satz 2 BGB
> ...

Weiterführende Hinweise

Rechtsmangel: *Huber/Bach*, Besonderes Schuldrecht 1, § 5 II Rn. 78 ff.

21. BGH, Urt. v. 12.10.2016 – VIII ZR 103/15, NJW 2017, 1093 = JuS 2017, 357

Leitsätze (um Nachweise gekürzt)

1. § 476 BGB [= § 477 BGB n. F.] ist richtlinienkonform dahin auszulegen, dass die dort vorgesehene Beweislastumkehr zugunsten des Käufers schon dann greift, wenn diesem der Nachweis gelingt, dass sich innerhalb von sechs Monaten ab Gefahrübergang ein mangelhafter Zustand (eine Mangelerscheinung) gezeigt hat, der – unterstellt, er hätte seine Ursache in einem dem Verkäufer zuzurechnenden Umstand –

---

106 *Schwab*, JuS 2017, 683, 685; *Singbartl/Henke*, EWiR 2017, 271, 272.
107 Siehe hierzu – und auch in Bezug auf eine Eintragung im SIS – BGH, NJW 2017, 3292 = JuS 2017, 683.
108 Vgl. auch *Almeroth*, NZV 2017, 325, 326.

dessen Haftung wegen Abweichung von der geschuldeten Beschaffenheit begründen würde. Dagegen muss der Käufer weder darlegen und nachweisen, auf welche Ursache dieser Zustand zurückzuführen ist, noch dass diese in den Verantwortungsbereich des Verkäufers fällt (...).

2. Weiter ist § 476 BGB [= § 477 BGB n. F.] richtlinienkonform dahin auszulegen, dass dem Käufer die dort geregelte Vermutungswirkung auch dahin zugutekommt, dass der binnen sechs Monaten nach Gefahrübergang zu Tage getretene mangelhafte Zustand zumindest im Ansatz schon bei Gefahrübergang vorgelegen hat (...).

Sachverhalt (gekürzt)

K erwarb von der Fahrzeughändlerin B am 27.3.2010 zum Preis von 16.200 Euro einen Gebrauchtwagen (BMW 525d Touring). Ab Anfang August 2010 schaltete die im Fahrzeug eingebaute Automatikschaltung nach einer von K absolvierten Laufleistung von etwa 13.000 Kilometern in der Einstellung „D" nicht mehr selbständig in den Leerlauf; stattdessen starb der Motor ab. Ein Anfahren oder Rückwärtsfahren bei Steigungen war nicht mehr möglich. Nach erfolgloser Fristsetzung zur Mängelbeseitigung erklärte K am 8.9.2010 den Rücktritt vom Kaufvertrag. Am 4.3.2011 setzte er das Fahrzeug außer Betrieb. Seither legt K die Strecke zwischen seinem Wohnort und seiner Arbeitsstätte mit einem ihm leihweise zur Verfügung gestellten Fahrzeug seiner Eltern zurück.

K verlangt (unter anderem) die Rückzahlung des Kaufpreises Zug um Zug gegen Übergabe und Übereignung des Fahrzeugs, Ersatz aufgewendeter Kosten für den Austausch defekter Teile, für die Fehlersuche durch eine Fachwerkstatt und für die kurzzeitige Anmietung eines Ersatzfahrzeugs und Ersatz mangelbedingten Nutzungsausfallschadens für den Zeitraum vom 5.3.2011 bis 4.3.2012.

Nach Einholung eines Sachverständigengutachtens konnte K nicht den positiven Nachweis erbringen, dass das Fahrzeug bei Übergabe einen Sachmangel aufgewiesen hat.

Art. 5 Abs. 3 VerbrGK-RL lautet: Bis zum Beweis des Gegenteils wird vermutet, daß Vertragswidrigkeiten, die binnen sechs Monaten nach der Lieferung des Gutes offenbar werden, bereits zum Zeitpunkt der Lieferung bestanden, es sei denn, diese Vermutung ist mit der Art des Gutes oder der Art der Vertragswidrigkeit unvereinbar.

Erläuterung

„Zahnriemen", „Turbolader", „Zylinderkopfdichtung" – (leidige) verbrauchsgüterkaufrechtliche Schlagwörter, die Generationen von Examenskandidatinnen und -kandidaten beschäftigt haben dürften... Das vorliegende Urteil des BGH ist der vorläufige Abschluss des jahrelangen Streits um § 476 BGB a. F. = § 477 BGB n. F.[109], nachdem der EuGH in der Rechtssache Faber[110] geurteilt hatte.

---

109 Vgl. BGHZ 159, 215; NJW 2005, 283; NJW 2005, 3490; NJW 2006, 434; NJW 2006, 1195; BGHZ 167, 40; NJW 2007, 2621; BGHZ 200, 1.
110 EuGH, NJW 2015, 2237 = JuS 2016, 459 = JA 2015, 942.

Stein des Anstoßes war die Vermutungsregelung in § 476 BGB a. F., die vom Grundsatz des § 363 BGB abweicht. Die Regelung knüpft daran an, dass sich innerhalb von sechs Monaten seit Gefahrübergang ein Sachmangel zeigt. Fraglich ist die Reichweite der Vermutung, wenn der akute Mangel definitiv nach Gefahrübergang aufgetreten ist. Der BGH hatte in seinen früheren Entscheidungen geurteilt, dass die Vermutung (nur) zeitlich für *den* sich zeigenden (nachgewiesenen) Mangel wirke, nicht jedoch eine Vermutung aufstelle in Bezug auf einen etwaigen „Grund"-Mangel bzw. die Mangelhaftigkeit bei Gefahrübergang („im Ansatz") selbst.[111]

Dieser Ansicht ist der EuGH unter Verweis auf Art. 5 Abs. 3 VerbrGK-RL entgegen getreten und veranlasste den BGH zu einer entsprechenden richtlinienkonformen Auslegung des § 476 BGB[112], wodurch der Regelungsgehalt des § 476 BGB zugunsten des Verbrauchers in zweifacher Hinsicht erweitert wird. Zum einen bei den Anforderungen an die Darlegungs- und Beweislast des Käufers hinsichtlich des Auftretens eines Sachmangels innerhalb von sechs Monaten nach Gefahrübergang und zum anderen für die Reichweite der Vermutung:

> „Das bedeutet letztlich, dass der Käufer für das Eingreifen der Vermutung (…) nur darlegen und nachweisen muss, dass die erworbene Sache nicht den Qualitäts-, Leistungs- und Eignungsstandards einer Sache entspricht, die er zu erhalten nach dem Vertrag und (…) vernünftigerweise erwarten konnte (…) [B]ei Auftreten eines akuten mangelhaften Zustands [wird] vermutet, dieser habe in einem früheren Entwicklungsstadium schon bei Gefahrübergang vorgelegen (…)."[113]

Zur Ergänzung: Obwohl die VerbrGK-RL Schadensersatzansprüche nicht betrifft, gilt nach dem BGH auch insofern (einheitlich im Sinne einer „überschießenden Umsetzung") die skizzierte richtlinienkonforme Auslegung.[114]

Damit kommen die folgenden Ansprüche ebenfalls in Betracht: Ein Anspruch des K auf Erstattung der Kosten für den Austausch defekter Teile ergibt sich aus §§ 437 Nr. 3, 280 Abs. 1 u. 3, 281 Abs. 1, 325 BGB, auf Erstattung der Kosten der Fehlersuche aus §§ 437 Nr. 3, 280 Abs. 1, 325 BGB und auf Ersatz eines mangelbedingten Nutzungsausfallschadens aus §§ 437 Nr. 3, 280 Abs. 1 u. 3, 281 Abs. 1, 325 BGB. Betreffend letzterem ist zu erwägen, ob K seiner Obliegenheit zur Schadensminderung entsprochen hat.[115]

Prüfungsaufbau

> I. §§ 437 Nr. 2, 346 Abs. 1, 440, 323 Abs. 1 BGB
> 1. Kaufvertrag
> 2. Sachmangel, § 434 Abs. 2 Satz 1 BGB
>   (P) Reichweite der Vermutung nach § 477 BGB n. F.?
>   (P) Art. 5 Abs. 3 VerbrGK-RL / Richtlinienkonforme Auslegung
>   …

---

111 Näher *Gutzeit*, JuS 2017, 357, 357 f.
112 Vgl. die Leitsätze 1 und 2.
113 BGH, NJW 2017, 1093, 1096 und 1099.
114 Hierzu *Gutzeit*, JuS 2017, 357, 359.
115 Hierzu BGH, NJW 2017, 1093, 1100.

Weiterführende Hinweise

Beweislastumkehr nach § 477 BGB: *Huber/Bach*, Besonderes Schuldrecht 1, § 14 III 3 Rn. 403 ff.

22. BGH, Urt. v. 13.7.2016 – VIII ZR 49/15, NJW 2016, 3654 = JuS 2017, 67

Leitsätze (um Nachweise gekürzt)

1. Bei der Beurteilung, ob eine vom Käufer zur Nacherfüllung bestimmte Frist angemessen ist, ist – in den Grenzen des § 475 Abs. 1 BGB [= § 476 Abs. 1 BGB n. F.] – in erster Linie eine Vereinbarung der Parteien maßgeblich (…). Dabei darf der Käufer eine vom Verkäufer selbst angegebene Frist als angemessen ansehen, auch wenn sie objektiv zu kurz ist.

2. Für eine Fristsetzung zur Nacherfüllung gemäß §§ 323 Abs. 1, 281 Abs. 1 BGB genügt es, wenn der Gläubiger durch das Verlangen nach sofortiger, unverzüglicher oder umgehender Leistung oder durch vergleichbare Formulierungen – hier ein Verlangen nach schneller Behebung gerügter Mängel – deutlich macht, dass dem Schuldner für die Erfüllung nur ein begrenzter (bestimmbarer) Zeitraum zur Verfügung steht. Der Angabe eines bestimmten Zeitraums oder eines bestimmten (End-)Termins bedarf es nicht (…). Ergibt sich dabei aus den Gesamtumständen, dass ein ernsthaftes Nacherfüllungsverlangen vorliegt, schadet es nicht, dass dieses in höfliche Form einer „Bitte" gekleidet ist.

3. Für die Beurteilung, ob die Nacherfüllung für den Käufer unzumutbar ist, sind alle Umstände des Einzelfalles zu berücksichtigen, insbesondere die Zuverlässigkeit des Verkäufers oder der Umstand, dass der Verkäufer bereits bei dem ersten Erfüllungsversuch, also bei Übergabe, einen erheblichen Mangel an fachlicher Kompetenz hat erkennen lassen und das Vertrauensverhältnis zwischen den Parteien nachhaltig gestört ist (…).

Sachverhalt (gekürzt)

K erwarb von Küchenstudiobetreiberin B für ihren Haushalt am 26.9.2008 eine Einbauküche. Nach Entrichtung des Kaufpreises baute B die Küche in der Zeit vom 16. bis 19.1.2009 ein. K beanstandete in einem Gespräch mit B am 2.2.2009, die Einbauküche sei in mehrerer Hinsicht mangelhaft montiert und verlangte „unverzügliche" Beseitigung der Mängel (ein Sachverständiger kam später zu dem Befund, die wichtigsten Bereiche der Küche funktionierten aufgrund der eklatant fehlerhaften Montage nicht oder nur bedingt). Mit einer E-Mail vom 16.2.2009 benannte K zahlreiche Mängel der Einbauküche und äußerte die Bitte um „schnelle Behebung", wobei ein angemessener Zeitraum für die Beseitigung der vorliegenden Mängel sechs Wochen gewesen wären. Mit Schreiben vom 11.3.2009 listete K alle ihr bekannten Mängel auf und verlangte, diese bis zum 27.3.2009 zu beheben. B sagte in einem Telefonat vom 16.3.2009 zu, dass die Küche bis zum 23.3.2009 „fix und fertig" gestellt werde. Ohne dass etwas geschah, erklärte B am 24.3.2009 seine Bereitschaft zur Mängelbeseitigung bis zum 20.4.2009. K lehnte dies ab; weiteres Zuwarten komme wegen erschöpften Vertrauens nicht in Betracht.

Am 31.3.2009 erklärte K den Rücktritt vom Vertrag. Nachdem K die B am 5.9.2009 vergeblich zum Ausbau der Küche aufgefordert hatte, nahm K diesen im September 2012 selbst vor und ließ die Küche anschließend einlagern.

K verlangt (unter anderem) Rückzahlung des Kaufpreises in dem von ihr entrichteten Umfang sowie Kostenerstattung für den Ausbau und die Einlagerung der Küche und für ein anlässlich des Ausbaus der Küche eingeholtes Privatgutachten.

Erläuterung

Der Fall eignet sich zur Wiederholung der kaufrechtlichen Gewährleistungsansprüche. Darüber hinaus verdeutlicht das Urteil exemplarisch die mit einer (Nach-)Fristsetzung verbundenen Probleme, die die Rechtsprechung laufend beschäftigen.[116]

Im Zuge des Anspruchs auf Rückzahlung des Kaufpreises aufgrund eines Rücktritts (§§ 437 Nr. 2, 346 Abs. 1, 440, 323 Abs. 1 BGB iVm. § 650 Satz 1 BGB n. F.) ist zunächst zu problematisieren, ob und wann K eine (angemessene) Frist zur Nacherfüllung gesetzt hat. Eine Fristsetzung könnte bereits in dem mündlichen Verlangen nach „unverzüglicher" Beseitigung Anfang Februar 2009 liegen, spätestens allerdings in der E-Mail aus Mitte Februar 2009 mit der Bitte um „schnelle Behebung". Dass die Forderung nach Beseitigung der Mängel als „Bitte" formuliert war, hindert die Annahme einer Fristsetzung im Ergebnis nicht:

> „Zwar darf der Gläubiger die Ernsthaftigkeit seines Nacherfüllungsverlangens nicht durch Relativierungen wie die Äußerung eines bloßen Wunsches oder einer höflichen Bitte in Zweifel ziehen (…). [Ein solcher Fall liegt hier allerdings nicht vor.] Der E-Mail vom 16.2.2009 war bereits am 29.1./2.2.2009 eine (mündliche) Nachbesserungsaufforderung vorausgegangen, deren Ernsthaftigkeit von [B] nicht in Zweifel gezogen werden konnte."[117]

Hier hatte K allerdings – eine Fristsetzung Mitte Februar unterstellt – keinen Zeitraum oder (End-)Termin gesetzt. Dies ist dem BGH zufolge unschädlich (siehe auch bereits Fall 9):

> „Ein solches, auf „schnelle Behebung" gerichtetes Nachbesserungsverlangen ist einer Aufforderung, innerhalb „angemessener Frist", „unverzüglich" oder „umgehend" Abhilfe zu schaffen, vergleichbar, denn auch dadurch wird dem Verkäufer eine zeitliche Grenze gesetzt, die aufgrund der jeweiligen Umstände des Einzelfalls bestimmbar ist und ihm vor Augen geführt, dass er die Nachbesserung nicht zu einem beliebigen Zeitpunkt bewirken darf (…)."[118]

---

116 Siehe auch die Fälle 9 und 23. Siehe allgemein zur Fristsetzung etwa *Höpfner*, NJW 2016, 3633.
117 BGH, NJW 2016, 3654, 3655.
118 BGH, NJW 2016, 3654, 3655.

Durch das Nacherfüllungsverlangen ist somit eine angemessene Frist zu Ende März (sechs Wochen seit Mitte Februar) in Lauf gesetzt worden. Hieran änderte sich auch nichts dadurch, dass K am 11.3.2009 eine (isoliert betrachtet) unangemessen kurze Frist bis zum 27.3.2009 setzte – insbesondere, wenn der Verkäufer sogar einen früheren Termin (23.3.2009) zusagt bzw. wenn dann (wie auch hier) der Rücktritt nach Ablauf der angemessenen Frist erfolgt.

Im Übrigen ist sehr gut vertretbar, dass die Fristsetzung bereits aufgrund Unzumutbarkeit der Nacherfüllung entbehrlich ist.[119] K kann daher im Ergebnis Rückzahlung des Kaufpreises verlangen.

Abschließend noch folgender Hinweis: Ein Anspruch auf die Ausbaukosten ergibt sich aus §§ 439 Abs. 3 BGB n. F., ein Anspruch auf die Einlagerungskosten aus § 304 BGB und ein Anspruch auf die Gutachterkosten (Mangelfeststellungskosten) aus §§ 437 Nr. 3, 280 Abs. 1 BGB oder aus § 439 Abs. 2 BGB.[120]

Prüfungsaufbau

> I. §§ 437 Nr. 2, 346 Abs. 1, 440, 323 Abs. 1 BGB iVm. § 650 Satz 1 BGB n. F.
> 1. Werklieferungsvertrag
> 2. Mangel, § 434 Abs. 2 Satz 1 BGB
> 3. Fristsetzung
>   (P) „Unverzügliche" Beseitigung / Bitte um „schnelle Behebung"
>   (P) Angemessene Frist?
>   (P) Spätere Verkürzung?
>   (P) Entbehrlichkeit der Fristsetzung gemäß § 440 Satz 1 3. Fall BGB?
>   ...

Weiterführende Hinweise

Fristsetzung im Kaufrecht: *Huber/Bach*, Besonderes Schuldrecht 1, § 8 II 2 Rn. 216 ff.

23. BGH, Urt. v. 26.10.2016 – VIII ZR 240/15, NJW 2017, 153

Leitsätze

1. Zur Unzumutbarkeit einer Fristsetzung zur Nachbesserung bei sporadisch auftretenden sicherheitsrelevanten Mängeln eines verkauften Kraftfahrzeugs.

2. Verweigert der Verkäufer eine Untersuchung der Sache auf gerügte sicherheitsrelevante Mängel hin, kann eine Fristsetzung des Käufers wegen unzumutbarer Nacherfüllung entbehrlich werden.

---

119 Vgl. auch Fall 9 zu einer europarechtskonformen Auslegung.
120 Zu alledem siehe *Schwab*, JuS 2017, 67, 69.

Sachverhalt (gekürzt)

K kaufte im Mai 2013 von der Kraftfahrzeughändlerin B zu einem Preis von 12.300 Euro einen gebrauchten Pkw Volvo V50. Bereits kurz nach Übergabe des Fahrzeugs führte B wiederholt Reparaturen am Fahrzeug, insbesondere an den Bremsen, durch. Auch danach bemängelte K die Bremsen noch und beanstandete außerdem, es sei nunmehr auch das Kupplungspedal nach Betätigung am Fahrzeugboden hängen geblieben, so dass es in die Ausgangsposition habe zurückgezogen werden müssen. Bei einer daraufhin am 18.7.2013 durchgeführten Untersuchungsfahrt durch einen bei B beschäftigten Kraftfahrzeugmeister trat der von B gerügte Mangel am Kupplungspedal auch bei mehrmaliger Betätigung der Kupplung nicht auf.

Ob B sich – wie K behauptet – daraufhin geweigert hat, die beanstandeten Defekte an der Bremse und der Kupplung zu reparieren, oder ob – wie B behauptet – ihre Mitarbeiter K angesichts der fehlenden Reproduzierbarkeit des gerügten Kupplungsmangels mitgeteilt haben, dass derzeit kein Grund zur Annahme einer Mangelhaftigkeit und damit für ein Tätigwerden bestehe und dass K, sollte das Kupplungspedal wieder hängenbleiben, das Fahrzeug erneut bei ihr vorstellen solle, ist zwischen den Parteien streitig.

Nachdem K in den folgenden Tagen unter Hinweis auf ein erneutes Hängenbleiben des Kupplungspedals vergeblich versucht hatte, B zu einer Äußerung über ihre Reparaturbereitschaft zu bewegen, trat er (K) am 22.7.2013 unter Hinweis auf die Mängel an der Bremse und der Kupplung vom Kaufvertrag zurück und legte das Fahrzeug mit Ablauf des Monats still.

K verlangt von B (unter anderem) Rückzahlung des Kaufpreises Zug um Zug gegen Rückgabe und Rückübereignung des gekauften Fahrzeugs.

Erläuterung

Eingebettet in einen Anspruch auf Rückzahlung des Kaufpreises ermöglicht der Fall eine Befassung mit den Gründen für eine entbehrliche Fristsetzung zur Nacherfüllung sowie mit der nach § 323 Abs. 5 Satz 2 BGB relevanten Unerheblichkeit von Mängeln.

Die grundsätzlich erforderliche Fristsetzung[121] für den geltend gemachten Anspruch könnte aus zwei Gründen entbehrlich sein: B hat die Nacherfüllung gemäß § 323 Abs. 2 Nr. 1 BGB ernsthaft und endgültig verweigert und / oder die Nacherfüllung ist gemäß § 440 Satz 1 3. Fall BGB für K unzumutbar. Zur ersten Möglichkeit führt der BGH aus:

„[E]s [begegnet] (...) Zweifeln, ob [B] (...) durch ihr Verhalten (konkludent) die nach den Umständen gebotene (sofortige) Nacherfüllung ernsthaft und endgültig verweigert (...) [hat]. Denn [B] (...) hat (...) über die bei der Fahrzeugvorführung nicht mögliche Reproduzierbarkeit der Fehlfunktion hinaus weder das Bestehen des aktuell lediglich nicht verifizierbaren Mangels bestritten noch sonst ihre Nachbesserungspflicht ein für alle Mal in einer Weise abschließend verneint, bei der auch eine Fristsetzung keine Um-

---

121 Zu den (niedrigen) Anforderungen siehe Fall 9 und 22; vgl. aber auch Fall 9 zur europarechtskonformen Auslegung.

stimmung hätte bewirken können (…). [B] hat lediglich ein Tätigwerden von einem erneuten Hängenbleiben der Kupplung bei einem künftigen Fahrzeuggebrauch und einer dadurch veranlassten weiteren Vorstellung des Fahrzeugs abhängig gemacht."[122]

Entscheidend ist demnach die Frage nach der Unzumutbarkeit der Nacherfüllung für K, die der BGH bejaht:

„Für die Beurteilung, ob die Nacherfüllung für den Käufer in diesem Sinne gem. § 440 S. 1 Alt. 3 BGB unzumutbar ist, sind alle Umstände des Einzelfalls zu berücksichtigen. Dazu zählen neben Art und Ausmaß einer Beeinträchtigung der Interessen des Käufers etwa auch die Zuverlässigkeit des Verkäufers und diesem vorzuwerfende Nebenpflichtverletzungen sowie ein dadurch möglicherweise gestörtes Vertrauensverhältnis zwischen den Parteien (…). Das Fahrzeug war aufgrund des gelegentlichen Hängenbleibens des Kupplungspedals nicht mehr hinreichend verkehrssicher (…). Die Erklärung der Mitarbeiter der [B] anlässlich der Vorführung des Fahrzeugs, es bestünde kein Grund für die Annahme einer Mangelhaftigkeit und damit ein Tätigwerden, solange der behauptete Mangel nicht auftrete, und [K] solle das Fahrzeug erneut bei ihr vorstellen, sofern das Kupplungspedal wieder hängenbleibe, hat die Beseitigung des tatsächlich vorhandenen Mangels auf unbestimmte Zeit hinausgeschoben. Diese Haltung hat damit faktisch zugleich eine verantwortungsvolle Benutzbarkeit des Fahrzeugs weitgehend aufgehoben, da der verkehrsunsichere Zustand angesichts der Ungewissheit über ein erneutes Auftreten der Fehlfunktion auf kaum absehbare Zeit fortbestanden hat und es dem [K] nicht zugemutet werden konnte, das Risiko der Benutzung eines mit einem derartigen Mangel behafteten Fahrzeugs im öffentlichen Straßenverkehr auf sich zu nehmen."[123]

Eine Fristsetzung war deshalb entbehrlich. Der Rücktritt des K scheitert auch nicht an der Unerheblichkeit der Pflichtverletzung (§ 323 Abs. 5 Satz 2 BGB):

„[D]ie Erheblichkeitsschwelle [ist] (…) bei einem behebbaren Sachmangel im Rahmen der insoweit auf der Grundlage der Einzelfallumstände vorzunehmenden Interessenabwägung jedenfalls in der Regel bereits dann als erreicht anzusehen, wenn der Mangelbeseitigungsaufwand einen Betrag von 5 % des Kaufpreises überschreitet (…)."[124]

Im Einzelfall kann von dieser Schwelle allerdings (nach unten) abgewichen werden („in der Regel"), insbesondere bei Ungewissheit über die Mangelursache. Maßgeblich sei dabei der Zeitpunkt der Rücktrittserklärung.

Prüfungsaufbau

I. §§ 437 Nr. 2, 346 Abs. 1, 440, 323 Abs. 1 BGB
  1. Kaufvertrag
  2. Mangel, § 434 BGB
  3. Fristsetzung
    (P) Entbehrlichkeit der Fristsetzung nach § 323 Abs. 2 Nr. 1 BGB bzw. nach § 440 Satz 1 3. Fall BGB?
  4. Keine Unerheblichkeit, § 323 Abs. 5 Satz 2 BGB
  …

---

122 BGH, NJW 2017, 153, 154.
123 BGH, NJW 2017, 153, 154 f.
124 BGH, NJW 2017, 153, 155.

Weiterführende Hinweise

Unzumutbarkeit der Nacherfüllung: *Huber/Bach*, Besonderes Schuldrecht 1, § 8 II 2 Rn. 230

II. Mietrecht

24. BGH, Urt. v. 29.4.2015 – VIII ZR 197/14, NJW 2015, 2177 = JA 2016, 65 = JuS 2015, 1040

Leitsätze (in Auszügen und um Nachweise gekürzt)

1. Die bei einer Mietsache für eine konkludent getroffene Beschaffenheitsvereinbarung erforderliche Einigung kommt nicht schon dadurch zu Stande, dass dem Vermieter eine bestimmte Beschaffenheitsvorstellung des Mieters bekannt ist. Erforderlich ist vielmehr, dass der Vermieter darauf in irgendeiner Form zustimmend reagiert (…).

2. Die in § 22 Abs. 1a BImSchG vorgesehene Privilegierung von Kinderlärm ist auch bei einer Bewertung von Lärmeinwirkungen als Mangel einer gemieteten Wohnung zu berücksichtigen.

3. Nachträglich erhöhte Geräuschimmissionen, die von einem Nachbargrundstück ausgehen, begründen bei Fehlen anderslautender Beschaffenheitsvereinbarungen grundsätzlich keinen gemäß § 536 Abs. 1 Satz 1 BGB zur Mietminderung berechtigenden Mangel der Mietwohnung, wenn auch der Vermieter die Immissionen ohne eigene Abwehr- oder Entschädigungsmöglichkeit nach § 906 BGB als unwesentlich oder ortsüblich hinnehmen muss.

Sachverhalt (gekürzt)

B ist Mieter einer in einem Mehrfamilienhaus in Hamburg gelegenen Erdgeschosswohnung (nebst Terrasse) der K. Unmittelbar an das Wohngrundstück grenzte schon zum Zeitpunkt des Mietvertragsschlusses 1993 ein Schulgelände der S an. Auf diesem Schulgelände errichtete S 2010 in 20 m Entfernung zur Terrasse der B einen mit einem Metallzaun versehenen Bolzplatz, der nach einem dort angebrachten Hinweisschild Kindern im Alter bis zwölf Jahren jeweils von montags bis freitags bis 18 Uhr zur Benutzung offenstehen soll. Ab Sommer 2010 beanstandete B gegenüber K fortdauernde Lärmstörungen durch außerhalb der genannten Zeiten auf dem Bolzplatz spielende Jugendliche. B minderte die Miete im Zeitraum von Oktober 2012 bis März 2013 um durchschnittlich 20 %.

K verlangt die Zahlung der einbehaltenen Miete für den benannten Zeitraum.

§ 22 Abs. 1a BImSchG lautet: ¹Geräuscheinwirkungen, die von Kindertageseinrichtungen, Kinderspielplätzen und ähnlichen Einrichtungen wie beispielsweise Ballspielplätzen durch Kinder hervorgerufen werden, sind im Regelfall keine schädliche Umwelteinwirkung. ²Bei der Beurteilung der Geräuscheinwirkungen dürfen Immissionsgrenz- und -richtwerte nicht herangezogen werden.

Erläuterung

Der Fall wirft die Frage nach der grundlegenden Risikoverteilung im Mietrecht auf. Grundsätzlich trägt der Vermieter das Besitzverschaffungsrisiko betreffend die Mietsache (Überlassungs- und Erhaltungspflicht) – weicht die Mietsache von der vereinbarten Beschaffenheit bzw. von dem zu erwartenden vertragsgemäßen Zustand ab, mindert sich die Miete automatisch. Die Ausnahme hierfür trifft § 536b BGB: Keine Minderung bei – vor allem – Kenntnis des Mangels bei Vertragsschluss.

Wer aber trägt das Risiko von (die Mietsache belastenden) „äußeren" Einwirkungen (sog. „Umweltfehler")? Auf den in Rede stehenden erhöhten (Kinder-)Lärmpegel haben weder Vermieter noch Mieter unmittelbaren – vorbehaltlich etwaiger nachbarrechtlicher bzw. öffentlich-rechtlicher Ansprüche – Einfluss. Nach der zuvor skizzierten Risikoverteilung müsste daher eigentlich grundsätzlich der Vermieter das Risiko tragen, wenn der Lärm die Mietsache beeinträchtigt. Die Frage der „Beeinträchtigung" (vulgo Mangel) ist grundsätzlich anhand des zwischen den Parteien Vereinbarten zu bestimmen (subjektiver Fehlerbegriff).

Fraglich ist daher zunächst, ob (konkludent) eine Beschaffenheitsvereinbarung (zwei übereinstimmende Willenserklärungen!) betreffend einen etwaig steigenden Lärmpegel getroffen wurde. Der BGH verneint dies:

> „Zur konkludent geschlossenen Beschaffenheitsvereinbarung wird [die Umwelt] vielmehr nur, wenn der Vermieter (…) erkennen musste, dass der Mieter (…) [den Umstand] als maßgebliches Kriterium für den vertragsgemäßen Gebrauch der Wohnung ansieht und der Vermieter dem zustimmt. (…) Der Mieter kann (…) im Allgemeinen nicht erwarten, dass der Vermieter die vertragliche Haftung für den Fortbestand derartiger „Umweltbedingungen" übernehmen will."[125]

Ein Mangel bestimmt sich daher nach dem

> „zum vertragsgemäßen Gebrauch geeignete[n] Zustand unter Berücksichtigung des vereinbarten Nutzungszwecks und des Grundsatzes von Treu und Glauben (§ 242 BGB) nach der Verkehrsanschauung (…)."[126]

Zu erwarten wäre nun, dass man hierfür auf die (gegebenenfalls gegenläufigen) Interessen der Parteien abstellt. Dies tut der BGH (formal) auch, zuerkennt § 22 Abs. 1a BImSchG hierbei aber eine (grundrechtsähnliche) „Ausstrahlungswirkung" auf die Bestimmung des vom Mieter zu erwartenden Zustands:

> „Denn diese Privilegierungsregelung ist (…) darauf angelegt, (…) auch auf das sonstige Zivilrecht, insbesondere das Mietrecht und das Wohnungseigentumsrecht, auszustrahlen

---

125 BGH, NJW 2015, 2177, 2178.
126 BGH, NJW 2015, 2177, 2177.

(...). Diese Ausstrahlungswirkungen, die zugleich die Verkehrsanschauung zu Art und Maß der als sozialadäquat hinzunehmenden Geräuschimmissionen prägen, würden sich insbesondere dahin äußern, dass bei einer (...) Auslegung der beiderseitigen mietvertraglichen Rechte und Pflichten Kinderlärm der in § 22 I a BImSchG beschriebenen Art jedenfalls bei Beachtung des Gebots zumutbarer gegenseitiger Rücksichtnahme (...) in der Regel als den Mietgebrauch nicht oder nur unerheblich beeinträchtigend einzustufen wäre."[127]

Es steht allerdings auch Lärm (von Jugendlichen nach 18:00 Uhr) in Rede, der unter Umständen überhaupt nicht mehr vom Anwendungsbereich des § 22 Abs. 1a BImSchG erfasst ist. Für diesen Fall gilt, dass

„nachträglich erhöhte Geräuschimmissionen durch Dritte jedenfalls dann grundsätzlich keinen (...) Mangel (...) begründen, wenn auch der Vermieter sie ohne eigene Abwehr- oder Entschädigungsmöglichkeit als unwesentlich oder ortsüblich hinnehmen muss. (...) Das dem Vermieter (...) auferlegte Besitzverschaffungsrisiko (...) hat (...) nicht notwendig zur Folge, dass die Überlassungs- und die Erhaltungspflicht in jeder Hinsicht deckungsgleich sind."[128]

Auf dieser Grundlage verneint der BGH einen Mangel im konkreten Fall und verweist dazu auch auf die Wertung des § 906 BGB[129]:

„Dass die Parteien (...) davon ausgegangen wären, [K hätte] den ursprünglich bestehenden Immissionsstandard ungeachtet etwa nach § 906 BGB bestehender Duldungspflichten unverändert gewährleisten sollen, kann redlicherweise nicht angenommen werden."[130]

Für die gutachterliche Prüfung heißt dies: Die Miete war nicht (automatisch) gemindert und K hat einen Anspruch auf die einbehaltene (Rest-)Miete nach § 535 Abs. 2 BGB.

Prüfungsaufbau

I. § 535 Abs. 2 BGB
1. Mietvertrag
2. Keine Minderung der Miete?
   a) Kein Mietmangel?
   (P) (konkludente) Beschaffenheitsvereinbarung?
   (P) Bestimmung des vertragsgemäßen Zustands / Wertung des § 22 Abs. 1a BImSchG / § 906 BGB
   ...

Weiterführende Hinweise

Mangel der Mietsache: *Huber/Bach*, Besonderes Schuldrecht 1, § 19 IV 2 Rn. 728 ff.

---

127 BGH, NJW 2015, 2177, 2179.
128 BGH, NJW 2015, 2177, 2180.
129 Kritisch hierzu *Förster*, JA 2016, 65, 68; MüKoBGB/*Häublein*, 7. Aufl. 2016, § 536 Rn. 16.
130 BGH, NJW 2015, 2177, 2180.

25. BGH, Urt. v. 9.7.2014 – VIII ZR 376/13, NJW 2014, 2864 = JuS 2014, 1034

Leitsätze (in Auszügen und um Nachweise gekürzt)

1. Ein einheitliches Mietverhältnis über Wohnräume und Geschäftsräume ist zwingend entweder als Wohnraummietverhältnis oder als Mietverhältnis über andere Räume zu bewerten. Für die rechtliche Einordnung ist entscheidend, welche Nutzungsart nach den getroffenen Vereinbarungen überwiegt (…). Dabei ist maßgebend auf die Umstände des Einzelfalls abzustellen, wobei der Tatrichter beim Fehlen ausdrücklicher Abreden auf Indizien zurückgreifen kann.

2. Der Umstand, dass die Vermietung nicht nur zu Wohnzwecken, sondern auch zur Ausübung einer gewerblichen/freiberuflichen Tätigkeit vorgenommen wird, durch die der Mieter seinen Lebensunterhalt bestreitet, lässt keine tragfähigen Rückschlüsse auf einen im Bereich der Geschäftsraummiete liegenden Vertragsschwerpunkt zu (…).

3. Lässt sich bei der gebotenen Einzelfallprüfung ein Überwiegen der gewerblichen Nutzung nicht feststellen, ist im Hinblick auf das Schutzbedürfnis des Mieters von der Geltung der Vorschriften der Wohnraummiete auszugehen (…).

Sachverhalt (gekürzt)

B sind Mieter eines mehrstöckigen Hauses der K mit einer Fläche von etwa 270 m². Das Haus nutzen sie zu Wohnzwecken und – soweit die Räume im Erdgeschoss betroffen sind – zum Betrieb einer Hypnosepraxis. Der Mietvertrag wurde am 20.11.2006 unter Verwendung eines auf ein Wohnraummietverhältnis zugeschnittenen Vertragsformulars mit der Überschrift „Vertrag für die Vermietung eines Hauses" geschlossen. Dabei wurde bestimmt, dass das Mietverhältnis auf unbestimmte Zeit läuft und die „Nettokaltmiete" 1.750 Euro beträgt. § 19 Nr. 3 des Mietvertrages enthält die handschriftliche Vereinbarung, dass B die Einrichtung einer Hypnosepraxis in den Räumen im Erdgeschoss – vorbehaltlich einer erforderlichen behördlichen Genehmigung – gestattet ist. In der maschinenschriftlichen Anlage zum Mietvertrag heißt es außerdem:

> „Die Mieter nutzen die Räume im Erdgeschoss des Hauses für ihre freiberufliche Tätigkeit im Rahmen einer Hypnosepraxis."

Am 29.7.2009 erklärte K (ohne praktische Folgen) die Kündigung des Mietverhältnisses und führte zur Begründung an, das Haus künftig selbst nutzen zu wollen. Einige Jahre später erklärte K am 20.2.2012 erneut – mit Wirkung zum 30.9.2012 – die Kündigung des Mietverhältnisses, wobei K sich nicht mehr auf Eigenbedarf berief. B wiesen die Kündigung zurück.

K macht geltend, bei dem Mietverhältnis handele es sich um ein Gewerberaummietverhältnis, weil die B ihren Lebensunterhalt vollständig durch den Betrieb der Hypnosepraxis verdienten. B gehen demgegenüber vom Vorliegen eines Wohnraummietverhältnisses aus.

K verlangt Herausgabe des Hauses.

Erläuterung

Ob Vermieter und Mieter einen Gewerbe- oder ein Wohnraummietvertrag abschließen ist eine (streit-)entscheidende Weichenstellung im Mietrecht. So ist etwa bei einem Wohnraummietverhältnis eine ordentliche Kündigung nur in den engen Grenzen der §§ 573 ff. BGB möglich. Maßgeblich ist die Rechtsfrage auch (und damit eine sogenannte doppeltrelevante Tatsache) aus prozessualen Gründen, da bei Streitigkeiten über Ansprüche aus einem Wohnraummietverhältnis oder über den Bestand eines solchen nach § 23 Nr. 2a GVG ausschließlich das jeweilige Amtsgericht zuständig ist. Schwierig zu beurteilen sind in diesem Zusammenhang sogenannte Mischmietverhältnisse, bei denen ein Teil der Mietfläche zu Wohnzwecken und der andere Teil zu gewerblichen Zwecken genutzt wird. Diese müssen nämlich mangels (materieller oder prozessualer) gesetzlicher Sondervorschriften einheitlich entweder als Wohn- oder als Gewerberaummietverhältnis eingeordnet werden.

Die nachfolgend für diese Abgrenzung skizzierten Leitlinien des Urteils verdienen besondere Beachtung – auch weil der BGH damit in Teilen von seiner vorherigen Rechtsprechung abweicht. Insbesondere die vom BGH aufgestellte Vermutungsregel wird es in Zukunft auch Klausurerstellern ermöglichen, Prüflinge zum prüfungsrelevanten Wohnraummietrecht „abbiegen" zu lassen. Zunächst führt der BGH allgemein aus:

> „Für die rechtliche Einordnung eines Mischmietverhältnisses als Wohn- oder Gewerberaummietverhältnis ist (…) entscheidend, welche Nutzungsart überwiegt (…). [B]ei der Frage, welche Nutzungsart im Vordergrund steht[, ist] (…) auf den Vertragszweck abzustellen (…) [und] durch Auslegung (§§ 133, 157 BGB) (…) zu ermitteln. Entscheidend ist der wahre, das Rechtsverhältnis prägende Vertragszweck (…). Ein hiervon abweichender, im Vertrag nur vorgetäuschter Vertragszweck ist unbeachtlich (…). Bei der Ermittlung des nach dem wirklichen Willen der Parteien vorherrschenden Vertragszwecks sind alle (auslegungsrelevanten) Umstände des Einzelfalls zu würdigen (…)."[131]

Der vorherrschende Vertragszweck wird sich allerdings nicht immer ermitteln lassen. In diesem Fall könnte zunächst auf Erfahrungssätze zurückgegriffen werden. Der BGH verneint dies – auch aufgrund von grundrechtlichen Erwägungen:

> „Ein allgemeiner Erfahrungssatz, dass bei einem Mischmietverhältnis die Schaffung einer Erwerbsgrundlage Vorrang vor der Wohnnutzung hat, besteht nicht (…). Die Nutzung zu Wohnzwecken dient dazu, dem Mieter die Verwirklichung seiner privaten Lebensvorstellungen zu ermöglichen. (…) Im Falle der Anmietung von Wohnraum erfüllt das Besitzrecht des Mieters Funktionen, wie sie typischerweise dem Sacheigentum zukommen, und stellt daher eine privatrechtliche Position dar, die den Schutz des Art. 14 I GG genießt (…). Umgekehrt lässt sich [allerdings] auch kein Erfahrungssatz aufstellen, dass die Wohnungsnutzung im Allgemeinen Vorrang vor der Nutzung zu gewerblichen (…) Zwecken hat (…)."[132]

Bestehen auch keine sonstigen (durchgreifenden) objektiven Anhaltspunkte bzw. Indizien (etwa Vertragsformular, Vertragsüberschrift, Vertragsaufbau, Zuordnung der Mietfläche, bauliche Gegebenheiten oder Umstände im Vorfeld des Vertragsschlusses), hilft letztendlich (nur noch) eine Vermutung betreffend einer der beiden Nut-

---

131 BGH, NJW 2014, 2864, 2866 f.
132 BGH, NJW 2014, 2864, 2867.

zungsarten. Der BGH entscheidet sich zugunsten der Wohnraumnutzung (siehe Leitsatz 3):

> „Denn ansonsten würden die zum Schutz des Wohnraummieters bestehenden zwingenden Sonderregelungen, insbesondere die eingeschränkten Kündigungsmöglichkeiten des Vermieters (§§ 573, 543, 569 BGB) und die (...) Zuständigkeit des Amtsgerichts (...), unterlaufen."[133]

Nach Auswertung des Sachverhalts gelangte der BGH *in casu* zu der Annahme eines Wohnraummietverhältnisses und stellte dabei unter anderem ab auf die unbestimmte Laufzeit des Vertrags, das Vertragsformular, die Gestattung gewerblicher Nutzung vorbehaltlich behördlicher Genehmigungen und die auf Eigenbedarf gestützte Kündigung im Jahre 2009.

Abschließend noch der folgende Hinweise zum Wohnraummietrecht: Siehe zu einer Kündigung nach § 573 BGB wegen Berufsbedarfs BGH, NJW 2017, 2018 = JuS 2017, 1115 sowie zur Geltendmachung von Eigenbedarf durch eine GbR BGH, NJW 2017, 547.

Prüfungsaufbau

I. § 546 Abs. 1 BGB
  1. Mietvertrag
  2. Beendigung des Mietvertrags?
    a) Ordentliche Kündigung, §§ 542 Abs. 1, 578 Abs. 1 u. 2, 580a Abs. 2 BGB
      (P) Gewerbe- oder Wohnraummietverhältnis?
      ...

Weiterführende Hinweise

Beendigung des Mietverhältnisses durch ordentliche Kündigung: *Huber/Bach*, Besonderes Schuldrecht 1, § 19 VIII 3 Rn. 806 ff.

26. BGH, Urt. v. 22.1.2014 – XII ZR 68/10, NJW 2014, 1087 = JuS 2014, 648

Leitsatz

Eine so genannte mietvertragliche Schriftformheilungsklausel hindert den Grundstückserwerber für sich genommen nicht, einen Mietvertrag, in den er nach § 566 Abs. 1 BGB eingetreten ist, unter Berufung auf einen Schriftformmangel zu kündigen, ohne zuvor von dem Mieter eine Heilung des Mangels verlangt zu haben.

---

133 BGH, NJW 2014, 2864, 2868.

Sachverhalt (gekürzt und vereinfacht)

B schloss am 20.9.2005 mit I einen schriftlichen Mietvertrag über eine Ladenfläche. Vereinbart war eine feste Mietzeit vom 1.1.2006 bis zum 31.12.2015. Im Mietvertrag heißt es:

> „§ 24. Nr. 6.
>
> Alle Vereinbarungen, die zwischen den Parteien getroffen worden sind, sind in diesem Vertrag enthalten. Nachträgliche Änderungen und Ergänzungen dieses Vertrags bedürfen der Schriftform. Den Mietvertragsparteien sind die besonderen gesetzlichen Schriftformerfordernisse der §§ 550, 126 BGB bekannt. Sie verpflichten sich hiermit gegenseitig, auf jederzeitiges Verlangen einer Partei alle Handlungen vorzunehmen und Erklärungen abzugeben, die erforderlich sind, um dem gesetzlichen Schriftformerfordernis Genüge zu tun, und den Mietvertrag nicht unter Berufung auf die Nichteinhaltung der gesetzlichen Schriftform vorzeitig zu kündigen. Dies gilt nicht nur für den Abschluss des Ursprungsvertrags/Hauptvertrags, sondern auch für Nachtrags-, Änderungs- und Ergänzungsverträge.“

In der Folgezeit führten I und B Verhandlungen über etwaige Vertragsergänzungen und Zusatzvereinbarungen. Mündlich vereinbarten I und B am 22.12.2005, dass die im schriftlichen Mietvertrag genannte Mietzeit geändert wird auf den Zeitraum vom 1.3.2006 bis zum 28.2.2012.

K erwarb von I anschließend das Grundstück und wurde am 31.1.2008 als neue Eigentümerin des Grundstücks im Grundbuch eingetragen.

Am 8.4.2008 erklärte K gegenüber B die ordentliche Kündigung des Mietverhältnisses zum 31.12.2008 und verlangt nach dem 31.12.2008 die Herausgabe der Mieträume.

Erläuterung

Der Fall ist sehr geeignet für eine Klausur mit mietrechtlichem Einschlag. Mietrechtliches Wissen (Kündigung, Schriftform, § 566 BGB) muss mit allgemeinen Erwägungen (Auslegung nach Sinn und Zweck der Norm, Einstufung als zwingendes oder dispositives Recht, Einschränkungen nach Treu und Glauben) verknüpft werden.

Die Entscheidung des BGH befasst sich mit praktisch enorm wichtigen Schriftform(heilungs)klauseln. Dabei wird zunächst zwischen sogenannten einfachen und doppelten Schriftformklauseln unterschieden. Bei letzteren ist klargestellt, dass auch die Änderung der Schriftformklausel selbst der Schriftform bedarf (siehe hierzu auch nachfolgend Fall 27). Ergänzt werden die Klauseln – wie auch hier – um eine beiderseitige Verpflichtung gegebenenfalls doch auftretende Formmängel zu heilen. Ob diese Klauseln (insbesondere wenn formularmäßig vereinbart) wirksam sind, ist bereits umstritten. *In casu* verkompliziert sich die Lage durch die zwischenzeitliche Veräußerung des Grundstücks, die den Erwerber grundsätzlich nach §§ 566 Abs. 1, 578 Abs. 1 BGB in die Rechte und Pflichten des Mietvertrags eintreten lässt und – so könnte man auf den ersten Blick meinen – auch an die Heilungsverpflichtung aus der Schriftformklausel bindet.

Für die gutachterliche Prüfung allerdings der Reihe nach: Im Zuge des Herausgabeanspruchs des K nach § 546 Abs. 1 BGB wäre zu problematisieren, ob der Mietvertrag zum 31.12.2008 endete. Dies ist nur der Fall, wenn K den Vertrag zu diesem Datum wirksam gekündigt hat. Da es sich um einen auf Zeit geschlossenen Vertrag handelt, scheidet grundsätzlich eine ordentliche Kündigung aus. Gemäß § 550 Satz 1 BGB ist allerdings dennoch von einem unbefristeten Vertrag auszugehen, wenn die Schriftform nicht eingehalten wurde. So verhält es sich auch hier, da die Vertragsänderung zwischen I und B nicht den in § 126 BGB niedergelegten Erfordernissen entspricht. § 550 BGB ist auch nicht etwa dispositiv und von den Parteien (konkludent) abbedungen worden, sondern zwingendes Recht. Wäre nun K (über §§ 566 Abs. 1, 578 Abs. 2 BGB) an die Heilungsverpflichtung gebunden, könnte die Ausübung des ihm eigentlich nach §§ 542 Abs. 1, 550, 578 Abs. 1 u. 2, 580a Abs. 2 BGB zustehenden Kündigungsrechts vertragswidrig bzw. treuwidrig (§ 242 BGB) sein. Der BGH lehnt eine Bindung (jedenfalls gegenüber dem Grundstückerwerber) mit Hinweis auf den Sinn und Zweck des § 550 BGB ab:

> „§ 550 BGB will (…) in erster Linie sicherstellen, dass ein späterer Grundstückerwerber, der kraft Gesetzes auf Seiten des Vermieters in ein auf mehr als ein Jahr abgeschlossenes Mietverhältnis eintritt, dessen Bedingungen aus dem schriftlichen Mietvertrag ersehen kann. (…) Er soll davor geschützt werden, sich auf einen Mietvertrag einzulassen, dessen wirtschaftliche Bedingungen sich (…) anders als erwartet und deshalb finanziell einkalkuliert darstellen. Ist das infolge formunwirksamer, zum Beispiel nur mündlicher Abreden, gleichwohl der Fall, so hat er die Möglichkeit, sich vorzeitig durch ordentliche Kündigung von dem Mietvertrag zu lösen. Diese Möglichkeit würde ihm genommen, wenn er infolge der Heilungsklausel verpflichtet wäre, den langfristigen Bestand des Mietverhältnisses sicherzustellen. (…) Er verhält sich deshalb nicht nach § 242 BGB treuwidrig, wenn er von der in diesem Fall vorgesehenen gesetzlichen Möglichkeit Gebrauch macht.“[134]

Abschließend noch folgende Hinweise: Zur analogen Anwendung von § 566 Abs. 1 BGB, falls Eigentümer und Vermieter nicht personenidentisch sind, siehe BGH, NZM 2017, 847 = JuS 2017, 1213; zur Frage der Reichweite des § 566 BGB siehe BGH, NJW 2017, 254 betreffend ein Ankaufsrecht.

Prüfungsaufbau

I. § 546 Abs. 1 BGB
  1. Mietvertrag
  2. Beendigung des Mietvertrags zum 31.12.2008?
    a) Laufzeit des Mietvertrags / Befristung bis 31.12.2015
      (P) Unwirksamkeit der Befristung? / Schriftform / Abbedingung des § 550 Satz 1 BGB?
    b) Ordentliche Kündigung, §§ 542 Abs. 1, 550, 578 Abs. 1 u. 2, 580a Abs. 2 BGB
      (P) Bindung des K an Schriftformheilungsklausel nach §§ 566, 578 BGB? / Treuwidrigkeit der ordentlichen Kündigung durch K?
      …

---

134 BGH, NJW 2014, 1087, 1089 f.

Weiterführende Hinweise

Form von Mietverträgen: *Huber/Bach*, Besonderes Schuldrecht 1, § 19 III Rn. 712
Veräußerung der vermieteten Sache: *Huber/Bach*, Besonderes Schuldrecht 1, § 19 VII
Rn. 796 ff.

27. BGH, Beschl. v. 25.1.2017 – XII ZR 69/16, NJW 2017, 1017 = JuS 2017, 1024

Leitsatz

Eine in einem Mietvertrag über Gewerberäume enthaltene so genannte doppelte Schriftformklausel kann im Fall ihrer formularmäßigen Vereinbarung wegen des Vorrangs der Individualvereinbarung nach § 305b BGB eine mündliche oder auch konkludente Änderung der Vertragsabreden nicht ausschließen.

Sachverhalt (gekürzt)

Im Dezember 2005 und im Mai 2006 schloss die ursprüngliche Vermieterin (im Folgenden: Vorvermieterin) mit dem Vormieter des B zwei Mietverträge über die streitgegenständlichen Räumlichkeiten. Als Vertragszweck waren jeweils in § 1 der Verträge „Lagerung und Verkauf von Stoffen und Kurzwaren" bzw. „Lagerung und Verkauf von Stoffen und Kurzwaren, Textilien und Baumaschinen" genannt. Darüber hinaus beinhalteten die Verträge als Allgemeine Geschäftsbedingungen Schriftformheilungsklauseln und doppelte Schriftformklauseln. Mit Schreiben vom 25.7.2006 bestätigte die Vorvermieterin dem Vormieter eine kurz zuvor getroffene mündliche Absprache, wonach ihm (dem Vormieter) auch das „Lagern von handelsüblichen Waren" gestattet sei. Zum 1.10.2008 trat B aufgrund schriftlicher Vereinbarungen als Mieter in die Mietverträge ein. B betrieb in den Räumen einen Getränkehandel. Nachdem K das Grundstück erworben hatte, schlossen K und B am 4.11.2014 einen schriftlichen Nachtrag zum Mietvertrag. In diesem vereinbarten K und B (nur), dass das Mietverhältnis nunmehr auf bestimmte Zeit bis zum 31.12.2016 laufen und B spätestens zwei Monate vor Vertragsablauf die Vertragsfortsetzung um sechs Monate durch Anzeige gegenüber K verlangen können sollte.

Mit Schreiben vom 9.2.2015 erklärte K die ordentliche Kündigung zum nächstmöglichen Zeitpunkt und verlangt nach Ablauf dieses Zeitpunkts von B Räumung und Herausgabe der gemieteten Gewerberäume.

Erläuterung

Für die gutachterliche Prüfung ist (wiederum) im Zuge des Herausgabeanspruchs des K nach § 546 Abs. 1 BGB zu problematisieren, ob der Mietvertrag durch ordentliche Kündigung zum 31.12.2015 endete (siehe § 550 Satz 2 BGB; zu den Fristen bei Geschäftsräumen im Übrigen § 580a Abs. 2 BGB).

Da es sich auf der Grundlage der Nachtragsvereinbarung vom 4.11.2014 um einen auf Zeit geschlossenen Vertrag handelt, scheidet nämlich grundsätzlich eine ordentliche Kündigung aus. Gemäß § 550 Satz 1 BGB ist allerdings dennoch von einem unbefristeten Vertrag auszugehen, falls die Schriftform nicht eingehalten wurde. Dies scheint der Fall zu sein, denn die mündliche Vertragsänderung betreffend die Erweiterung des Vertragszwecks zwischen der Vorvermieterin und dem Vormieter wurde im Zuge des Nachtrags nicht in schriftlicher Form festgehalten. Wie wirkt sich aber in diesem Zusammenhang die (bereits im Ursprungsvertrag formularmäßig enthaltene) doppelte Schriftformklausel aus? Die mündliche Vertragsänderung könnte bereits aufgrund dieser Klausel unwirksam sein, so dass es beim Nachtrag an einem für § 550 Satz 1 BGB maßgeblichen Schriftformverstoß fehlen könnte. Der BGH verneint dies – im Gleichlauf zu einfachen Schriftformklauseln – unter Hinweis auf den Vorrang der die Schriftformklausel (konkludent) abbedingenden Individualvereinbarung – und entwertet damit faktisch die formularmäßige (doppelte) Schriftformklausel vollständig (anders bei einer individuell vereinbarten Schriftformklausel). Zu der umstrittenen Frage, ob formularmäßig vereinbarte doppelte Schriftformklauseln wegen eines Verstoßes gegen § 307 Abs. 1 BGB unwirksam sind, muss der BGH daher nicht Stellung nehmen:

> „Denn [die doppelte Schriftformklausel] bleibt jedenfalls wegen des Vorrangs der Individualvereinbarung nach § 305b BGB wirkungslos (...). Dabei kommt es nicht darauf an, ob die Parteien eine Änderung der AGB beabsichtigt haben oder sich der Kollision mit den AGB auch nur bewusst geworden sind. Unerheblich ist auch, ob die Individualvereinbarung ausdrücklich oder stillschweigend getroffen worden ist. Den Vorrang gegenüber AGB haben individuelle Vertragsabreden ohne Rücksicht auf die Form, in der sie getroffen worden sind und somit auch, wenn sie auf mündlichen Erklärungen beruhen. Das gilt selbst dann, wenn durch eine AGB-Schriftformklausel bestimmt wird, dass mündliche Abreden unwirksam sind (...). [§ 305b BGB] beruht auf der Überlegung, dass AGB als generelle Richtlinien für eine Vielzahl von Verträgen abstrakt vorformuliert und daher von vornherein auf Ergänzung durch die individuelle Einigung der Parteien ausgelegt sind. Sie können und sollen nur insoweit Geltung beanspruchen, als die von den Parteien getroffene Individualabrede dafür Raum lässt. Vereinbaren die Parteien – wenn auch nur mündlich – etwas anderes, so kommt dem der Vorrang zu (...).“[135]

Die mündliche Vertragsänderung war somit wirksam (im Übrigen vollkommen unabhängig davon, wer die Klausel gestellt hat) und die Nachtragsvereinbarung vom 4.11.2014 litt unter einem für § 550 Satz 1 maßgeblichen Formverstoß. Es liegt somit ein auf unbestimmte Zeit geschlossener Mietvertrag vor.

Unter Bezugnahme auf die Fall 26 zugrunde liegende Entscheidung lehnt der BGH es im Übrigen wiederum mit Hinweis den Sinn und Zweck des § 550 BGB ab, den K (über §§ 566 Abs. 1, 578 Abs. 2 BGB) an die Heilungsverpflichtung zu binden. Die Ausübung des Kündigungsrecht nach §§ 542 Abs. 1, 550, 578 Abs. 1 u. 2, 580a Abs. 2 BGB ist daher nicht vertragswidrig bzw. treuwidrig nach § 242 BGB:

> „Etwas anderes ergibt sich hier nicht daraus, dass [K] als Erwerberin nicht in die langfristige und das Schriftformerfordernis des § 550 BGB begründende Bindung eingetreten, sondern diese selbst erst eingegangen ist. Denn wenn man in einem solchen Fall

---

135 BGH, NJW 2017, 1017, 1018.

die Pflicht zur Nachbeurkundung für eine vor dem Erwerb erfolgte schriftformwidrige Vereinbarung forderte, würde dies den sich langfristig bindenden Erwerber unabhängig davon, ob er selbst Kenntnis hatte, im Ergebnis dauerhaft an den Abreden der früheren Vertragsparteien festhalten. Dies will § 550 BGB jedoch gerade verhindern."[136]

K konnte somit zum 31.12.2015 wirksam kündigen:

„Dem Grundsatz nach wäre die gesetzliche Kündigungsfrist des § 580a II BGB einschlägig. § 550 S. 2 BGB bestimmt jedoch, dass die Kündigung frühestens zum Ablauf eines Jahres nach Überlassung der Räume zulässig ist. Das Schriftformerfordernis ist hier erst mit Vereinbarung des Nachtrags am 4.11.2014 entstanden, der erstmalig zu einer Laufzeit von mehr als einem Jahr geführt hat. Damit ist dieser Zeitpunkt als der der Überlassung iSd § 550 S. 2 BGB anzusehen (…), so dass die Kündigung gem. § 580a II BGB erst mit Ablauf des letzten Kalendervierteljahrs 2015 wirksam werden konnte (…)."[137]

Prüfungsaufbau

> I. § 546 Abs. 1 BGB
> 1. Mietvertrag
> 2. Beendigung des Mietvertrags?
>   a) Laufzeit des Mietvertrags
>   (P) § 550 Satz 1 BGB / Formverstoß durch mündliche Vereinbarung im Jahre 2006?
>   (P) Relevanz der doppelten Schriftformklausel / Vorrang der Individualabrede
>   b) Ordentliche Kündigung, §§ 542 Abs. 1, 550, 578 Abs. 1 u. 2, 550 Satz 2 BGB
>   (P) Bindung des K an Schriftformheilungsklausel nach §§ 566, 578 BGB / Treuwidrigkeit der ordentlichen Kündigung durch K?
>   (P) Kündigungsfrist, § 550 Satz 2 BGB
> …

Weiterführende Hinweise

Allgemeine Inhaltskontrolle und doppelte Schriftformklausel: *Petersen*, Allgemeines Schuldrecht, 6. Teil Rn. 565

28. BGH, Urt. v. 15.10.2014 – XII ZR 163/12, NJW 2014, 3775

Leitsätze

1. Soweit es für den Inhalt der mietvertraglichen Rechte und Pflichten zwischen Erwerber und Mieter auf den Beginn des Mietverhältnisses ankommt, ist auf den Beginn des ursprünglichen Mietverhältnisses zwischen Veräußerer und Mieter abzustellen.

2. Dafür, ob eine in die Mieträume eingebrachte Sache dem Vermieterpfandrecht des Erwerbers unterfällt, kommt es auf den Zeitpunkt der Einbringung der Sache in die

---

136 BGH, NJW 2017, 1017, 1017.
137 BGH, NJW 2017, 1017, 1018.

Mieträume an. Eine Sicherungsübereignung der Sache im Zeitraum nach ihrer Einbringung in die Mieträume und vor einem veräußerungsbedingten Vermieterwechsel verhindert daher nicht, dass das Vermieterpfandrecht des Erwerbers die Sache erfasst (...).

3. Neben dem Vermieterpfandrecht des Veräußerers, das dessen Forderungen aus dem Mietverhältnis sichert, entsteht ein eigenständiges Vermieterpfandrecht des Erwerbers. Die beiden Vermieterpfandrechte erfassen dieselben Sachen und stehen im gleichen Rang.

Sachverhalt (gekürzt)

Die Mieterin (M) schloss am 31.8.2006 einen Gewerberaummietvertrag mit der damaligen Grundstückseigentümerin G. Zu diesem Zeitpunkt befand sich bereits das Mieterinventar in den Mieträumen. Am 6.10.2006 wurde zwischen M und der H-Bank ein Raumsicherungsübereignungsvertrag abgeschlossen. K kaufte das Objekt am 22.12.2006 und wurde als Eigentümerin in das Grundbuch eingetragen. Am 1.2.2008 wurde das Insolvenzverfahren über das Vermögen der M eröffnet und I zum Insolvenzverwalter bestellt.

K verlangt von I abgesonderte Befriedigung, ihr (K) stehe (zumindest neben einem Pfandrecht der G) das Vermieterpfandrecht am Inventar zu.

Erläuterung

Der Fall eignet sich hervorragend als Vorlage für eine (sachen- und mietrechtlich geprägte) Klausur und bietet sich gleichsam zur Wiederholung des Vermieterpfandrechts an.[138] Der Einstieg in die gutachterliche Prüfung erfolgt über § 50 Abs. 1 InsO, denn ein (zumindest gleichrangiges) Vermieterpfandrecht am Inventar würde zur abgesonderten (anteiligen) Befriedigung berechtigen.

Voraussetzung des Vermieterpfandrechts der K wäre ein Mietvertrag zwischen M und K und die Einbringung von Sachen, die zumindest zum Zeitpunkt des Entstehens des Vermieterpfandrechts noch mietereigen gewesen sein müssen. Ohne die Weiterveräußerung des Grundstücks an K würde der vorliegende Fall keine nennenswerten Probleme aufwerfen: Das Vermieterpfandrecht wäre zugunsten der G an den zu Beginn des Mietverhältnisses eingebrachten Sachen der M entstanden – dabei stellt der BGH klar, dass auch die dort bereits befindlichen und dort zu Mietbeginn belassenen Sachen „eingebracht" im Sinne des § 562 Abs. 1 Satz 1 BGB sind. Die anschließende Sicherungsübereignung an die H-Bank gemäß §§ 929 Satz 1, 930 BGB ändert nichts an dem bereits entstandenen Vermieterpfandrecht (Prioritätsprinzip).

Welchen Einfluss hat allerdings nun die zwischenzeitliche Veräußerung des Grundstücks? Zunächst: Gemäß §§ 566 Abs. 1, 578 Abs. 1 BGB ist K als Erwerber in die Rechte und Pflichten aus dem Mietvertrag zwischen M und G eingetreten.[139] Zu die-

---

138 Siehe ferner auch BGH, NJW-RR 2017, 1097 = JuS 2017, 1026.
139 Siehe in diesem Zusammenhang auch BGH, BeckRS 2017, 121752 = JuS 2017, 1213.

sem Zeitpunkt hatte die Sicherungsübereignung an die H-GmbH allerdings bereits stattgefunden.

Aufgeworfen sind damit zwei miteinander verbundene Fragen. Zunächst: Bedeutet der Eintritt in die Rechte und Pflichten nach dem Mietvertrag, dass auch das Vermieterpfandrecht der G „so wie es ist" übernommen wird? Nein, meint der BGH, denn das Vermieterpfandrecht des Veräußerers bleibt – trotz Veräußerung – zur Sicherung seiner Ansprüche aus dem Mietverhältnis (bis zur Erfüllung dieser) bestehen. Vielmehr erwirbt K mit dem Eintritt in den Mietvertrag ein eigenes gesetzliches Pfandrecht (sog. „Novationslösung").

(Streit-)Entscheidend ist damit die zweite Frage, auf welche Sachen sich das Vermieterpfandrecht der K erstreckt. Ist (bereits) der Zeitpunkt der Einbringung oder (erst) der Zeitpunkt des Eintritts in den Mietvertrag maßgeblich? Der BGH bejaht zugunsten der K ersteres:

„[Das] Vermieterpfandrecht [des Erwerbers] bleibt seinem Umfang nach nicht hinter demjenigen des Veräußerers zurück (…). Vielmehr ist für die Frage, ob dem Vermieterpfandrecht des Erwerbers die bei Eigentumsübergang in den Mieträumen befindlichen Sachen unterfallen, ebenfalls der Zeitpunkt von deren Einbringung maßgeblich, so dass die Vermieterpfandrechte von Veräußerer und Erwerber insoweit dieselben Sachen erfassen (…). Dies ergibt sich bereits daraus, dass der Erwerber gem. § 566 I BGB an die Stelle des Veräußerers tritt. Die Vorschrift weist ihm die sich aus dem Mietverhältnis ergebenden Rechte – um ein solches handelt es sich bei dem Vermieterpfandrecht – und Pflichten mithin in dem Umfang zu, den sie ohne den Eigentumsübergang beim Veräußerer hätten. (…) Dass das Vermieterpfandrecht nicht vor Beginn des Mietverhältnisses entstehen kann (…), steht dem somit nicht entgegen. (…) Dieses Ergebnis entspricht zudem Sinn und Zweck des § 566 I BGB. (…) Sie bezweckt, dem Mieter gegenüber dem neuen Vermieter die Rechtsposition zu erhalten, die er auf Grund des Mietvertrags hätte, wenn der frühere Vermieter Eigentümer geblieben wäre (…)."[140]

Anders als die Vorinstanz verneint der BGH, dass aus § 566a BGB ein gegenteiliger Umkehrschluss gezogen werden sollte:

„Daraus, dass in § 566a BGB eine ausdrückliche Regelung für vom Mieter geleistete vertragliche Sicherheiten getroffen ist, folgt nichts [anderes]. Mit dieser (…) Bestimmung [soll] dem Umstand Rechnung getragen werden, dass der Anspruch des Mieters auf Rückgabe der Sicherheit nicht zu den von (…) § 566 BGB (…) erfassten Rechten und Pflichten [gehört] (…). Für das Vermieterpfandrecht als gesetzliche Sicherheit bedurfte es keiner gesonderten Regelung, weil es zu den sich aus dem Mietverhältnis ergebenden Rechten gehört, die schon von der Bestimmung des § 566 I BGB erfasst sind."[141]

Im Ergebnis besteht das Vermieterpfandrecht der K somit gleichberechtigt (im selben Rang) neben dem Vermieterpfandrecht der G; beide Pfandrechte erstrecken sich damit auf Sachen, die bereits vor Abschluss des Raumsicherungsvertrags eingebracht wurden.[142] Das ebenfalls nur zur abgesonderten Befriedigung berechtigende Sicherungseigentum der H-GmbH ist daher nachrangig gegenüber den Pfandrechten.

---

140 BGH, NJW 2014, 3775, 3777.
141 BGH, NJW 2014, 3775, 3777.
142 Näher hierzu *Mitlehner*, EWiR 2015, 249, 250.

Zu bedenken sind dabei für eine gutachterliche Prüfung auch die (kleineren) Widersprüchlichkeiten der Lösung des BGH[143]: Warum wird einerseits eine Novation bejaht, hinsichtlich der Haftungsmasse aber zeitlich rückangeknüpft? Wenn die Lösung für diese Frage in dem durch § 566 BGB angedachten Rechte- und Pflichtengleichlauf liegt, ist genau zu begründen, wie dies eigentlich mit dem mieterschützenden Charakter der Norm in Einklang zu bringen ist. Der BGH führt hierzu aus:

> „Bei [§ 566 Abs. 1 BGB] handelt es sich [zwar] um eine mieterschützende Vorschrift. (...) Dagegen soll sie [aber] keine Besserstellung des Mieters, dessen Vermieter veräußerungsbedingt gewechselt hat, gegenüber dem Mieter ohne Vermieterwechsel bewirken."[144]

Prüfungsaufbau

I. §§ 50 Abs. 1, 166 ff. InsO iVm. §§ 562 Abs. 1 Satz 1, 578 Abs. 1 BGB
  1. Vermieterpfandrecht, § 562 Abs. 1 Satz 1 BGB
     a) Mietvertrag zwischen M und K
        (P) §§ 566 Abs. 1, 578 Abs. 1 BGB
     b) Einbringen von mietereigenen Sachen
        (P) Sicherungsübereignung
     c) Zeitpunkt des Entstehens zugunsten von K
        (P) Einbringung der Sachen oder Eintritt in den Mietvertrag?
        (P) Reichweite sowie Sinn und Zweck des § 566 Abs. 1 BGB / arg e contrario § 566a BGB?
        ...

Weiterführende Hinweise

Vermieterpfandrecht: *Huber/Bach*, Besonderes Schuldrecht 1, § 19 VI 1 Rn. 786 ff.

III. Werkvertragsrecht

29. BGH, Urteil v. 19.1.2017 – VII ZR 301/13, NJW 2017, 1604 = JA 2017, 708

Leitsätze

1. Der Besteller kann Mängelrechte nach § 634 BGB grundsätzlich erst nach Abnahme des Werks mit Erfolg geltend machen.

---

143 Zu alledem *Ganter*, NZI 2015, 65, 66.
144 BGH, NJW 2014, 3775, 3777.

2. Der Besteller kann berechtigt sein, Mängelrechte nach § 634 Nr. 2 bis 4 BGB ohne Abnahme geltend zu machen, wenn er nicht mehr die (Nach-) Erfüllung des Vertrags verlangen kann und das Vertragsverhältnis in ein Abrechnungsverhältnis übergegangen ist. Allein das Verlangen eines Vorschusses für die Beseitigung eines Mangels im Wege der Selbstvornahme genügt dafür nicht. In diesem Fall entsteht ein Abrechnungsverhältnis dagegen, wenn der Besteller ausdrücklich oder konkludent zum Ausdruck bringt, unter keinen Umständen mehr mit dem Unternehmer, der ihm das Werk als fertiggestellt zur Abnahme angeboten hat, zusammenarbeiten zu wollen.

Sachverhalt (gekürzt und vereinfacht)

K beauftragte B 2008 mit der Erneuerung der Fassaden an zwei unter Denkmalschutz stehenden Gebäuden. K und B vereinbarten, dass die Ausführungen der Fassadenarbeiten jeweils mit einem dampfdiffusionsoffenen Mörtelmaterial sowie einem dampfdiffusionsoffenen Anstrichsystem auszuführen seien. Eine Abnahme der Arbeiten erfolgte nicht. Mit Schreiben vom 4.9.2009 rügte K Mängel an den Objekten und setzte eine Frist zur Mangelbeseitigung bis 30.9.2009. Mit anwaltlichem Schreiben vom 29.10.2009 teilte B dem K mit, dass nach Einschaltung eines Privatsachverständigen eine Mangelhaftigkeit der ausgeführten Arbeiten nicht festzustellen sei. Wörtlich heißt es in dem Schreiben:

> „Unsere Mandantschaft hat auch nicht die falsche Farbe verwandt. Auch hat der Sachverständige X eindeutig ausgeführt, dass die verwandte Farbe nicht zu beanstanden ist."

K verlangt von B einen Kostenvorschuss (Mangelbeseitigungskosten unter Berücksichtigung restlichen Werklohns) iHv. 43.000 Euro. Der gerichtlich bestellte Sachverständige kam zu dem Ergebnis, dass die Fassaden nicht mit dem vereinbarten Material gestrichen worden sind. Das tatsächlich verwendete Material weicht qualitativ nachteilig von dem vereinbarten Material ab.

Erläuterung

Kann der Besteller werkvertragliche Mängelrechte bereits vor der Abnahme des Werks geltend machen? Die vorliegende Entscheidung bot dem BGH die Gelegenheit, zu dieser in Rechtsprechung und Literatur überaus umstrittenen Frage Stellung zu beziehen.

Einstieg in die Falllösung ist ein Anspruch auf Kostenvorschuss nach §§ 634 Nr. 2, 637 Abs. 3 BGB. Zentrale Frage im Zuge dieses Anspruchs ist die Anwendbarkeit der werkvertraglichen Mängelrechte. Denn der Besteller hatte das Werk nicht abgenommen. Der BGH führt hierzu aus:

> „Der Senat entscheidet nunmehr, dass der Besteller Mängelrechte nach § 634 BGB grundsätzlich erst nach Abnahme des Werks mit Erfolg geltend machen kann. (…) Ob ein Werk mangelfrei ist, beurteilt sich grundsätzlich im Zeitpunkt der Abnahme. Bis zur Abnahme kann der Unternehmer grundsätzlich frei wählen, wie er den Anspruch des Bestellers auf mangelfreie Herstellung aus § 631 I BGB erfüllt. (…) Bereits der Begriff „Nacherfüllung" in §§ 634 Nr. 1, 635 BGB spricht dafür, dass die Rechte aus § 634 BGB erst nach der Herstellung zum Tragen kommen sollen. Die Erfüllung des Herstellungs-

anspruchs aus § 631 I BGB tritt bei einer Werkleistung regelmäßig mit der Abnahme ein, § 640 I BGB, so dass erst nach Abnahme von „Nacherfüllung" gesprochen werden kann. Aus dem nur für den Nacherfüllungsanspruch geltenden § 635 III BGB folgt, dass zwischen dem auf Herstellung gerichteten Anspruch aus § 631 I BGB und dem Nacherfüllungsanspruch Unterschiede bestehen. § 635 III BGB eröffnet dem Unternehmer bei der geschuldeten Nacherfüllung nach § 634 Nr. 1 BGB weitergehende Rechte als § 275 II und III BGB. Herstellungsanspruch und Nacherfüllungsanspruch können demnach nicht nebeneinander bestehen."[145]

Der BGH unterstreicht ferner die „Zäsur" durch die Abnahme unter Verweis auf § 634a Abs. 2 iVm. Abs. 1 Nr. 1 u. 2 BGB (Verjährung von Mängelansprüchen), § 641 Abs. 1 BGB (Fälligkeit des Werklohns), § 644 Abs. 1 Satz 1 BGB (Übergang der Leistungsgefahr auf den Besteller) und § 640 Abs. 2 BGB (Umkehr der Beweislast). Deswegen und darüber hinaus betont der BGH:

„Die Auslegung der werkvertraglichen Vorschriften dahingehend, dass dem Besteller die Mängelrechte nach § 634 BGB grundsätzlich erst nach Abnahme zustehen, führt zudem zu einem interessengerechten Ergebnis. Vor der Abnahme steht dem Besteller der Herstellungsanspruch nach § 631 I BGB zu, der ebenso wie der Anspruch auf Nacherfüllung aus § 634 Nr. 1 BGB die mangelfreie Herstellung des Werks zum Ziel hat. (…) Die Interessen des Bestellers sind durch die ihm vor der Abnahme aufgrund des allgemeinen Leistungsstörungsrechts zustehenden Rechte angemessen gewahrt (…). Der Besteller hat hiernach die Wahl, ob er die Rechte aus dem Erfüllungsstadium oder aber die grundsätzlich eine Abnahme voraussetzenden Mängelrechte aus § 634 BGB geltend macht. Ein faktischer Zwang des Bestellers zur Erklärung der Abnahme für ein objektiv nicht abnahmefähiges Werk besteht damit entgegen verbreiteter Meinung nicht. Im Übrigen wird der Besteller, der eine Abnahme unter Mängelvorbehalt erklärt, über §§ 640 II, 641 III BGB geschützt."[146]

Dass Ansprüche aus allgemeinem Leistungsstörungsrecht ein Verschulden voraussetzen, verschweigt der BGH nicht, weist allerdings darauf hin, dass der Schuldner in der Regel schuldhaft die Frist nach § 281 Abs. 1 BGB verstreichen lässt.[147]

Als Ausnahme(n) formuliert der BGH darüber hinaus:

„Der Besteller kann allerdings in bestimmten Fällen berechtigt sein, Mängelrechte nach § 634 Nr. 2-4 BGB ohne Abnahme geltend zu machen. Das ist zu bejahen, wenn der Besteller nicht mehr die Erfüllung des Vertrags verlangen kann und das Vertragsverhältnis in ein Abrechnungsverhältnis übergegangen ist. Macht der Besteller gegenüber dem Unternehmer nur noch Schadensersatz statt der Leistung in Form des kleinen Schadensersatzes geltend oder erklärt er die Minderung des Werklohns, so findet nach der bisherigen Rechtsprechung des BGH zum alten Schuldrecht eine Abrechnung der beiderseitigen Ansprüche statt (…). An dieser Rechtsprechung hält der Senat auch nach Inkrafttreten des Schuldrechtsmodernisierungsgesetzes jedenfalls für den Fall fest, dass der Unternehmer das Werk als fertiggestellt zur Abnahme anbietet. Verlangt der Besteller Schadensersatz statt der Leistung nach §§ 281 I, 280 I BGB, ist der Anspruch auf die Leistung nach § 281 IV BGB ausgeschlossen. Nichts anderes gilt, wenn der Besteller im

---

145 BGH, NJW 2017, 1604, 1606.
146 BGH, NJW 2017, 1604, 1606.
147 Vgl. auch *Looschelders*, JA 2017, 708, 710 mit Hinweis auf die Parallelproblematik im Kaufrecht.

Wege der Minderung nur noch eine Herabsetzung des Werklohns erreichen will. Auch in diesem Fall geht es ihm nicht mehr um den Anspruch auf die Leistung und damit um die Erfüllung des Vertrags (…).“[148]

Für den Anspruch auf Kostenvorschuss ist (dagegen) zu bedenken:

„Verlangt dagegen der Besteller nach §§ 634 Nr. 2, 637 I, III BGB einen Vorschuss für die zur Beseitigung des Mangels im Wege der Selbstvornahme erforderlichen Aufwendungen, erlischt der Erfüllungsanspruch des Bestellers nicht. Denn das Recht zur Selbstvornahme und der Anspruch auf Kostenvorschuss lassen den Erfüllungsanspruch (§ 631 BGB) und den Nacherfüllungsanspruch (§ 634 Nr. 1 BGB) unberührt.“[149]

Erforderlich für ein Abrechnungs- und Abwicklungsverhältnis bei der Forderung eines Kostenvorschusses soll sein, dass der Besteller zum Ausdruck bringt, dass er überhaupt nicht mehr mit dem Unternehmer zusammenarbeiten will.[150] Dies war vorliegend allerdings (noch) nicht der Fall (siehe aber im Übrigen – Geltendmachung von Minderung bzw. Schadensersatz statt der Leistung – den Parallelfall BGH, NJW 2017, 1607, der auch in Bezug auf das Verhältnis von Minderung und „kleinem“ Schadensersatz statt der Leistung lesenswert ist).

Prüfungsaufbau

> I. §§ 634 Nr. 2, 637 Abs. 3 BGB
> 1. Werkvertrag, § 631 BGB
> 2. Mangelhaftigkeit, § 633 Abs. 1 BGB
> 3. Anwendbarkeit der Mängelrechte vor Abnahme, § 634 BGB
>   a) Grundsatz und Ausnahme(n)
>   (P) Abrechnungs- und Abwicklungsverhältnis
>   …

Weiterführende Hinweise

Zeitpunkt des Eingreifens werkvertraglicher Gewährleistungsrechte: *Huber/Bach*, Besonderes Schuldrecht 1, § 16 III 3 Rn. 546 f.

---

148 BGH, NJW 2017, 1604, 1606.
149 BGH, NJW 2017, 1604, 1606 f.
150 Zu den Inkonsistenzen dieser Lösung siehe *Schwenker*, NJW 2017, 1579.

IV.   Reisevertragsrecht

30. BGH, Urt. v. 21.2.2017 – X ZR 49/16, NJW-RR 2017, 756 = JuS 2017, 1211

Leitsatz

Hat der Reiseveranstalter den Reisenden nicht ordnungsgemäß auf seine Obliegenheit hingewiesen, ihm einen Reisemangel anzuzeigen, wird vermutet, dass der Reisende die Mangelanzeige nicht schuldhaft versäumt hat (…).

Sachverhalt (gekürzt und vereinfacht)

K buchte bei B, einer Reiseveranstalterin, für sich (K) und seine Lebensgefährtin sowie deren zwei Kinder eine Reise in die Türkei vom 30.7. bis 13.8.2014 zum Preis von 4.000 Euro. Die K übermittelte zweiseitige Reisebestätigung enthielt in der Fußzeile jeder Seite folgenden Text:

> „Die Reisebedingungen wurden anerkannt und sind Vertragsinhalt. Wegen der Obliegenheiten der Kunden bei Leistungsmängeln (…) wird auf Ziff. 12 und 14 der Reisebedingungen hingewiesen."

Unmittelbar im Anschluss hieran waren in der gleichen Schrifttype und -größe die Adresse der B, die Kontaktdaten des Kundenservice und der Reisebüro-Hotline sowie die Umsatzsteueridentifikationsnummer, die Handelsregisternummer und die Namen der Geschäftsführer der B abgedruckt. Weitere Informationen bzw. Unterlagen erhielt K nicht.

Am Urlaubsort wurden die Reisenden nicht wie gebucht in einem von B als „Familienzimmer im Wohngebäude mit separatem Schlafzimmer (teilweise mit Schlafsofa)" beschriebenen Zimmer, sondern in einem mit einem Doppelbett, einem Einzelbett und einem ausziehbaren Sessel ausgestatteten Zimmer ohne Trenntür zwischen den Schlafbereichen untergebracht. Die Reisenden beanstandeten die Ausstattung des ihnen zugewiesenen Zimmers gegenüber der Reiseleitung am 9.8.2014. Am 10.8.2014 konnten sie in ein Familienzimmer umziehen. Auf die von K mit Schreiben vom 17.8.2014 und 4.9.2014 verlangte Minderung des Reisepreises zahlte B einen Betrag iHv. 500 Euro, den K als Teilzahlung auf den geltend gemachten Anspruch akzeptierte.

Aus eigenem und aus abgetretenem Recht seiner Lebensgefährtin macht K wegen der nicht vertragsgerechten Ausstattung des Zimmers eine Minderung des Reisepreises iHv. weiteren (angemessenen) 1.000 Euro geltend.

§ 6 Abs. 2 Nr. 7 BGB-InfoV lautet: Die Reisebestätigung muss, sofern nach der Art der Reise von Bedeutung, (…) folgende Angaben enthalten: (…)

> Nr. 7. über die Obliegenheit des Reisenden, dem Reiseveranstalter einen aufgetretenen Mangel anzuzeigen (…)

Erläuterung

Reiserecht hat Konjunktur… – zumindest legt diesen Befund die Zahl prüfungsrelevanter Entscheidungen nahe.[151] Ganz grundsätzlich ist auch zu bedenken, dass das Reisevertragsrecht jüngst und mit Wirkung zum 1.7.2018 – nun als Pauschalreiserecht firmierend – umfassend novelliert wurde.[152]

Zu prüfen ist, ob K (aus eigenem und abgetretenem Recht) einen Anspruch auf Erstattung des zu viel gezahlten Reisepreises hat. Die Minderung erfolgt bei Vorliegen eines Mangels grundsätzlich kraft Gesetzes (vgl. §§ 651d Abs. 1 iVm. 638 Abs. 4 Satz 1 BGB), tritt allerdings nicht ein, wenn der Reisende die Anzeige des Mangels schuldhaft unterlässt (§ 651d Abs. 2 BGB). Die Anzeige ist somit eine Obliegenheit des Reisenden.

Das Vorliegen einer Reise sowie das Feststellen eines Mangels erfordern hier keine besonderen Schwierigkeiten. Fraglich ist allerdings, ob eine Minderung eingetreten ist. Denn die Anzeige der (falschen) Zimmerkategorie erfolgte reichlich spät und erst kurz vor Ende der Reise. Im Zentrum der Prüfung steht somit die Frage, ob die Reisenden die Anzeige schuldhaft unterlassen haben.

Das Unterlassen könnte deswegen nicht schuldhaft sein, weil B den K nicht ordnungsgemäß belehrt hat. Es ist daher in einem ersten Schritt zu fragen, ob B mit seinem Hinweis in der Fußzeile der Reisebestätigung (§ 651a Abs. 3 BGB) den Anforderungen von § 6 Abs. 2 Nr. 7 BGB-InfoV entsprochen hat:

> „Die Angaben in der Reisebestätigung beschränken sich (…) auf einen Hinweis auf die Existenz von Obliegenheiten des Kunden bei Reisemängeln, ohne diese näher zu erläutern und entsprechen damit nicht den Anforderungen nach § 6 II Nr. 7 BGB-InfoV. Zwar kann der Reiseveranstalter nach § 6 IV 1 BGB-InfoV seine Verpflichtungen nach Abs. 2 dieser Bestimmung auch dadurch erfüllen, dass er auf die in einem von ihm herausgegebenen und dem Reisenden zur Verfügung gestellten Prospekt enthaltenen Angaben verweist, die den Anforderungen nach Abs. 2 entsprechen. (…) [B hat] auch nicht auf diese Art ihre Pflicht zum Hinweis auf die Ausschlussfrist erfüllt (…). Es fehlt schon an einer inhaltlich ausreichenden Verweisung auf den Prospekt. Dafür genügt nicht ein allgemeiner Hinweis auf die entsprechende Bestimmung in den Allgemeinen Geschäftsbedingungen des Reiseveranstalters, wie er in der dem [K] übermittelten Reisebestätigung enthalten war. (…) Denn jedenfalls muss der Reisende darauf hingewiesen werden, dass er die in Bezug genommenen Bestimmungen der Reisebedingungen in dem Prospekt des Reiseveranstalters findet.“[153]

Ergänzend verweist der BGH für den konkreten Fall auch auf aus anderen Rechtsgebieten bekannte Transparenzgesichtspunkte:

> „Unabhängig von ihrem Inhalt entsprach die Verweisung (…) auch ihrer Form nach nicht den maßgeblichen Anforderungen. Ein Hinweis auf Allgemeine Geschäftsbedingungen muss hinreichend deutlich und bei durchschnittlicher Aufmerksamkeit des Kunden ohne Weiteres erkennbar sein (…).“[154]

---

151 Siehe neben der nachfolgend erläuterten etwa BGH, NJW 2017, 958 = JA 2017, 384 = JuS 2017, 552 (Verkehrsunfall beim Transfer zum Hotel) und BeckRS 2017, 138616 (Hotelüberbuchung).
152 Hierzu *Führich*, NJW 2017, 2945.
153 BGH, NJW-RR 2017, 756, 757.
154 BGH, NJW-RR 2017, 756, 757.

Fraglich ist daher in einem zweiten Schritt, ob aus der mangelnden Belehrung auch folgt, dass K die Anzeige nicht schuldhaft unterlassen hat. Zum Parallelfall des § 651g Abs. 1 BGB (Geltendmachung von Ansprüchen innerhalb eines Monats nach Beendigung der Reise) hatte der BGH bereits 2007 entschieden, dass eine widerlegliche Vermutung für eine entschuldigte Fristversäumung des Reisenden besteht, wenn der Reiseveranstalter in der Reisebestätigung seine Pflicht zum Hinweis auf die Ausschlussfrist des § 651g Abs. 1 BGB nach § 6 Abs. 2 Nr. 8 BGB-InfoV nicht erfüllt hat.[155] Diese Rechtsprechung überträgt nun der BGH auch auf § 651d Abs. 2 BGB:

> „Das [Berufungsgericht] hat zu Recht entschieden, dass [die vorgenannte widerlegliche Vermutung] entsprechend für die Pflicht des Reiseveranstalters gilt, den Reisenden auf seine Obliegenheit nach § 651d II BGB zur Anzeige aufgetretener Reisemängel hinzuweisen. (...) [Die] Vermutung folgt aus der in § 6 II Nr. 7 BGB-InfoV und § 651a III BGB zum Ausdruck kommenden Wertung des Gesetzgebers, dass die Reisenden in der Regel nicht wissen, dass das Unterlassen einer Mangelanzeige zum Ausschluss von Minderungsansprüchen führen kann und deshalb zu ihrem Schutz der Belehrung darüber bedürfen."[156]

Mangels Widerlegung der Vermutung – auch nicht durch die tatsächlich erfolgte Anzeige am 9.8.2014[157] – ist auf dieser Grundlage somit anzunehmen, dass K die Anzeige des Mangels nicht schuldhaft unterlassen hat. K kann daher (Teil-)Rückzahlung des zu viel gezahlten Reisepreises verlangen.

Ergänzend sei in diesem Zusammenhang noch darauf hingewiesen, dass die Mangelanzeige nicht schon deswegen entbehrlich ist, weil dem Reiseveranstalter der Mangel bekannt ist.[158]

Prüfungsaufbau

- I. §§ 651d Abs. 1 Satz 2, 638 Abs. 4 Satz 1 BGB
  1. Reise, § 651a Abs. 1 BGB
  2. Mangel, § 651c Abs. 1 BGB
  3. Mangelanzeige, § 651d Abs. 2 BGB
     a) Anzeige am 9.8.2014
     b) Schuldhaftes Unterlassen der Anzeige?
        (P) Ausreichende Belehrung nach § 6 Abs. 2 Nr. 7 iVm. Abs. 4 Satz 1 BGB-InfoV?
        (P) Widerlegliche Vermutung für nicht schuldhaftes Unterlassen / Übertragung der Grundsätze zu § 651g Abs. 1 Satz 3 BGB?
     ...

Weiterführende Hinweise

Mängelanzeige: *Huber/Bach*, Besonderes Schuldrecht 1, § 17 VII 4 Rn. 631 f. und § 17 VII 6 Rn. 642

---

155 BGH, NJW 2007, 2549 (4. Leitsatz).
156 BGH, NJW-RR 2017, 756, 757.
157 BGH, NJW-RR 2017, 756, 757.
158 Siehe BGH, NJW 2016, 3304 = JuS 2017, 360, der auch auf die insoweit nicht übertragbare (gegenteilige) Rechtsprechung zu § 536c BGB hinweist.

V. Geschäftsführung ohne Auftrag

31. BGH, Beschl. v. 18.6.2014 – III ZR 537/13, ZEV 2015, 231

Sachverhalt (gekürzt und vereinfacht)

Nachdem für den Nachlass der 1994 verstorbenen Erblasserin (E) keine Erben feststanden, erließ das Nachlassgericht im Rahmen des Erbscheinverfahrens eine öffentliche Aufforderung im Bundesanzeiger. B wurde bei der Ermittlung des S als (vermeintlichen) Erben tätig, dem am 7.12.2010 ein Erbschein ausgestellt wurde. S schloss mit B eine Vereinbarung, wonach B eine Vergütung iHv. 25 % vom Wert des dem Erben zufallenden Vermögens zustehen sollte. In dieser Vereinbarung heißt es weiter im letzten Absatz

> „sofern keine Vermögenswerte zur Auszahlung gelangen bzw. auch keine Vermögenswerte dauerhaft und rechtmäßig übernommen werden, entfällt jeglicher Anspruch auf Vergütung und Auslagenersatz."

Am 14.4.2011 erhielt B von S aus den Mitteln des Nachlasses ein Honorar iHv. 66.000 Euro. Am 4.6.2011 wurde der Erbschein jedoch wegen offensichtlicher Unrichtigkeit eingezogen, denn aufgrund der Tätigkeit eines anderen Erbenermittlers wurde K als dem S vorgehender Erbe ermittelt. K wurde am 4.1.2012 ein entsprechender Erbschein erteilt.

K verlangt von B die (Rück-)Zahlung von 66.000 Euro. B erklärt die Aufrechnung.

Erläuterung

Der kleine Fall birgt eine ungewöhnliche – und damit klausurrelevante – Einkleidung der sogenannten Erbensucher-Problematik.[159] Hierbei ist die zentrale Frage, ob dem Erbensucher gegen den bzw. die Erben – soweit keine vertragliche Vereinbarung vorliegt – für seine Bemühungen ein Aufwendungsersatzanspruch nach den §§ 683 Satz 1, 670 BGB zusteht. Der BGH verneint dies in ständiger Rechtsprechung:

> „Die Vorschriften über eine Geschäftsführung ohne Auftrag sind nach der Risikozuordnung des Privatrechts auf derartige Fallgestaltungen von vornherein unanwendbar. (…) Es geht [in diesen Fällen], (…) um die Vorbereitung und Anbahnung von Vertragsverhandlungen. Der Erbensucher verschafft sich durch seine Ermittlungtätigkeit das Material, das er den Erben gegen Entgelt überlassen (…) will. Eigene Aufwendungen im Vorfeld eines Vertragsschlusses bleiben aber, sofern es nicht zu einem Abschluss kommt, nach den Regeln des Privatrechts unvergütet; jede Seite trägt das Risiko eines Scheiterns der Vertragsverhandlungen selbst. Diese im Gefüge der Vertragsrechtsordnung angelegte und letztlich auf die Privatautonomie zurückzuführende Risikoverteilung würde durch Zulassung von Aufwendungsersatzansprüchen aus Geschäftsführung ohne Auftrag unterlaufen."[160]

---

159 Siehe BGH, NJW 2000, 72; BGH, NJW-RR 2006, 656.
160 BGH, NJW 2000, 72, 72 f.

Im vorliegenden Fall verkompliziert sich die Lage dadurch, dass der Erbensucher den falschen gefunden und sich von diesem aus dem Nachlass bezahlen lassen hatte.

Für die gutachterliche Prüfung zunächst: S hat als Nichtberechtigter über einen Teil des Nachlasses verfügt. Eine solche Verfügung war aufgrund des erteilten Erbscheins auch gegenüber K nach § 2366 BGB wirksam (unbeschadet dessen kann auch die Erhebung einer entsprechenden Herausgabeklage als eine Genehmigung nach § 185 Abs. 1 BGB eingestuft werden). Der (vormals) Berechtigte muss sich bei einer Verfügung des Nichtberechtigten grundsätzlich an diesen halten (§ 816 Abs. 1 Satz 1 BGB). Ein „Durchgriff" auf den „Dritten" sieht das Gesetz ausdrücklich nur in § 816 Abs. 1 Satz 2 BGB und in § 822 BGB vor. Ein Herausgabeanspruch des (richtigen) Erben K gegen B nach § 816 Abs. 1 Satz 2 BGB müsste danach eigentlich ausscheiden, da B das Honorar nicht ‚unentgeltlich', sondern auf der Grundlage der mit den S geschlossenen Vereinbarung erhalten hat. Die Zahlung von S an B erfolgte allerdings rechtsgrundlos, da die Vereinbarung einen Vergütungsanspruch nur für den Fall einer Erbenstellung des S vorsah. In Fällen der Rechtsgrundlosigkeit kommt (zumindest) mit der Rechtsprechung eine analoge Anwendung des § 816 Abs. 1 Satz 2 BGB in Betracht (die Gegenansicht befürwortet die sogenannte „Kondiktion der Kondiktion"):

> „Ob die Rückabwicklung „im Dreieck" (…) oder im „Durchgriff" (…) stattfindet, entzieht sich jeder schematischen Betrachtung, sondern ist in erster Linie anhand der Besonderheiten des Falles im Hinblick auf eine sachgerechte bereicherungsrechtliche Abwicklung unter Berücksichtigung des Vertrauensschutzes und der Risikoverteilung zwischen den Beteiligten der Vermögensverschiebung zu beurteilen (…).“[161]

Daher solle dem (vormals) Berechtigten ein Direktanspruch im Sinne eines „Durchgriffs" gegen den Dritten (hier B) zustehen, soweit dieser nicht schutzbedürftig sei. Eine Schutzwürdigkeit des B verneint der BGH: B stünden gegen S weder vertragliche noch bereicherungsrechtliche Ansprüche zu – insbesondere habe S auch durch die (im Ergebnis falschen) Nachforschungen keinen vermögenswerten Vorteil erlangt. Damit würden S bei einem Durchgriff auch keine Gegenrechte (§ 404 BGB) genommen.

Einem Anspruch des K auf Herausgabe des Honorars kann B nicht die Aufrechnung mit einem (Gegen-)Anspruch auf Aufwendungsersatz nach §§ 683, 677, 670 BGB entgegen halten. Nach der oben skizzierten Rechtsprechung scheidet ein solcher Anspruch in Erbensucher-Konstellationen bereits von vornherein aus. Hier würde ein Anspruch im Übrigen spätestens am Merkmal „im Interesse des K" scheitern, denn B ist

> „zum Zwecke des Nachweises des Erbrechts [des S] (…) beauftragt worden und somit in [dessen] Interesse tätig geworden (…).“[162]

---

161 BGH, ZEV 2015, 231, 232.
162 BGH, ZEV 2015, 231, 232.

Prüfungsaufbau

I. § 816 Abs. 1 Satz 2 BGB
   (P) Unentgeltlich?

II. § 816 Abs. 1 Satz 2 BGB analog
   1. Verfügung eines Nichtberechtigten
      (P) § 2366 BGB / Genehmigung durch Erhebung der Herausgabeklage
   2. Rechtsgrundlos gleich unentgeltlich
      (P) Rückabwicklung mittels „Durchgriff" / Schutzwürdigkeit des B
   3. Rechtsfolge
   4. Aufrechnung, § 389 BGB
      a) Aufrechnungserklärung, § 388 Satz 1 BGB / Gleichartige Leistungen
      b) Fällige (Gegen-)Forderung des B nach §§ 683, 677, 670 BGB?
         (P) Anwendbarkeit der GoA auf Erbensucher-Fälle / „im Interesse" des S?
      ...

Weiterführende Hinweise

Bereicherungsanspruch wegen Verfügung eines Nichtberechtigten: *Buck-Heeb*, Besonderes Schuldrecht 2, § 4 II Rn. 392 ff.
Erbensucher-Problematik: *Buck-Heeb*, Besonderes Schuldrecht 2, § 18 II Rn. 27
Erbschein: *Lipp*, Erbrecht, § 17 Rn. 508 ff.

VI. Bürgschaftsrecht

32. BGH, Beschl. v. 27.9.2016 – XI ZR 81/15, NJW 2017, 557

Leitsatz

Übernehmen Gesellschafter einer GmbH für eine Verbindlichkeit der Gesellschaft Bürgschaften bis zu unterschiedlichen Höchstbeträgen, richtet sich die Höhe des Innenausgleichs grundsätzlich nach dem Verhältnis der mit den Bürgschaften jeweils übernommenen Höchstbeträge.

Sachverhalt (gekürzt und vereinfacht)

K und B waren Gesellschafter der P GmbH (nachfolgend: Hauptschuldnerin). K hielt einen Anteil von 40% und B einen Anteil von 10%. Zwei weitere Gesellschafter, C und D, hielten Anteile von 25% und 25%. Grundlage war ein entsprechender Gesellschaftsvertrag aus dem Jahre 2000. Zur Sicherung sämtlicher Ansprüche einer Sparkasse gegen die Hauptschuldnerin übernahmen die Gesellschafter im Jahre 2002 miteinander abgestimmt Höchstbetragsbürgschaften, K bis zu einem Betrag von 300.000

Euro, B bis zu einem Betrag von 150.000 Euro und die weiteren Gesellschafter C und D bis zu Beträgen von 100.000 Euro bzw. 50.000 Euro.

Nachdem über das Vermögen der Hauptschuldnerin am 29.1.2008 das Insolvenzverfahren eröffnet worden war, forderte die Sparkasse K mit Schreiben vom 4.2.2008 auf, aus der übernommenen Bürgschaft 300.000 Euro zu zahlen. Die Mitbürgen des K nahm sie nicht in Anspruch. K bezahlte an die Sparkasse 300.000 Euro.

B zahlt daraufhin 30.000 Euro an K „als Ausgleich". K verlangt von B Zahlung weiterer 45.000 Euro.

Erläuterung

Die Entscheidung verknüpft in examensträchtiger Weise den Regress zwischen Mitbürgen mit der Stellung als GmbH-Gesellschafter und eröffnet damit gleichsam eine knappe Rekapitulation des Zusammenspiels von Gesellschaftsrecht und Bürgschaftsrecht.

Einstieg in die Falllösung ist ein Ausgleichsanspruch nach §§ 426 Abs. 1 Satz 1, 769, 774 Abs. 2 BGB. Das Vorliegen einer (formgerechten) Bürgschaft und das Bestehen der Hauptforderung (Akzessorietät der Bürgschaft) sind unproblematisch gegeben. Zentrale Frage ist, wie sich der Innenausgleich zwischen den GmbH-Gesellschaftern vollzieht. Denn die übernommenen Höchstbetragsbürgschaften weichen in ihrem Verhältnis zueinander von der Höhe der jeweiligen Gesellschaftsanteile deutlich ab. Der BGH führt hierzu aus:

„(...) [B]ei Höchstbetragsbürgschaften [ist], wenn nichts anderes vereinbart ist, der Innenausgleich zwischen den Bürgen nach dem Verhältnis der jeweils übernommenen Höchstbeträge durchzuführen (...). Ebenso ist anerkannt, dass Gesellschafter einer GmbH, die für eine Verbindlichkeit der Gesellschaft Bürgschaften übernommen haben, im Innenverhältnis im Zweifel anteilig in Höhe ihrer jeweiligen Anteile am Gesellschaftsvermögen haften (...). Nach welchem dieser Maßstäbe der Ausgleichsanspruch zu beurteilen ist, wenn die Gesellschafter einer Gesellschaft mit beschränkter Haftung für eine Verbindlichkeit der Gesellschaft Bürgschaften bis zu unterschiedlichen Höchstbeträgen übernommen haben, ist in der Rechtsprechung des BGH bislang nicht ausdrücklich erörtert und abschließend entschieden worden (...)."[163]

Der BGH sieht – im Grundsatz – die übernommenen Höchstbeträge als maßgeblich an:

„Der Ausgleichsanspruch zwischen Mitbürgen wird gem. §§ 774 II, 426 I 1 BGB nach Kopfteilen vollzogen, soweit nicht ein anderes bestimmt ist. Eine anderweitige Bestimmung kann sich aus einer gesetzlichen Regelung, einer ausdrücklichen oder stillschweigenden Vereinbarung, der Natur der Sache oder dem Inhalt und Zweck des infrage stehenden Rechtsverhältnisses ergeben (...). [Im vorliegenden Fall] (...) [haben] sich die Mitbürgen auf der Grundlage einer gemeinsamen Absprache mit der [Sparkasse] für die Verpflichtungen der Hauptschuldnerin gemeinsam zu unterschiedlichen Höchstbeträgen verbürgt (...). Damit haben [die Mitbürgen] (...) stillschweigend zum Ausdruck gebracht, dass sie auch intern in dem Verhältnis haften wollten, in dem sie eine Haftung nach außen

---

163   BGH, NJW 2017, 557, 557 f.

übernahmen. Dass die Übernahme der Höchstbetragsbürgschaften auf der Grundlage einer gemeinsamen Absprache erfolgte, spricht dafür, dass die Mitbürgen nicht nur im Fall ihrer vollen Inanspruchnahme bis zum jeweiligen Höchstbetrag, sondern auch bei einer nur teilweisen, die Summe der Höchstbeträge nicht erreichenden Inanspruchnahme im Innenverhältnis nach dem Verhältnis der jeweils übernommenen Höchstbeträge haften wollten. Dies wird dadurch bestätigt, dass die Übernahme der Bürgschaften zeitlich nach den gesellschaftsvertraglichen Vereinbarungen erfolgte. Durch die Übernahme von Bürgschaften mit Höchstbeträgen, deren Verhältnis zueinander vom Verhältnis ihrer Gesellschaftsanteile abweicht, haben die Mitbürgen zu erkennen gegeben, dass sie im Hinblick auf die Bürgschaften an der dem Verhältnis der jeweiligen Gesellschaftsanteile folgenden Risikoverteilung nicht festhalten wollten. Durch die Übernahme unterschiedlicher Höchstbeträge sind die einzelnen Bürgen im Außenverhältnis unterschiedliche Risiken eingegangen. Der in der Übernahme eines höheren Höchstbetrags zum Ausdruck kommende Wille, ein größeres Risiko als andere Bürgen zu übernehmen, zieht folgerichtig auch eine höhere Haftung im Innenverhältnis nach sich (…). Die Festlegung unterschiedlicher Höchstbeträge und der darin zum Ausdruck kommende Wille, das Haftungsrisiko in unterschiedlicher Weise zu begrenzen, ist für die Bürgschaftsübernahmen derart prägend, dass eine Haftungsverteilung nach dem Verhältnis dieser Höchstbeträge auch im Innenverhältnis gerechtfertigt ist."[164]

K kann somit B noch in Höhe von 45.000 Euro (75.000 Euro abzüglich der bereits gezahlten 30.000 Euro) in Anspruch nehmen. Von zentraler Bedeutung ist insoweit – wie der BGH vorstehend betont – die (konkludente) Abrede zwischen den Gesellschaftern; diesen Befund spiegelt der amtliche Leitsatz nur unzureichend wider.[165]

Prüfungsaufbau

I. §§ 426 Abs. 1 Satz 1, 769, 774 Abs. 2 BGB
  1. Bürgschaft, § 765 Abs. 1 BGB
    a) Bürgschaftsvertrag (Höchstbetragsbürgschaft)
    b) Form, § 766 Satz 1 BGB
    c) Hauptschuld gemäß § 488 Abs. 1 Satz 2 BGB
  2. Ausgleich im Innenverhältnis
    (P) Höhe nach Gesellschaftsanteil (30.000 Euro) oder nach Umfang der Höchstbetragsbürgschaft (75.000 Euro)
    …
II. §§ 488 Abs. 1 Satz 2, 774 Abs. 1 u. 2 BGB

…

Weiterführende Hinweise

Regressmöglichkeiten des Bürgen: *Huber/Bach*, Besonderes Schuldrecht 1, § 25 IV Rn. 1038 ff.

Ansprüche der Gesellschafter untereinander: *Bayer/Lieder*, Handels- und Gesellschaftsrecht, § 11 III Rn. 631 ff.

---

164 BGH, NJW 2017, 557, 558.
165 *Herresthal*, EWiR 2017, 67, 68.

VII. Bereicherungsrecht

33. BGH, Urt. v. 16.6.2015 – XI ZR 243/13, NJW 2015, 3093

Leitsätze

1. Zahler und Zahlungsdienstleister können wirksam vereinbaren, einen in Auftrag gegebenen, aber noch nicht vollendeten Zahlungsvorgang nicht auszuführen.

2. Im Anwendungsbereich des § 675u BGB kann ein Zahlungsdienstleister im Fall eines vom Zahler nicht autorisierten Zahlungsvorgangs den Zahlungsbetrag im Wege der Nichtleistungskondiktion (§ 812 Abs. 1 Satz 1 Fall 2 BGB) vom Zahlungsempfänger herausverlangen, auch wenn diesem das Fehlen der Autorisierung nicht bekannt ist.

Sachverhalt (gekürzt)

B stellte S am 24.11.2011 für die unter der Firma P erfolgte Vermittlung eines Auftrags eine Provisionsabschlagszahlung iHv. 11.900 Euro (10.000 Euro zuzüglich 19 % Umsatzsteuer) in Rechnung. Am 8.12.2011 erteilte S der Bank K den Auftrag, von ihrem (S) Konto 5.000 Euro auf das Konto der Firma P bei der Bank zu überweisen. K führte diesen Auftrag am selben Tag aus und teilte B dies auf Wunsch von S mit. Der Überweisungsbetrag wurde dem Konto des B nicht gutgeschrieben, weil in der Überweisung die von B verwendete Firma P als Empfänger angegeben war, das Konto aber auf den Namen des B lautete. Ein Mitarbeiter der K teilte S am 12.12.2011 vor 11:45 Uhr telefonisch das Fehlschlagen der Überweisung mit. Es wurde daraufhin vereinbart, dass K den Überweisungsauftrag nicht mehr ausführen solle und S die Überweisung selbst online durchführen werde. Auf Grund dieser Online-Überweisung wurden dem Konto des B 5.000 Euro gutgeschrieben. Ebenfalls am 12.12.2011 erkundigte sich B telefonisch bei einer anderen Mitarbeiterin der K nach der ihm angekündigten Überweisung und wies darauf hin, dass als Kontoinhaber „B" und nicht „P" registriert sei. Die Mitarbeiterin der K veranlasste daraufhin am 12.12.2011 um 12:02 Uhr erneut die Überweisung von 5.000 Euro, die dem Konto des B bei der Bank ebenfalls gutgeschrieben wurden. K schrieb dem Konto der S 5.000 Euro wieder gut.

K verlangt von B (aus eigenem Recht) Erstattung von 5.000 Euro.

Erläuterung

Anweisungsfälle im Dreipersonenverhältnis sind ein bereicherungsrechtlicher Klassiker – die damit verbundenen vielgestaltigen Fallkonstellationen aber nicht unbedingt bei Prüflingen extrem beliebt. Stets entscheidende Frage: Hat die Bank einen Direktanspruch (Eingriffskondiktion) gegen den Zahlungsempfänger oder erfolgt die Rückabwicklung entlang der Leistungsbeziehungen (Deckungs- und Valutaverhältnis) „übers Dreieck"? Der BGH fasst den bisherigen Stand seiner Rechtsprechung lehrbuchartig zusammen:

„[I]n den Fällen der Leistung kraft Anweisung [vollzieht sich] der Bereicherungsausgleich grundsätzlich innerhalb des jeweiligen fehlerhaften Leistungsverhältnisses (...). Nach dem bereicherungsrechtlichen Leistungsbegriff bewirkt der Angewiesene, der von ihm getroffenen allseits richtig verstandenen Zweckbestimmung entsprechend, mit seiner Zuwendung an den Leistungsempfänger zunächst eine eigene Leistung an den Anweisenden und zugleich eine Leistung des Anweisenden an den Anweisungsempfänger (...). Dieser Grundsatz gilt allerdings nicht ausnahmslos. Der Angewiesene hat einen unmittelbaren Bereicherungsanspruch aus § 812 I 1 Fall 2 BGB gegen den Anweisungsempfänger, wenn eine wirksame Anweisung fehlt. (...) In der Rechtsprechung des BGH (...) ist deshalb anerkannt, dass im Falle der Vornahme einer Zahlung durch die Bank auf Grund einer Fälschung oder Verfälschung des Überweisungsauftrags, Schecks oder Wechsels der Bank (...) [eine Eingriffskondiktion] gegen den Zuwendungsempfänger zusteht. Das gleiche gilt auch in den Fällen, in denen der Anweisende geschäftsunfähig war (...) oder für ihn ein geschäftsunfähiger (...) bzw. ein nur gesamtvertretungsberechtigter Vertreter gehandelt hat (...). Abweichend von diesen Grundsätzen hat der BGH dagegen die Rechtslage bewertet, wenn die Bank den Widerruf einer Überweisung oder eines Dauerauftrags oder die Kündigung eines Überweisungsauftrags irrtümlich nicht beachtet oder versehentlich eine Zuvielüberweisung vorgenommen hat. In diesen Fällen ist nach der bisherigen Rechtsprechung des BGH die Anweisung durch den Kontoinhaber mitveranlasst worden und dieser habe gegenüber dem Zahlungsempfänger den zurechenbaren Rechtsschein einer Leistung gesetzt. Die Bank müsse sich deshalb grundsätzlich an den Kontoinhaber halten, weil der Fehler, die weisungswidrige Behandlung des Kundenauftrags, im Deckungsverhältnis wurzele und deshalb in diesem Verhältnis zu bereinigen sei (...). Im Rahmen der Ausnahmekonstellation wurde allerdings nach der bisherigen Rechtsprechung dann ein unmittelbarer Bereicherungsanspruch der Bank gegen den Zuwendungsempfänger angenommen, wenn der Zuwendungsempfänger den Widerruf oder die Zuvielüberweisung kannte, weil er dann wisse, dass es an einer Leistung seines Vertragspartners fehle (...)."[166]

Für den vorliegenden Fall hätte dies bedeutet – unterstellt B hatte keine Kenntnis von der Stornierungsvereinbarung –, dass aufgrund der Mitveranlassung bzw. des gesetzten Rechtsscheins durch S eine Eingriffskondiktion K gegen B ausschiede. Der BGH weicht nun allerdings von dieser wertungsmäßig geprägten Rechtsprechung teilweise ab. Grund ist das neue Zahlungsdiensterecht der §§ 675c ff. BGB in Umsetzung der EU-Zahlungsdienste-Richtlinie (anders allerdings nach wie vor ein Teil der Literatur[167]):

„Dreh- und Angelpunkt (...) ist § 675j BGB, der die Autorisierung des Zahlungsvorgangs regelt. [Hiernach] ist ein Zahlungsvorgang gegenüber dem Zahler nur wirksam, wenn dieser ihn autorisiert hat. (...) [D]ie Autorisierung durch den Zahler (...) [ist] im Rahmen der wertenden Betrachtung auch im Bereicherungsrecht in den Vordergrund [zu rücken]. Dies bedeutet, dass ein Zahlungsvorgang im Anwendungsbereich der §§ 675c ff. BGB einem Zahler ohne dessen Autorisierung unabhängig davon, ob der Zahlungsempfänger Kenntnis von der fehlenden Autorisierung hat und wie sich der Zahlungsvorgang von seinem Empfängerhorizont aus darstellt, nicht als Leistung zugerechnet werden kann. (...) Mangels eines Leistungsverhältnisses begründet ein nicht autorisierter Zahlungs-

---

166 BGH, NJW 2015, 3093, 3094.
167 Zur Kritik an der Entscheidung etwa *Omlor*, EWiR 2015, 595, 596; ausführlich zum Streitstand etwa MüKoBGB/*Zetzsche*, 7. Aufl. 2017, § 675u Rn. 29 ff.

vorgang eine Nichtleistungskondiktion des Zahlungsdienstleisters gegen den Zahlungsempfänger."[168]

Der BGH stellt damit in den Fällen der Mitveranlassung bzw. des gesetzten Rechtsscheins[169] unabhängig von der Kenntnis des Empfängers allein nur noch auf die Frage der Autorisierung ab – und da aufgrund der Stornierungsvereinbarung zwischen S und K eine solche nicht vorliegt, steht K gegen B eine Eingriffskondiktion zu.

Umgekehrt heißt dies auch, dass in den Fallkonstellationen „keine Anweisung", „Geschäftsunfähigkeit" etc. auch unter Zugrundelegung der neuen Rechtsprechung die Ergebnisse deckungsgleich (Eingriffskondiktion) bleiben.[170] Ebenso erfolgt (nach wie vor) bei einer wirksamen Anweisung eine Abwicklung „übers Dreieck".[171] Aber: Zu beachten ist – insbesondere für Klausuren –, dass es bei Anweisungsfällen, die nicht in den Anwendungsbereich des § 675u BGB fallen (etwa bei einer bürgerlich-rechtlichen Anweisung), bei den oben skizzierten Grundsätzen des BGH zum Verhältnis von Leistungs- und Eingriffskondiktion bleibt.[172]

Prüfungsaufbau

> I. § 812 Abs. 1 Satz 1 2. Fall BGB
> 1. Anwendbarkeit
> (P) Vorrang der Leistungskondiktion?
> (P) Rückabwicklung „übers Dreieck"? / (Mit-)Veranlassung / Kenntnis des Zahlungsempfängers
> (P) Wertung der §§ 675j und 675u BGB
> ...

Weiterführende Hinweise

Bereicherungsausgleich im Mehrpersonenverhältnis: *Buck-Heeb*, Besonderes Schuldrecht 2, § 20 Rn. 464 ff.

34. BGH, Urt. v. 11.6.2015 – VII ZR 216/14, NJW 2015, 2406 = JuS 2015, 1038

Leitsatz

Ist ein Werkvertrag wegen Verstoßes gegen das Verbot des § 1 Abs. 2 Nr. 2 Schwarz-ArbG vom 23.7.2004 nichtig, steht dem Besteller, der den Werklohn bereits gezahlt hat, gegen den Unternehmer kein Rückzahlungsanspruch unter dem Gesichtspunkt einer ungerechtfertigten Bereicherung zu (…).

---

168 BGH, NJW 2015, 3093, 3095.
169 Weiterführend hierzu *Jansen*, JZ 2015, 952, 955 f.
170 Zu dogmatischen Folgefragen *Jansen*, JZ 2015, 952, 955.
171 Zu weiteren Fragestellungen *Foerster*, BKR 2015, 473, 474 ff.
172 MüKoBGB/*Zetzsche*, 7. Aufl. 2017, § 675u Rn. 36.

Sachverhalt (gekürzt und vereinfacht)

B unterbreitete K am 12.1.2007 einen „Kostenanschlag" für den Einbau von Fenstern zu einem Preis von 2.120 Euro und für den Ausbau des Dachgeschosses mit Gipsbauplatten zu einem Preis von 10.500 Euro jeweils zuzüglich Umsatzsteuer. Anschließend schlossen K und B mündlich einen Vertrag zu einem Pauschalpreis von 10.000 Euro. Am 21.2.2007 erteilte B dem K eine Rechnung „zum Festpreis von 10.000 Euro". Der Rechnungsvordruck enthält in den Spalten (u. a. „Rechnung Nr.", „Steuer-Nr.", „Rechnungs-Betrag netto", „+ % MwSt.") keine Eintragungen.

K verlangt von B Schadensersatz wegen Mängeln, hilfsweise die Rückzahlung des bereits in bar entrichteten Werklohns.

§ 1 Abs. 2 Nr. 2 SchwarzArbG lautet: Schwarzarbeit leistet, wer Dienst- oder Werkleistungen erbringt oder ausführen lässt und dabei als Steuerpflichtiger seine sich auf Grund der Dienst- oder Werkleistungen ergebenden steuerlichen Pflichten nicht erfüllt.

Siehe auch § 8 Abs. 1 Nr. 1 u. 2 SchwarzArbG, § 14 Abs. 1 GewO, §§ 1, 18 HwO iVm. Anlage B Abschnitt 1 Nr. 12, § 25 EStG, §§ 13b Abs. 2 Nr. 4, 14 Abs. 2, 18 Abs. 1 u. 3 UStG.

Erläuterung

Das Urteil ist das dritte Urteil zu den sogenannten „Schwarzarbeiter"-Fällen („ohne Rechnung"-Abrede). Bei dieser höchstexamensrelevanten Konstellation sind drei mögliche Begehren auseinander zu halten. Zunächst stellt(e) sich die Frage, ob der Besteller Gewährleistungsrechte gegen den Werkunternehmer geltend machen kann. Der BGH verneinte dies – Gewährleistungsrechte gemäß §§ 634 ff. BGB kämen mangels wirksamen Vertrags (Gesamtnichtigkeit des Vertrags gemäß § 134 BGB iVm. § 1 Abs. 2 Nr. 2 SchwarzArbG, nicht nur der „ohne Rechnung"-Abrede) nicht in Betracht.[173] Ebenso ist fraglich, ob dem Werkunternehmer für seine Leistungen ein Anspruch gegen den Besteller zusteht. Der BGH verneinte auch dies – ein bereicherungsrechtlicher Anspruch sei nach § 817 Satz 2 BGB ausgeschlossen, ein Ersatzanspruch aus Geschäftsführung ohne Auftrag (soweit man diese bei nichtigen Verträgen für anwendbar hält) scheide aus, weil gesetzeswidrige Leistungen nicht „erforderlich" im Sinne des § 670 BGB sind.[174] Übrig bleibt die Frage, ob der Besteller (hier B) bereits gezahlten Werklohn vom Werkunternehmer zurückfordern kann.

Der BGH verneint (konsequenterweise) auch dies. Die Tatbestandsvoraussetzungen des Anspruchs nach § 812 Abs. 1 Satz 1 1. Fall BGB seien zwar erfüllt, der Anspruch aber nach § 817 Satz 2 Hs. 1 BGB ausgeschlossen. Im Einzelnen führt der BGH aus:

> „§ 817 S. 2 Hs. 1 BGB findet auch dann Anwendung, wenn der Besteller in Ausführung eines solchen gem. § 134 BGB nichtigen Werkvertrags seine Leistung erbringt, indem er ohne Rechnung mit Steuerausweis den vereinbarten Betrag bezahlt (…). Eine ein-

---

173 BGH, NJW 2013, 3167.
174 BGH, NJW 2014, 1805.

schränkende Auslegung des § 817 S. 2 Hs. 1 BGB kommt [auch in diesem Fall] nicht in Betracht. Zwischen den Vertragsparteien erfolgt in einem solchen Fall ebenfalls kein Wertausgleich. Wer bewusst das im Schwarzarbeitsbekämpfungsgesetz enthaltene Verbot missachtet, soll nach der Intention des Gesetzgebers schutzlos bleiben und veranlasst werden, das verbotene Geschäft nicht abzuschließen (…). Der Ausschluss eines bereicherungsrechtlichen Anspruchs mit der ihm zukommenden abschreckenden Wirkung ist ein geeignetes Mittel, die in der Gesetzesbegründung zum Ausdruck kommende Zielsetzung des Gesetzgebers mit den Mitteln des Zivilrechts zu fördern (…). Dies gilt sowohl für bereicherungsrechtliche Ansprüche des Werkunternehmers als auch des Bestellers, der sich auf den Abschluss eines gegen das Verbot des § 1 II Nr. 2 SchwarzArbG verstoßenden Werkvertrags eingelassen hat."[175]

Grundtenor aller drei jüngeren BGH-Entscheidungen ist demnach: Wer Schwarzarbeit leistet oder in Auftrag gibt, kann danach nicht das Zivilrecht um Hilfe bitten… Für die gutachterliche Prüfung ist noch Folgendes zu bedenken: Es müsste klargestellt werden, dass die Kondiktionssperre des § 817 Satz 2 BGB (über ihren Wortlaut hinaus) auch auf die Leistungskondiktion angewandt wird. Anstelle bzw. vorrangig zur Leistungskondiktion könnte auch eine Kondiktion nach § 817 Satz 1 BGB geprüft werden.[176]

Zu problematisieren wäre ferner ein Kondiktionsausschluss gemäß § 814 BGB. Zudem: In den vorherigen Entscheidungen wurde noch eine „Korrektur" über § 242 BGB erwogen, worauf der BGH in dieser Entscheidung nun keinen Bezug mehr nimmt.[177]

Ergänzend noch folgende Hinweise: Verkompliziert wird der Fall, wenn Werkunternehmer und Besteller die „ohne Rechnung"-Abrede im Wege einer Vertragsänderung erst nachträglich abgeschlossen haben. Fraglich ist dann, ob auch in diesem Fall eine Gesamtnichtigkeit des Vertrags in Betracht kommt. Dies hat der BGH inzwischen in seinem vierten Urteil zu der hier aufgeworfenen Problematik bejaht.[178] Zu bedenken ist schließlich auch, dass die zu § 1 Abs. 2 Nr. 2 SchwarzArbG getroffenen Wertungen betreffend § 817 Satz 2 BGB nicht allgemein auf sämtliche gesetzeswidrige Vereinbarungen eins zu eins übertragen werden (können).[179]

Prüfungsaufbau

> I. §§ 634 Nr. 3, 633, 280 Abs. 1 u. 3, 281 Abs. 1 BGB
>   1. Werkvertrag
>   (P) Ohne Rechnung-Abrede
>   (P) Gesamtnichtigkeit des Vertrags gemäß § 134 BGB iVm. § 1 Abs. 2 Nr. 2
>   SchwarzArbG
>   …

---

175 BGH, NJW 2015, 2406, 2406 f.
176 Zu alledem *Mäsch*, JuS 2015, 1038, 1039.
177 Hierzu *Jerger*, NZBau 2015, 552, 552 f.; *Stamm*, NJW 2015, 2407, 2407.
178 Siehe BGH, NJW 2017, 1808 = JuS 2017, 550.
179 Siehe in Bezug auf steuerverkürzende Abreden BGH, NZG 2017, 476 = JuS 2017, 686.

II. § 812 Abs. 1 Satz 1 1. Fall BGB
  1. Etwas erlangt
  2. Durch Leistung
  3. Ohne Rechtsgrund
  4. Ausschluss gemäß § 814 BGB
     (P) Positive Kenntnis?
  5. Ausschluss gemäß § 817 Satz 2 Hs. 1 BGB
     (P) Einschränkende Auslegung?
     (P) § 242 BGB?
     ...

Weiterführende Hinweise

Verstoß gegen gesetzliche Verbote: *Gottwald/Würdinger*, BGB AT, § 4 III 1, Rn. 136 f.

Anwendbarkeit der GoA bei nichtigem Vertrag: *Buck-Heeb*, Besonderes Schuldrecht 2, § 4 II Rn. 26

Ausschluss des Bereicherungsanspruchs: *Buck-Heeb*, Besonderes Schuldrecht 2, § 17 I 2 Rn. 354 ff.

VIII. Deliktsrecht

35. BGH, Urt. v. 27.1.2015 – VI ZR 548/12, NJW 2015, 1451 = JuS 2015, 747

Leitsatz

Bei der Beurteilung der Frage, ob psychische Beeinträchtigungen infolge des Unfalltodes naher Angehöriger eine Gesundheitsverletzung im Sinne des § 823 Abs. 1 BGB darstellen, kommt dem Umstand maßgebliche Bedeutung zu, ob die Beeinträchtigungen auf die direkte Beteiligung des „Schockgeschädigten" an dem Unfall oder das Miterleben des Unfalls zurückzuführen oder ob sie durch den Erhalt einer Unfallnachricht ausgelöst worden sind.

Sachverhalt (gekürzt)

Am 29.4.2007 gegen 15.20 Uhr befuhr W mit einem bei B haftpflichtversicherten Fahrzeug die V.-Straße in A. Hierbei überschritt W die zulässige Höchstgeschwindigkeit von 70 km/h um mindestens 58 km/h. W war darüber hinaus in erheblichem Maße alkoholisiert. Nach einer langgezogenen Rechtskurve kam W von der Fahrbahn ab und geriet auf die Gegenfahrbahn, wo ihm K und – hinter diesem – dessen Ehefrau auf Motorrädern mit einer Geschwindigkeit von 50 km/h entgegenkamen. W verfehlte K nur knapp und erfasste dessen Ehefrau, die bei der Kollision tödliche Verletzungen davontrug. K begab sich infolge des Unfalls in ärztliche Behandlung. Es wurde eine akute Belastungsreaktion diagnostiziert. Im Februar 2008 zog K aus der vormaligen Familienwohnung aus. K gab seinen Beruf als Lkw-Fahrer auf und wechselte in den Innendienst.

K verlangt von B (unter anderem) ein angemessenes Schmerzensgeld. K macht geltend, er habe bei dem Unfall einen schweren Schock erlitten, da er miterlebt habe, wie seine Frau bei einem brutalen Verkehrsunfall getötet und er selbst nur um Haaresbreite verfehlt worden sei.

Erläuterung

Die Ehefrau des K starb bei dem Unfall vor seinen Augen, K selbst hat dabei allerdings keine eigenen körperlichen (letalen) Verletzungen erlitten. Der sicherlich tragische und 2015 entschiedene Fall unterstreicht die Tatsache, dass es im deutschen Schadensersatzrecht bis zur Mitte 2017 beschlossenen Neuregelung des § 844 Abs. 3 BGB und weiterer Bestimmungen (wie etwa § 10 Abs. 3 StVG) kein „genuines" Angehörigenschmerzensgeld gab. Denn ein Anspruch des K auf Schmerzensgeld (vgl. § 253 Abs. 2 BGB) setzte bis dahin grundsätzlich voraus, dass ein eigenes Rechtsgut des K verletzt ist. Ein entsprechender Anspruch konnte sich aus dem Straßenverkehrsrecht (§§ 7 Abs. 1, 11 Satz 1 StVG bzw. § 18 Abs. 1 StVG) oder aus dem allgemeinen Deliktsrecht (§ 823 Abs. 1 BGB bzw. § 823 Abs. 2 BGB iVm. § 24a Abs. 1 StVG, § 3 StVO) ergeben. Entsprechende Ansprüche können gemäß § 115 Abs. 1 Nr. 1 VVG iVm. § 1 PflVersG auch direkt gegen den Haftpflichtversicherer geltend gemacht werden.

Streitentscheidend war daher die Frage, ob eine Gesundheitsverletzung des K vorliegt (anders verhält es sich nun aufgrund von § 844 Abs. 3 BGB n. F.). Eine solche Gesundheitsverletzung erfordert keine „organische" Ursache, sondern kann auch psychisch bedingt sein, ist allerdings gleichsam abzugrenzen von einer ‚normalen', verständlichen, aber nicht schadensersatzrelevanten Trauer beim Tod naher Angehöriger. Der BGH führt hierzu aus:

> „[D]urch ein Unfallgeschehen ausgelöste, traumatisch bedingte psychische Störungen von Krankheitswert [können] eine Gesundheitsverletzung iSd § 823 I BGB darstellen (...). [D]ieser Grundsatz (...) [erfährt] im Bereich der so genannten Schockschäden eine gewisse Einschränkung. Danach begründen seelische Erschütterungen wie Trauer und seelischer Schmerz, denen Hinterbliebene beim (Unfall-)Tod eines Angehörigen erfahrungsgemäß ausgesetzt sind, auch dann nicht ohne Weiteres eine Gesundheitsverletzung iSd § 823 I BGB, wenn sie von Störungen der physiologischen Abläufe begleitet werden und für die körperliche Befindlichkeit medizinisch relevant sind."[180]

Ohne eine solche Einschränkung droht eine (zu) ausufernde Haftung:

> „[D]ie Anerkennung solcher Beeinträchtigungen als Gesundheitsverletzung iSd § 823 I BGB [widerspräche] der Absicht des Gesetzgebers, die Deliktshaftung gerade in § 823 I

---

180 BGH, NJW 2015, 1451, 1451.

BGB sowohl nach den Schutzgütern als auch den durch sie gesetzten Verhaltenspflichten auf klar umrissene Tatbestände zu beschränken und Beeinträchtigungen, die auf die Rechtsgutverletzung eines anderen bei Dritten zurückzuführen sind, soweit diese nicht selbst in ihren eigenen Schutzgütern betroffen sind, mit Ausnahme der §§ 844 [Abs. 1 u. 2], 845 BGB ersatzlos zu lassen (…).“[181]

Auf dieser Grundlage stellt der BGH nun zwei Maßstäbe zur Bestimmung einer Gesundheitsverletzung bei Schockschäden auf[182]:

„Psychische Beeinträchtigungen infolge des Todes naher Angehöriger (…) können (…) nur dann als Gesundheitsverletzung iSd § 823 I BGB angesehen werden, wenn sie pathologisch fassbar sind und über die gesundheitlichen Beeinträchtigungen hinausgehen, denen Hinterbliebene bei der Benachrichtigung vom tödlichen Unfall eines Angehörigen erfahrungsgemäß ausgesetzt sind (…). [Es ist zudem von maßgeblicher Bedeutung], ob die von dem „Schockgeschädigten“ geltend gemachten psychischen Beeinträchtigungen auf seine direkte Beteiligung an einem Unfall oder das Miterleben eines Unfalls zurückzuführen oder ob sie durch den Erhalt einer Unfallnachricht ausgelöst worden sind (…).“[183]

In der gutachterlichen Prüfung ist somit eine entsprechende Auswertung des Sachverhalts erforderlich. Der BGH nimmt im Ergebnis eine Gesundheitsverletzung des K an:

„[N]achdem das (…) Fahrzeug [K] um Haaresbreite verfehlt hatte, [hatte K] in den Rückspiegel geblickt und mit angesehen, wie seine Ehefrau mit voller Wucht von dem Fahrzeug erfasst wurde. [K] hat (…) zum einen selbst unmittelbare Lebensgefahr für sich wahrgenommen und zum anderen akustisch und optisch miterlebt, wie seine Ehefrau bei einer sehr hohen Kollisionsgeschwindigkeit als Moto[r]radfahrerin nahezu ungeschützt von einem Auto erfasst und getötet wurde. Ein solches Erlebnis ist hinsichtlich der Intensität der von ihm ausgehenden seelischen Erschütterungen mit dem Erhalt einer Unfallnachricht nicht zu vergleichen.“[184]

Zu bedenken ist noch folgendes: Es bleibt die Frage offen, warum die Anwesenheit vor Ort etwas an der objektiv festzustellenden Gesundheitsverletzung ändern solle. Die aufgeworfene Problematik könnte auch auf der Ebene der Kausalität verortet werden – der nicht am Unfallort erlittene Schock ist nicht mehr vom Schutzzweck (Rechtswidrigkeitszusammenhang) der straßenverkehrsrechtlichen Normen umfasst.[185]

Abschließend noch folgender Hinweis: Trotz der Neuregelung in § 844 Abs. 3 BGB bleibt die Entscheidung lesenswert. Denn einerseits wären in einer Klausur neben § 844 Abs. 3 BGB (Aktivlegitimation betreffend den Schadensersatzanspruch der Getöteten) immer auch (und zuerst) deliktsrechtliche Ansprüche des K betreffend eine eigene Gesundheitsverletzung zu diskutieren. Denn liegen die Voraussetzungen eines Schockschadens vor, ist ein eigener Schadensersatzanspruch gegenüber dem Hinterbliebenengeld nach § 844 Abs. 3 BGB vorrangig.[186] Andererseits sind selbstredend

---

181 BGH, NJW 2015, 1451, 1451 f.
182 Siehe ferner auch BGH, NJW 2015, 2246, 2247.
183 BGH, NJW 2015, 1451, 1452.
184 BGH, NJW 2015, 1451, 1452.
185 *Mäsch*, JuS 2015, 747, 749.
186 *Burmann/Jahnke*, NZV 2017, 401, 407; *Wagner*, NJW 2017, 2641, 2645.

Fälle denkbar (und klausurträchtiger), in denen – anders als von § 844 Abs. 3 BGB vorausgesetzt – entweder Personen Schockschäden erleiden, die zu dem Getöteten nicht „in einem besonderen persönlichen Näheverhältnis" stehen oder (nur) eine Körperverletzung und keine Tötung in Rede steht.[187]

Prüfungsaufbau
– auf der Grundlage der neuen Rechtslage –

Teil 1: Betreffend eine eigene Gesundheitsverletzung des K
  I. §§ 7 Abs. 1, 11 Satz 1 StVG iVm. § 115 Abs. 1 Nr. 1 VVG, § 1 PflVersG
    1. Rechtsgutsverletzung
    (P) Gesundheitsbeeinträchtigung
    ...
  II. § 18 Abs. 1 StVG iVm. § 115 Abs. 1 Nr. 1 VVG, § 1 PflVersG
  III. § 823 Abs. 1 BGB iVm. § 115 Abs. 1 Nr. 1 VVG, § 1 PflVersG
  IV. § 823 Abs. 2 BGB iVm. § 24a Abs. 1 StVG, § 3 StVO iVm. § 115 Abs. 1 Nr. 1 VVG, § 1 PflVersG
    ...

Teil 2: Betreffend die Tötung der Ehefrau
  I. §§ 7 Abs. 1, 10 Abs. 3 StVG iVm. § 115 Abs. 1 Nr. 1 VVG, § 1 PflVersG
  II. § 18 Abs. 1 StVG iVm. § 115 Abs. 1 Nr. 1 VVG, § 1 PflVersG
  III. §§ 823 Abs. 1 iVm. 844 Abs. 3 BGB iVm. § 115 Abs. 1 Nr. 1 VVG, § 1 PflVersG
  IV. § 823 Abs. 2 BGB iVm. § 222 StGB iVm. § 844 Abs. 3 BGB iVm. § 115 Abs. 1 Nr. 1 VVG, § 1 PflVersG
    ...

Weiterführende Hinweise
Gesundheitsverletzung: *Buck-Heeb*, Besonderes Schuldrecht 2, § 9 I 2 Rn. 98 ff.
Schockschäden: *Petersen*, Allgemeines Schuldrecht, § 14 IV 3 Rn. 511 und *Buck-Heeb*, Besonderes Schuldrecht 2, § 9 II 2 Rn. 166 f.

---

187 Zu alledem *Wagner*, NJW 2017, 2641, 2643 ff.

36. BGH, Urt. v. 10.5.2016 – VI ZR 247/15, NJW 2016, 2502 = JA 2017, 144

Leitsatz

Auch bei der Behandlung eines Tieres durch einen Tierarzt führt ein grober Behandlungsfehler, der geeignet ist, einen Schaden der tatsächlich eingetretenen Art herbeizuführen, regelmäßig zur Umkehr der objektiven Beweislast für den ursächlichen Zusammenhang zwischen dem Behandlungsfehler und dem Gesundheitsschaden.

Sachverhalt (gekürzt)

K war Eigentümerin eines Hengstes. Am 8.7.2010 stellte K das Pferd dem Tierarzt B zur Behandlung vor, nachdem K an der Innenseite des rechten hinteren Beins eine Verletzung festgestellt hatte. B verschloss die Wunde und gab die Anweisung, das Pferd müsse zwei Tage geschont werden, könne dann aber wieder geritten werden, soweit keine Schwellung im Wundbereich eintrete. Am 11.7.2010 wurde das Pferd zum Beritt abgeholt. Dabei ergaben sich leichte Taktunreinheiten im Bereich des verletzten Beines, so dass das Reiten eingestellt wurde. Am 14.7.2010 wurde eine Fraktur der Tibia hinten rechts diagnostiziert. Die Operation der Fraktur gelang nicht, das Pferd wurde eingeschläfert.

K behauptet, die am 8.7.2010 behandelte Verletzung sei durch den Schlag einer Stute verursacht worden. Dieser habe nicht nur zur Verletzung der Haut, sondern auch zu einer Fissur des darunterliegenden Knochens geführt. Die Fissur habe sich innerhalb der folgenden Tage zu der am 14.7.2010 diagnostizierten Fraktur entwickelt. B habe behandlungsfehlerhaft auf eine Lahmheits- und Röntgenuntersuchung des Pferdes verzichtet. Dabei hätte die Fissur erkannt werden können.

K verlangt von B Schadensersatz.

Erläuterung

Der eigentlich „im Vertragsrecht spielende" Fall kann zunächst der Wiederholung der Grundsätze der Beweislastumkehr bei (groben) ärztlichen Behandlungsfehlern dienen:

„Im humanmedizinischen Bereich führt ein grober Behandlungsfehler, der geeignet ist, einen Schaden der tatsächlich eingetretenen Art herbeizuführen, regelmäßig zur Umkehr der objektiven Beweislast für den ursächlichen Zusammenhang zwischen dem Behandlungsfehler und dem Gesundheitsschaden (…). Bei einem Befunderhebungsfehler tritt eine Beweislastumkehr hinsichtlich der haftungsbegründenden Kausalität ein, wenn bereits die Unterlassung einer aus medizinischer Sicht gebotenen Befunderhebung einen groben ärztlichen Fehler darstellt (…). Zudem kann auch eine nicht grob fehlerhafte Unterlassung der Befunderhebung dann zu einer Umkehr der Beweislast hinsichtlich der Kausalität des Behandlungsfehlers für den eingetretenen Gesundheitsschaden führen, wenn sich bei der gebotenen Abklärung der Symptome mit hinreichender Wahrscheinlichkeit ein reaktionspflichtiges positives Ergebnis gezeigt hätte und sich die Verkennung dieses Befunds als fundamental oder die Nichtreaktion hierauf als grob fehlerhaft dar-

stellen würden und diese Fehler generell geeignet sind, den tatsächlich eingetretenen Gesundheitsschaden herbeizuführen (…). Die beweisrechtlichen Konsequenzen aus einem
grob fehlerhaften Behandlungsgeschehen folgen nicht aus dem Gebot der prozessrecht-
lichen Waffengleichheit. Sie knüpfen vielmehr daran an, dass die nachträgliche Aufklär-
barkeit des tatsächlichen Behandlungsgeschehens wegen des besonderen Gewichts des
Behandlungsfehlers und seiner Bedeutung für die Behandlung in einer Weise erschwert
ist, dass der Arzt nach Treu und Glauben – also aus Billigkeitsgründen – dem Patienten
den vollen Kausalitätsnachweis nicht zumuten kann. Die Beweislastumkehr soll einen
Ausgleich dafür bieten, dass das Spektrum der für die Schädigung in Betracht kommenden Ursachen wegen der elementaren Bedeutung des Fehlers besonders verbreitert oder
verschoben worden ist (…)."[188]

Für die humanmedizinische Behandlung sind diese Grundsätze nun im Zuge der
Regelungen zum Behandlungsvertrag in § 630h Abs. 5 BGB kodifiziert.

Der vorliegende Fall warf nun die Frage auf, ob auch für die veterinärmedizinische
Behandlung eine Beweislastumkehr bei einem groben Behandlungsfehler (der hier
nicht in Frage stand) anzunehmen ist. Dem BGH standen dafür zwei potenzielle Wege
zur Verfügung: eine analoge Anwendung des § 630h Abs. 5 BGB oder eine Übertragung seiner (alten) Billigkeits-Rechtsprechung.[189] Der BGH befürwortet letzteres
unter Verweis auf einen Vergleich der Funktionen von Humanmedizin und Veterinär-
medizin:[190]

„Beide Tätigkeiten beziehen sich auf einen lebenden Organismus, bei dem der Arzt zwar
das Bemühen um Helfen und Heilung, nicht aber den Erfolg schulden kann. Gerade wegen der Eigengesetzlichkeit und weitgehenden Undurchschaubarkeit des lebenden Organismus kann ein Fehlschlag oder Zwischenfall nicht allgemein ein Fehlverhalten oder
Verschulden des Arztes indizieren (…). Im Hinblick darauf kommt dem Gesichtspunkt,
die Beweislastumkehr solle einen Ausgleich dafür bieten, dass das Spektrum der für die
Schädigung in Betracht kommenden Ursachen wegen der elementaren Bedeutung des
Fehlers besonders verbreitert oder verschoben worden ist, auch bei der tierärztlichen
Behandlung eine besondere Bedeutung zu. Auch der grob fehlerhaft handelnde Tierarzt
hat durch einen schwerwiegenden Verstoß gegen die anerkannten Regeln der tierärztlichen Kunst Aufklärungserschwernisse in das Geschehen hineingetragen und dadurch
die Beweisnot auf Seiten des Geschädigten vertieft. Mithin sind bei grob fehlerhaften
tiermedizinischen Behandlungen die gleichen Sachprobleme gegeben wie bei solchen
Maßnahmen der Humanmedizin."[191]

Das Ergebnis wird dem BGH zufolge auch gestützt durch die Gesetzgebungshistorie
des Patientenrechtegesetzes (Einführung der §§ 630a ff. BGB) und durch Erwägungen des (auch) zivilrechtlich in §§ 90a, 251 Abs. 2 Satz 2 BGB verankerten Tierschutzes. Zusätzlich ist noch darauf hinzuweisen, dass die Umkehrung der Beweislast nicht
im Ermessen des Tatrichters steht:

---

188 BGH, NJW 2016, 2502, 2502 f.
189 *Förster*, JA 2017, 144, 146.
190 Eine Analogie des § 630h Abs. 5 BGB scheidet mangels planwidriger Regelungslücke aus, siehe hier-
     zu *Koch*, NJW 2016, 2461, 2463.
191 BGH, NJW 2016, 2502, 2503.

„Zwar ist richtig, dass der behandelnde Tierarzt anders als bei einem Menschen bei einem Tier in weit größerem Maß auf indirekte Rückschlüsse zur Krankheits- bzw. Verletzungsursache und zum Behandlungsverlauf angewiesen ist. Zudem können die Haltungsbedingungen sowie das unwillkürliche und – je nach Art des Tieres – nur begrenzt steuerbare Verhalten die Behandlung erschweren. Dies ist indes bereits bei der Wertung, ob ein grober Behandlungsfehler vorliegt, also ein Fehler, der aus objektiv tierärztlicher Sicht nicht mehr verständlich ist, weil er einem Tierarzt schlechterdings nicht unterlaufen darf, zu berücksichtigen."[192]

Ergänzend ist noch zu bedenken: Etwaige wirtschaftliche Erwägungen (des Tierhalters) hinsichtlich verschiedener möglicher Behandlungsmaßnahmen sind eine Frage der Einwilligung in den ärztlichen Heileingriff (und einer der Einwilligung vorgelagerten tierärztlichen Aufklärungspflicht).

Abschließend noch folgender Hinweis: In Fällen ärztlicher Behandlung ist stets zwischen der Verletzung von Aufklärungspflichten einerseits und Behandlungsfehlern andererseits zu unterscheiden; dies kann auch eine unterschiedliche Verjährung entsprechender Ansprüche nach sich ziehen, wie BGH, NJW 2017, 949 unterstreicht.

Prüfungsaufbau

    I. § 280 Abs. 1 BGB
      1. Schuldverhältnis
        (P) Qualifikation des tierärztlichen Behandlungsvertrags
      2. Pflichtverletzung
        (P) grober Behandlungsfehler
      3. Vertretenmüssen, § 280 Abs. 1 Satz 2 BGB
      4. Schaden
        (P) Kausalität / analoge Anwendung des § 630h Abs. 5 BGB? / Beweislastumkehr?
        ...
    II. § 823 Abs. 1 BGB
    ...

Weiterführende Hinweise

Behandlungsvertrag: *Huber/Bach*, Besonderes Schuldrecht 1, § 26 I Rn. 1052 ff.

---

192 BGH, NJW 2016, 2502, 2504.

37. BGH, Teilversäumnis- und Endurt. v. 28.6.2016 – VI ZR 536/15, NJW 2017, 250 = JuS 2017, 354

Leitsätze

1. Die Haftung einer juristischen Person aus § 826 BGB in Verbindung mit § 31 BGB setzt voraus, dass ein verfassungsmäßig berufener Vertreter im Sinne des § 31 BGB den objektiven und subjektiven Tatbestand des § 826 BGB verwirklicht hat.

2. Das Unterlassen einer für die Anlageentscheidung erheblichen Information in einem Prospekt ist für sich genommen nicht sittenwidrig im Sinne des § 826 BGB. Gegen die guten Sitten verstößt ein Prospektverantwortlicher aber beispielsweise dann, wenn er Anlageinteressenten durch eine bewusste Täuschung zur Beteiligung bewegt, etwa dadurch, dass er einen ihm bekannten Umstand bewusst verschweigt, um unter Ausnutzung der Unkenntnis der Anlageinteressenten möglichst viele Beitritte zu erreichen.

3. Fehlt es an der Feststellung, dass ein verfassungsmäßig berufener Vertreter der für den Prospekt verantwortlichen juristischen Person von dem Prospektmangel Kenntnis gehabt hat, so lässt sich der Vorwurf der Sittenwidrigkeit nicht dadurch begründen, dass unter Anwendung der Grundsätze der Wissenszurechnung und -zusammenrechnung auf die „im Hause" der juristischen Person vorhandenen Kenntnisse abgestellt wird. Insbesondere lässt sich eine die Sittenwidrigkeit begründende bewusste Täuschung nicht dadurch konstruieren, dass bei Mitarbeitern einer juristischen Person vorhandene kognitive Elemente mosaikartig zusammengesetzt werden.

4. Das Wollenselement des Schädigungsvorsatzes gemäß § 826 BGB setzt grundsätzlich korrespondierende Kenntnisse derselben natürlichen Person voraus. Auch dies steht der Anwendung der Grundsätze der Wissenszurechnung und -zusammenrechnung im Rahmen des § 826 BGB regelmäßig entgegen.

Sachverhalt (gekürzt und vereinfacht)

K nimmt B (eine Aktiengesellschaft) auf Schadensersatz wegen ihrer Beteiligung an der G. Immobilienfonds 1 GbR (im Folgenden: Fondsgesellschaft) in Anspruch. B ist Initiatorin des Fonds und Mitherausgeberin des am 5.12.1994 emittierten Fondsprospekts. Gegenstand des Fonds waren die Errichtung und Vermietung einer Mehrfamilienhausanlage auf einem Grundstück (im Folgenden: Fondsgrundstück) in Berlin-Tegel. Das Fondsgrundstück ist Teil des Geländes des ehemaligen Gaswerks Tegel. Dieses Gelände wurde seit dem Jahr 1989 wegen zuvor an verschiedenen Stellen des Geländes festgestellter Bodenkontaminationen als „Altlastenverdachtsfläche 13" im Altlastenverdachtsflächenkataster geführt. B ist seit spätestens 1990 Eigentümerin zahlreicher Grundstücke auf diesem Gelände, unter anderem auch des Fondsgrundstücks. Mit Bescheid vom 8.11.1994 erteilte das Bezirksamt Reinickendorf Berlin der B eine Baugenehmigung für den Abbruch von Baulichkeiten, von der auch die auf dem Fondsgrundstück befindlichen Gebäude erfasst waren. In den der Genehmigung beigefügten Bedingungen und Auflagen wurde „aufgrund der bereits gutachterlich festgestellten Bodenverunreinigungen im Bereich der Altlastenverdachtsfläche Nr. 13" angeordnet, dass näher spezifizierte Beprobungen hinsichtlich der Grundstücksbelastung vorzunehmen seien. Zur Begründung wurde ausgeführt, Bodenuntersuchungen auf dem gesamten Gelände der Altlast und auch in der Umgebung der abzureißenden Gebäude hätten teilweise hohe Belastungen ergeben. Positive Kenntnis von dem Altlastenverdacht hatten bei B nur Mitarbeiter auf der Sachbearbeiterebene, nicht dagegen Mitglieder des Vorstands.

In dem am 5.12.1994 emittierten Fondsprospekt fand das Thema Altlastenverdacht keine Erwähnung. K trat der Fondsgesellschaft bis Ende Dezember 1994 als Gesellschafter bei. Im Zuge der im Jahr 1995 begonnenen Bauarbeiten zur Errichtung der Fondsimmobilien wurden auf dem Fondsgrundstück Bodenkontaminationen gefunden. K erlangte Mitte 1995 von den Kontaminationen Kenntnis. K verlangt 2005 unter Bezugnahme auf das Verschweigen der Altlastensituation von B Schadensersatz (Rückzahlung ihrer Einlagen abzüglich der erhaltenen Ausschüttungen) Zug um Zug gegen Abtretung ihrer Anteile an der Fondsgesellschaft.

Anm.: Ansprüche nach dem VermAnlG (§ 20) und KAGB (§§ 306 f.) werden nachfolgend nicht betrachtet.

Erläuterung

Von der (anlage- bzw. prospekthaftungsrechtlichen) Einkleidung des Falles sollte man nicht zurückschrecken. Denn zum einen werden diese Rechtsgebiete (bzw. die sogenannte allgemeine zivilrechtliche Prospekthaftung) hier überhaupt nicht relevant (Verjährung), zum anderen darf die Entscheidung mit guten Gründen als absoluter deliktsrechtlicher Grundlagenfall bezeichnet werden: individualistisches vs. organisationsspezifisches Haftungskonzept.[193]

Streitentscheidende Anspruchsgrundlage ist §§ 826 iVm. 31 BGB. Das Veranlassen von Vertragsschlüssen durch einen fehlerhaften Prospekt stellt eine sittenwidrige Schadenszufügung dar, vorliegen müssen allerdings auch ein Wissenselement und ein Wollenselement, sprich der Schädigungsvorsatz. Zwar „vermischt" der BGH (dogmatisch fraglich) zunächst Sittenwidrigkeit und Vorsatz.[194] Im Zentrum des Falles steht allerdings gleichwohl die Frage nach dem Wissenselement.[195]

Begeht ein verfassungsmäßig berufener Vertreter eine zum Schadensersatz verpflichtende Handlung (und erfüllt demnach das erforderliche Wissens- und Wollenselement), hat die Gesellschaft hierfür nach § 31 BGB (analog) einzustehen. Dies ist unproblematisch. In arbeitsteiligen Organisationen ergeben sich allerdings immer wieder Situationen, in denen das relevante Wissen (nur) in einem bestimmten Teil der Organisation bzw. bei einer bestimmten Person innerhalb der Organisation vorhanden ist und nicht auch bei der konkret handelnden Person (etwa das Vorstandsmitglied oder der Geschäftsführer) nachgewiesen werden kann – so wie hier. In diesem Zusammenhang stellt sich die Frage, ob Wissen und Handlung „addiert" – und damit

---

193 Hierzu *Wagner*, JZ 2017, 522, 522 ff.
194 Siehe hierzu *Wagner*, JZ 2017, 522, 523.
195 Zu Konstellationen außerhalb des Deliktsrechts siehe *Schwab*, JuS 2017, 354.

eine Haftung begründet werden kann. Der BGH verneint dies für das Deliktsrecht *expressis verbis* nicht allgemein, aber in Bezug auf die Sittenwidrigkeit – und folgt damit einem individualistischen Ansatz:

> „Dabei kann (…) dahinstehen, ob die für den rechtsgeschäftlichen Verkehr mit juristischen Personen entwickelten Grundsätze der Wissenszurechnung und Wissenszusammenrechnung (…) im Rahmen der deliktsrechtlichen Haftung überhaupt Anwendung finden können (…). Denn über eine Wissenszusammenrechnung führt kein Weg zu dem für das Merkmal der Arglist entbehrlichen (…), für das Merkmal der Sittenwidrigkeit iSd § 826 BGB aber erforderlichen moralischen Unwerturteil. Insbesondere lässt sich eine die Verwerflichkeit begründende bewusste Täuschung nicht dadurch konstruieren, dass die im Hause der B vorhandenen kognitiven Elemente „mosaikartig" zusammengesetzt werden. Eine solche Konstruktion würde dem personalen Charakter der Schadensersatzpflicht gem. § 826 BGB, die sich hierdurch von der vertraglichen oder vertragsähnlichen Haftung deutlich unterscheidet, nicht gerecht."[196]

Im Übrigen verneint der BGH auch das Wollenselement:

> „Denn selbst wenn zur Begründung des Wissenselements des Schädigungsvorsatzes auch im Recht der unerlaubten Handlung eine Wissenszusammenrechnung zulässig wäre, fehlte es vorliegend jedenfalls am Wollenselement. Die zumindest billigende Inkaufnahme der Schädigung eines anderen setzt damit korrespondierende Kenntnisse derselben natürlichen Person voraus und kann deshalb nicht losgelöst von diesen beurteilt werden. (…) Sind (…) die maßgeblichen Kenntnisse auf mehrere Personen innerhalb einer juristischen Person verteilt und ist nicht festgestellt, wer über welche Kenntnisse verfügt, so kommt die Unterstellung einer der juristischen Person bzw. ihrem Organ zuzurechnenden billigenden Inkaufnahme der Schädigung ohne diesbezügliche Feststellungen einer Fiktion gleich."[197]

Ein Anspruch aus §§ 826 iVm. 31 BGB scheidet somit aus. Ebenso kommt mangels Kenntnis auch ein Anspruch aus § 823 Abs. 2 BGB iVm. § 264a Abs. 1 Nr. 1 StGB iVm. § 31 BGB nicht in Betracht, selbst wenn die Anforderungen an den Vorsatz im Vergleich zu § 826 BGB insgesamt geringer sind.

Prüfungsaufbau

    I. Zivilrechtliche Prospekthaftung
      (P) Verjährung
      …

    II. §§ 826 BGB iVm. 31 BGB
      1. Sittenwidrige Schadenszufügung
      2. Schädigungsvorsatz
        a) Wissenselement
          (P) „Addition" von Wissen und Handeln innerhalb der juristischen Person?
        b) Wollenselement
        …

    III. § 823 Abs. 2 BGB iVm. § 264a Abs. 1 Nr. 1 StGB iVm. § 31 BGB

    …

---

196 BGH, NJW 2017, 250, 252 f.
197 BGH, NJW 2017, 250, 253.

Weiterführende Hinweise

Vorsätzliche sittenwidrige Schädigung: *Buck-Heeb*, Besonderes Schuldrecht 2, § 11 Rn. 244 ff.

Zurechnung nach § 31 BGB (analog): *Bayer/Lieder*, Handels- und Gesellschaftsrecht, § 11 I Rn. 561 ff.

38. BGH, Urt. v. 9.12.2014 – VI ZR 155/14, NJW 2015, 1174

Leitsätze

1. Eine Sache ist dann „beschädigt" im Sinne des § 7 StVG, wenn entweder ihre Substanz nicht unerheblich verletzt oder wenn ihre Brauchbarkeit zu ihrer bestimmungsgemäßen Verwendung nicht unerheblich beeinträchtigt worden ist, ohne dass zugleich ein Eingriff in die Sachsubstanz vorliegt. Eine Beeinträchtigung der Brauchbarkeit einer Sache zu ihrer bestimmungsgemäßen Verwendung liegt nicht schon dann vor, wenn nur der tatsächliche Bedarf für die entsprechende Verwendung eingeschränkt wird.

2. Soweit Vorschriften der StVO nach ihrem Sinn und Zweck den Straßenverkehr selbst vor Störungen schützen wollen, dienen sie dem öffentlichen Interesse und nicht auch den Vermögensinteressen derjenigen, die von einer Verkehrsstörung und der daraus folgenden Beschränkung der Nutzbarkeit der Straße besonders betroffen sind.

3. Soll der berechtigte Besitz an einer Sache dazu dienen, eine bestimmte Nutzung der Sache zu ermöglichen, so stellt es eine Rechtsgutverletzung im Sinne des § 823 Abs. 1 BGB dar, wenn der Besitzer an eben dieser Nutzung durch einen rechtswidrigen Eingriff in relevanter Weise gehindert wird. Voraussetzung ist freilich stets, dass die Beeinträchtigung der bestimmungsgemäßen Verwendung der Sache ihren Grund in einer unmittelbaren Einwirkung auf die Sache selbst hat.

Sachverhalt (gekürzt)

B ist Haftpflichtversicherer des Eigentümers eines Sattelzugs, welcher auf der Bundesautobahn (BAB) 5 mit dem nicht vollständig abgesenkten und infolgedessen in die Höhe ragenden Auslegearm eines von ihm transportierten Baggers gegen eine über die Autobahn führende Brücke stieß. Das betroffene Teilstück der BAB 5 musste deshalb für mehrere Tage gesperrt werden. Im Rundfunk wurde empfohlen, den gesperrten Bereich großräumig zu umfahren. Wenige Kilometer vom gesperrten Bereich entfernt, aber außerhalb des gesperrten Bereichs selbst, befindet sich an der BAB 5 eine Autobahnrastanlage. Die Anlage wurde von dem Betreiber K für die Dauer der Autobahnsperrung geschlossen. Während der Sperrung erlitt K erhebliche Einnahmeausfälle.

K verlangt von B (unter anderem) Ersatz des entgangenen Gewinns iHv. 38.000 Euro.

Erläuterung

Der Fall lädt mit Blick auf das Missgeschick des Fahrers vielleicht auf den ersten Blick zum Schmunzeln ein, aus der Sicht des K hatte die Beschädigung der Brücke allerdings erhebliche Konsequenzen. Der Fall ist ein Lehrstück zur Reichweite von zivil- bzw. deliktsrechtlichen Pflichten gegenüber Dritten – und unterstreicht die für das Deliktsrecht zentrale Unterscheidung zwischen Rechtsgutsverletzungen und reinen Vermögensschäden.[198] Da die Entscheidung Straßenverkehrsrecht und Deliktsrecht (bzw. die wesentlichen Anspruchsgrundlagen) verbindet, eignet sich der Fall hervorragend für eine Klausur.

Einstieg in die Klausur wäre zunächst die Klarstellung, dass die Ansprüche gemäß § 115 Abs. 1 Nr. 1 VVG iVm. § 1 PflVersG auch gegen den Haftpflichtversicherer des Eigentümers des Sattelzugs geltend gemacht werden können. Zu den materiellen Rechtsfragen im Einzelnen: Bei der Prüfung der § 7 Abs. 1 StVG bzw. § 18 StVG ist eine Beschädigung einer Sache zu problematisieren. Eine Beeinträchtigung der Sachsubstanz der Autobahnrastanlage liegt nicht vor. Ausreichend ist es nach der Rechtsprechung des BGH – man denke an den Stromkabel- oder Fleet-Fall – allerdings auch,

„wenn [die] Brauchbarkeit zu ihrer bestimmungsgemäßen Verwendung nicht unerheblich beeinträchtigt worden ist, ohne dass zugleich ein Eingriff in die Sachsubstanz vorliegt."[199]

Für den konkreten Fall führt der BGH aus:

„[D]ie Brauchbarkeit der Rastanlage zu ihrer bestimmungsgemäßen Verwendung wurde durch die Sperrung nicht beeinträchtigt. (…) Dass infolge der Sperrung und der damit zusammenhängenden Empfehlung, den Bereich weiträumig zu umfahren, Durchgangsverkehr (…) nicht zu erwarten war, ändert daran nichts. Denn die Brauchbarkeit einer Sache für ihre zweckentsprechende Verwendung hängt nicht davon ab, ob und in welchem Umfang auch ein tatsächlicher Bedarf für die entsprechende Verwendung der Sache besteht."[200]

Entscheidend ist auch, dass

„der von § 7 StVG gewährleistete Schutz des Integritätsinteresses nicht die Garantie [umfasst], mit einer Sache ungehindert Gewinne erzielen zu können."[201]

Konsequenterweise lehnt der BGH ebenso einen Schadensersatzanspruch gemäß § 823 Abs. 1 StGB ab:

„[Für eine relevante Beeinträchtigung des berechtigten Besitzes] kann (…) auf die Grundsätze (…) für die Annahme einer Eigentumsverletzung durch die Beeinträchtigung des bestimmungsgemäßen Gebrauchs einer Sache [zurückgegriffen werden]. (…) [E]ine Eigentumsverletzung (…) [setzt] nicht zwingend einen Eingriff in die Sachsubstanz [voraus], sondern [kann] auch durch eine nicht unerhebliche Beeinträchtigung der bestimmungsgemäßen Verwendung der betreffenden Sache erfolgen (…). Voraussetzung

---

198 *Wagner*, JZ 2015, 682, 683 f.
199 BGH, NJW 2015, 1174, 1174.
200 BGH, NJW 2015, 1174, 1174.
201 BGH, NJW 2015, 1174, 1174.

ist freilich stets, dass die Beeinträchtigung (…) ihren Grund in einer unmittelbaren Einwirkung auf die Sache selbst hat (…). (…) [Keine Einwirkung liegt vor, wenn] die wirtschaftliche Nutzung einer Anlage nur deshalb vorübergehend eingeengt wird, weil sie von Kunden infolge einer Störung des Zufahrtswegs nicht angefahren werden kann (…)."[202]

Ebenso lehnt der BGH einen Eingriff in den eingerichteten und ausgeübten Gewerbebetrieb unter Hinweis auf die fehlende Betriebsbezogenheit ab:

„Der Unfall hat in keiner unmittelbaren Beziehung zum (…) Betrieb der [K] gestanden. Die angeordnete Sperrung der BAB und die Empfehlung, den gesperrten Bereich großräumig zu umfahren, waren allgemeine Folgen des Schadensereignisses, die [K] rein zufällig trafen."[203]

Zuletzt ist einzugehen auf einen möglichen Schadensersatzanspruch wegen Verletzung eines Schutzgesetzes (§ 823 Abs. 2 BGB). Allerdings führt auch diese Option nicht zu dem von K verlangten Schadensersatz:

„Die Versicherten der [B] haben kein Gesetz verletzt, das dem Schutz der [K] als Betreiberin einer Autobahnrastanlage vor Gewinneinbußen zu dienen bestimmt ist. (…) [S]oweit die [§§ 18 Abs. 1 Satz 2, 22 Abs. 2 Satz 1, 23 Abs. 1 Satz 1, 29 Abs. 3 Satz 1 sowie § 1 Abs. 2 StVO] nach ihrem Sinn und Zweck den Straßenverkehr (…) vor Störungen schützen wollen, dienen sie allein dem öffentlichen Interesse und nicht auch den Vermögensinteressen derjenigen, die von einer Verkehrsstörung und der daraus folgenden Beschränkung der Nutzbarkeit einer Straße besonders betroffen sind."[204]

Prüfungsaufbau

I. § 7 Abs. 1 StVG bzw. § 18 Abs. 1 StVG iVm. § 115 Abs. 1 Nr. 1 VVG, § 1 PflVersG
  1. Beschädigung einer Sache?
  (P) Beeinträchtigung der Brauchbarkeit?
  …

II. § 823 Abs. 1 BGB iVm. § 115 Abs. 1 Nr. 1 VVG, § 1 PflVersG
  1. Rechtsgutsverletzung
  (P) Beeinträchtigung des berechtigten Besitzes? / Eingriff in den eingerichteten und ausgeübten Gewerbebetrieb?
  …

III. § 823 Abs. 2 BGB iVm. §§ 7 Abs. 1, 18 Abs. 1 StVG iVm. § 115 Abs. 1 Nr. 1 VVG, § 1 PflVersG
  (P) Verletzung eines Schutzgesetzes / Schutzzweck der Norm
  …

Weiterführende Hinweise

Gebrauchsbeeinträchtigung: *Buck-Heeb*, Besonderes Schuldrecht 2, § 9 I 4 Rn. 117 ff.
Recht am eingerichteten und ausgeübten Gewerbebetrieb: *Buck-Heeb*, Besonderes Schuldrecht 2, § 9 I 6 Rn. 135 ff.
Schutzzweck der Norm: *Buck-Heeb*, Besonderes Schuldrecht 2, § 9 II 2 Rn. 162 ff.

---

202 BGH, NJW 2015, 1174, 1175. Kritisch hierzu *Picker*, NJW 2015, 2304.
203 BGH, NJW 2015, 1174, 1176.
204 BGH, NJW 2015, 1174, 1174 f.

39. BGH, Urt. v. 19.1.2016 – VI ZR 302/15, NJW 2016, 1584 = JA 2016, 546 = JuS 2016, 1149

Leitsatz

Die mit der Darstellung der Haltungsbedingungen von Tieren verbundene, an eine Bank gerichtete Aufforderung auf der Internetseite eines Tierschutzvereins, das Konto eines Interessenverbandes der Tierzüchter zu kündigen, kann ein mit einer Meinungsäußerung verbundener zulässiger Boykottaufruf sein.

Sachverhalt (gekürzt und vereinfacht)

B ist ein sich für Belange des Tierschutzes einsetzender Verein. Am 18.10.2013 stellte B auf seiner Internetseite, auf der B über seine Aktivitäten berichtet und zu Spenden aufruft, unter der Überschrift: „Volksbank – kündigt die Konten der Nerzquäler, jetzt" einen Beitrag ein, der eine Fotomontage aus Tierkäfigen und dem Logo der Volksbank mit der Inschrift: „Stoppt die Zusammenarbeit mit Nerzquälern" enthält und in dem es unter anderem heißt:

> „Heute haben wir die Volksbank in F. aufgefordert, dem K das Konto zu kündigen. Eine genossenschaftliche Bank, die mit Werten wie Respekt und Verantwortung wirbt, darf nach unserer Auffassung keine Geschäfte mit Tierquälern machen. Das Leben von Zuchtnerzen ist kurz und leidvoll. Während ihre in Freiheit lebenden Artgenossen Reviere von bis zu 20 km^2 durchstreifen, fristen Nerze auf Pelztierfarmen ihre wenigen Lebensmonate in winzigen Drahtgitterkäfigen. So werben gerade die Volksbanken mit genossenschaftlichen Werten wie Solidarität, Nähe, Partnerschaftlichkeit, Respekt und Verantwortung. Wer sich solchen Werten ernsthaft verpflichtet fühlt, der darf keine Geschäfte mit undurchsichtigen Vereinigungen machen, die tierquälerische Haltungsbedingungen propagieren. Eine Antwort der Volksbank steht noch aus. Sollte sich die Bank nicht klar positionieren, erwägen wir, die Bankkunden zu informieren, denn man könnte auch formulieren, dass an dem Geld der Bank Blut klebt."

Unmittelbar neben dem Artikel wurde um Spenden für B geworben. K, ein die Interessen von Pelztierzüchtern vertretender Verein, sieht in der öffentlichen Aufforderung an seine Hausbank, ihre Vertragsbeziehungen mit ihm (K) durch Kündigung des Kontos zu beenden, einen rechtswidrigen Eingriff in sein Persönlichkeitsrecht.

K verlangt von B von Unterlassung (im Einzelnen bezeichneter Handlungen).

Erläuterung

Die Entscheidung eignet sich hervorragend zur Wiederholung der mittelbaren Drittwirkung von Grundrechten auf das Verhältnis zwischen Privaten. Besonders prominent seit dem Lüth-Urteil des BVerfG[205] bewegen sich Fälle von Boykottaufrufen zwischen deliktsrechtlichem Rechtsgüterschutz und der Verwirklichung der für die Demokratie schlechthin konstituierenden Meinungsfreiheit. Die Wertung von Art. 5 Abs. 1 GG darf durch das Zivilrecht nicht unterlaufen werden.

---

205 BVerfGE 7, 198.

Die Prüfung ist eingekleidet in einen Unterlassungsanspruch nach §§ 1004, 823 Abs. 1 BGB. Betroffen ist das Allgemeine Persönlichkeitsrecht[206]:

> „Es ist anerkannt, dass juristische Personen (…) Persönlichkeitsschutz genießen (…). Dies ist insbesondere der Fall, wenn und soweit sie in ihrem sozialen Geltungsanspruch in ihrem Aufgabenbereich betroffen sind (…). Die Bezeichnung als „Nerzquäler" betrifft [K] in seinem sozialen Geltungsanspruch. Dasselbe gilt für die Formulierung, dass „an dem Geld der Bank Blut klebt" (…). Der öffentliche Aufruf an die Bank, das Konto des [K] zu kündigen, zielt ebenfalls auf den sozialen Geltungsanspruch (…) ab. Denn mit der Kontokündigung soll die Volksbank zum Ausdruck bringen, dass [K] angesichts der vom [B] erhobenen Vorwürfe kein würdiger Geschäftspartner sei."[207]

Bei einer Verletzung des Allgemeinen Persönlichkeitsrechts (als sogenanntes Rahmenrecht) ist die Rechtswidrigkeit nicht indiziert, sondern muss positiv im Wege einer Abwägung der betroffenen Rechtspositionen im Einzelfall festgestellt werde. Für die in Rede stehende Meinungsfreiheit (dessen Schutzbereich umfasst auch eine Boykottmaßnahme, die auf einer bestimmten Meinungskundgabe basiert) ist zunächst eine Qualifizierung der Aussagen vorzunehmen[208]:

> „Bei der vom [K] angegriffenen öffentlichen Aufforderung zur Kontokündigung in Verbindung mit der angegriffenen Darstellung im Internet handelt es sich um eine durch Art. 5 I 1 GG geschützte Meinungsäußerung und nicht um eine Tatsachenbehauptung, für deren Zulässigkeit es grundsätzlich auf die Wahrheit der Behauptung ankäme. (…) Die Äußerungen, die Volksbank solle die Zusammenarbeit mit Nerzquälern beenden, an ihrem Geld klebe Blut, sind entscheidend durch das Element des Dafürhaltens und Meinens geprägt. (…) Dies gilt auch für die Verwendung des (…) Begriffs „Nerzquäler". Tierquälerei (…) ist nach dem Verständnis eines unvoreingenommenen und verständigen Lesers nicht auf die straf- oder bußgeldbewehrten Vorwürfe (…) [des] TierSchG beschränkt, sondern findet auch im allgemeinen Sprachgebrauch Verwendung."[209]

Ob letzteres wirklich der Fall ist, sei dahingestellt. Zur konkreten Abwägung führt der BGH im Wesentlichen aus:

> „Bei einem Aufruf zu Boykottmaßnahmen sind für die Abwägung zunächst die Motive und (…) das Ziel und der Zweck des Aufrufs wesentlich. Findet dieser seinen Grund nicht in eigenen Interessen wirtschaftlicher Art, sondern in der Sorge um politische, wirtschaftliche, soziale oder kulturelle Belange der Allgemeinheit, dient er also der Einwirkung auf die öffentliche Meinung, dann spricht dies dafür, dass der Schutz durch Art. 5 I 1 GG regelmäßig Vorrang hat, auch wenn dadurch private und namentlich wirtschaftliche Interessen beeinträchtigt werden (…). Schließlich dürfen die Mittel der Durchsetzung des Boykottaufrufs verfassungsrechtlich nicht zu beanstanden sein. Das ist grundsätzlich der Fall, wenn der Aufrufende sich gegenüber dem Adressaten auf den Versuch geistiger Einflussnahme und Überzeugung, also auf Mittel beschränkt, die den geistigen Kampf der Meinungen gewährleisten, nicht aber, wenn zusätzlich Machtmittel eingesetzt werden, die der eigenen Meinung etwa durch Androhung oder Ankündigung schwerer Nachteile

---

206 Siehe zur Relevanz des Rechts am eingerichteten und ausgeübten Gewerbebetriebs, der Vereinigungsfreiheit und der Berufsfreiheit in diesem Fall *Hufen*, JuS 2016, 1149, 1150.
207 BGH, NJW 2016, 1584, 1584.
208 Siehe hierzu auch *Hager*, NJW 2016, 1588, 1588.
209 BGH, NJW 2016, 1584, 1584 f.

und Ausnutzung sozialer oder wirtschaftlicher Abhängigkeit Nachdruck verleihen sollen und so die innere Freiheit der Meinungsbildung zu beeinträchtigen drohen (…).“[210]

Aus den sehr lesenswerten, ausführlichen und umfangreichen Entscheidungsgründen des BGH seien noch die folgenden Erwägungen hervorgehoben: Keiner entscheidenden Bedeutung kommt dem BGH zufolge dem Umstand zu, dass B gleichzeitig für Spenden für sich wirbt. Ferner sei der Aufruf im Internet auch nicht als unzulässige Prangerwirkung zu qualifizieren. Im Originalfall hatte B in seinem Aufruf noch auf eine von den Pelztierfarmbetreibern nicht umgesetzte Tierschutz-Nutzungshaltungsverordnung verwiesen. Die entsprechende Verordnung war allerdings zum Zeitpunkt des Aufrufs (nicht rechtskräftig) für teilweise unwirksam erklärt worden.[211]

Im Ergebnis ist ein Anspruch des K auf Unterlassung somit zu verneinen.

Prüfungsaufbau

> I. §§ 1004, 823 Abs. 1 BGB
>   1. Rechtsgutsverletzung
>   (P) Allgemeines Persönlichkeitsrecht (auch) für juristische Personen
>   (P) Recht am eingerichteten und ausgeübten Gewerbebetrieb
>   (P) Vereinigungsfreiheit
>   …
>   4. Rechtswidrigkeit
>   (P) Abwägung / Art. 5 Abs. 1 GG / Boykottaufruf
>   …

Weiterführende Hinweise

Allgemeines Persönlichkeitsrecht: *Buck-Heeb*, Besonderes Schuldrecht 2, § 9 I 5 Rn. 121 ff.

---

210 BGH, NJW 2016, 1584, 1585 f.
211 Zu den sich daraus ergebenden Fragen siehe *Hager*, NJW 2016, 1588, 1588.

D. Sachenrecht

I. Besitzschutz

40. BGH, Urt. v. 17.3.2017 – V ZR 70/16, NJW-RR 2017, 818 = JuS 2017, 785

Leitsätze

1. Bei einem Werkvertrag ist der Besteller, der nach erfolgter Reparatur seines Kraftfahrzeugs eine Probefahrt vornimmt, nicht Besitzdiener des Werkunternehmers.

2. Jedenfalls dann, wenn eine zur Vorbereitung der Abnahme eines reparierten Kraftfahrzeugs durchgeführte Probefahrt des Bestellers in Anwesenheit des Werkunternehmers oder dessen Besitzdieners stattfindet, erlangt der Besteller keinen unmittelbaren Besitz an dem Fahrzeug. Vielmehr bleibt der Werkunternehmer unmittelbarer Besitzer; sein Besitz wird lediglich gelockert.

3. Die Übergabe eines Schlüssels bewirkt nur dann einen Übergang des Besitzes an der dazugehörigen Sache, wenn der Übergeber die tatsächliche Gewalt an der Sache willentlich und erkennbar aufgegeben und der Empfänger des Schlüssels sie in gleicher Weise erlangt hat.

Sachverhalt (gekürzt und vereinfacht)

K ist Eigentümerin eines Audi A6, den K dem P zur dauerhaften Nutzung überließ. Im Herbst 2013 erlitt das Fahrzeug einen Motorschaden. Daraufhin beauftragte P den B, der Inhaber einer Kfz-Werkstatt ist, mit dem Einbau eines gebrauchten Austauschmotors. B nahm den Austausch vor und händigte das Fahrzeug an P aus. Wenige Wochen später versagte der Austauschmotor. B übernahm es im Rahmen der Gewährleistung, einen anderen Motor einzubauen. Nach durchgeführter Reparatur traf sich Bs Sohn S, der zugleich dessen Mitarbeiter ist, am 14.3.2014 zwecks Rückgabe des Fahrzeugs mit P. P führte eine Probefahrt durch, an der S als Beifahrer teilnahm. Nach Beendigung der Probefahrt kam es zum Streit über angeblich noch ausstehende Zahlungen. S zog gegen den Willen von P den Fahrzeugschlüssel aus dem Zündschloss und nahm diesen an sich. Sodann machte S sich an dem Motor zu schaffen. Als P daraufhin ausstieg, stieg S in das Fahrzeug ein und fuhr mit diesem davon. Das Fahrzeug befindet sich seither auf dem Betriebsgelände des B, der den Austauschmotor zwischenzeitlich wieder ausgebaut hat.

K verlangt von B die Herausgabe des Fahrzeugs mit eingebautem Austauschmotor.

Erläuterung

Unbeschadet der Tatsache, ob B (noch) ein Besitzrecht zusteht, ist im Zuge des Herausgabeanspruchs nach § 985 BGB zu fragen, ob K Eigentümerin des Fahrzeugs *und* des Austauschmotors ist. Eigentümerin des Fahrzeugs (ohne Motor) ist K fraglos. In Bezug auf den Austauschmotor ist eine nähere Prüfung erforderlich. Angenommen werden kann zumindest, dass K ursprünglich nicht Eigentümerin war. Eigentümerin könnte K allerdings zunächst durch Übereignung geworden sein. Dies verneint der BGH (auf das Berufungsgericht bezugnehmend), so dass sich (lediglich) die Frage stellt, ob K durch den Einbau des Austauschmotors in das Fahrzeug Eigentümerin geworden ist. Der BGH lehnt auch dies ab:

> „Auch hat [K] das Eigentum nicht gem. § 947 II iVm. § 93 BGB durch den Einbau erlangt, weil ein in ein Gebrauchtfahrzeug eingebauter Austauschmotor nicht dessen wesentlicher Bestandteil ist (…).“[212]

Vielmehr wendet sich der BGH der Frage zu, ob K ein Anspruch gemäß § 861 Abs. 1 BGB zusteht auf Wiedereinräumung des Besitzes wegen verübter verbotener Eigenmacht (§ 858 BGB) gegen B, dessen Besitzdiener (§ 855 BGB) S war. Hinzuweisen ist zunächst darauf, dass nach § 869 Satz 1 BGB K diesen Anspruch auch als (nur) mittelbare Besitzerin geltend machen kann. Verbotene Eigenmacht kann allerdings nur gegenüber dem unmittelbaren Besitzer verübt werden. Zu untersuchen sind deswegen die konkreten besitzrechtlichen Verhältnisse an dem Fahrzeug. Vor der Probefahrt ist P unstreitig mittelbarer Besitzer und B unmittelbarer Besitzer. Während der Probefahrt stellt sich die Einordnung schwieriger dar:

> „Für die Besitzverhältnisse an einem Kraftfahrzeug kommt es in der Regel darauf an, wer die tatsächliche Sachherrschaft über die Fahrzeugschlüssel ausübt (…). Ist allerdings der Inhaber des Schlüssels als Besitzdiener iSv. § 855 BGB anzusehen, so ist nicht er, sondern der Besitzherr unmittelbarer Besitzer (…). Wer bei einer Probefahrt unmittelbarer Besitzer eines Kraftfahrzeugs ist, wird nicht einheitlich beurteilt.“[213]

Vor diesem Hintergrund stellen sich verschiedene Fragen. Zunächst könnte P als Besitzdiener von B – und damit nicht als unmittelbarer Besitzer – einzustufen sein. Der BGH verneint dies:

> „[Für die Annahme einer Besitzdienerschaft] muss (…) ein nach außen erkennbares soziales Abhängigkeitsverhältnis begründet werden, das dem Besitzherrn zumindest faktisch die Möglichkeit gibt, seinen Willen gegenüber dem Besitzdiener durchzusetzen (…). Bei der Überprüfung der Reparaturleistung unterliegt der Besteller nicht den Weisungen des Werkunternehmers. Es fehlt an einem Direktionsrecht oder vergleichbaren Befugnissen, aufgrund derer der Werkunternehmer etwaige Anweisungen durchsetzen könnte.“[214]

Dieses Ergebnis unterstreicht auch die folgende Kontrollüberlegung:

> „Die Überlegung, dass der Besteller während der Reparatur als mittelbarer Besitzer durch den Werkunternehmer als Besitzmittler die Sachherrschaft ausübt, schließt es aus,

---

212 BGH, NJW-RR 2017, 818, 818; siehe zur Scheinbestandteilseigenschaft einer Windkraftanlage BGH, NJW 2017, 2099.
213 BGH, NJW-RR 2017, 818, 819.
214 BGH, NJW-RR 2017, 818, 819.

ihn als Besitzdiener anzusehen, wenn ihm der Besitzmittler das Kraftfahrzeug zu einer Probefahrt zwecks Vorbereitung der Abnahme überlässt."[215]

Für den Anspruch entscheidend ist somit, ob P während der Probefahrt unmittelbarer Besitzer des Fahrzeugs war. Unter Rekapitulation der Grundsätze des Besitzerwerbs verneint der BGH einen Übergang des unmittelbaren Besitzes von B, durch S als dessen Besitzdiener, auf P:

„Jedenfalls dann, wenn der Werkunternehmer (…) an der Probefahrt teilnimmt, wird er seiner Einwirkungsmöglichkeiten auf das Fahrzeug nicht in dem Maße verlustig, dass von einer Besitzaufgabe ausgegangen werden könnte. Vielmehr tritt eine bloße Besitzlockerung ein (…). [Es] wird nämlich (…) nicht der Anschein erweckt, der Besteller sei wieder allein verfügungsbefugt. (…) Dies gilt umso mehr, als eine willentliche Herausgabe der Sache an den Besteller das endgültige Erlöschen des Unternehmerpfandrechts zur Folge hätte (…)."[216]

Der BGH unterstreicht dabei *en passant* die hohe „Examenstauglichkeit" der Entscheidung (wenngleich das Gericht selbst hierzu keine Ausführungen machen musste):

„Nichts anderes ergibt sich hier aus dem Umstand, dass kein Unternehmerpfandrecht entstanden ist, weil [P] als Besteller nicht Eigentümer des Fahrzeugs war (…) und das Unternehmerpfandrecht nicht gutgläubig erworben werden kann (…). Bei der Beurteilung der Besitzverhältnisse ist grundsätzlich eine faktische Betrachtungsweise geboten."[217]

Prüfungsaufbau

I. § 985 BGB
  1. Eigentum an Fahrzeug und Austauschmotor
    a) Fahrzeug
    b) Austauschmotor
      aa) Ursprünglich?
      bb) Eigentumserwerb des K
        (1) Übereignung von B an K
        (2) Verbindung, §§ 947 Abs. 2 iVm. 93 BGB
          (P) Motor wesentlicher Bestandteil?
          …

II. § 861 BGB
  1. Aktivlegitimation der K, § 869 Satz 1 BGB
  2. Verbotene Eigenmacht, § 858 BGB
    a) gegenüber unmittelbarem Besitzer
      (P) P Besitzdiener, unmittelbarer oder mittelbarer Besitzer?
    …

Weiterführende Hinweise

Besitzdiener und Besitzmittler: *Habersack*, Sachenrecht, § 4 I 2 Rn. 41 ff.

---

215 BGH, NJW-RR 2017, 818, 819.
216 BGH, NJW-RR 2017, 818, 820.
217 BGH, NJW-RR 2017, 818, 820.

41. BGH, Urt. v. 18.12.2015 – V ZR 160/14, NJW 2016, 863 = JuS 2016, 1128

Leitsätze

1. Bei einem Vertrag über die kurzzeitige Nutzung eines jedermann zugänglichen privaten Parkplatzes ist eine unbedingte Besitzverschaffung durch den Parkplatzbetreiber nicht geschuldet. Macht er das Parken von der Zahlung der Parkgebühr und dem Auslegen des Parkscheins abhängig, begeht derjenige verbotene Eigenmacht, der sein Fahrzeug abstellt, ohne sich daran zu halten.

2. Hat ein Fahrzeughalter sein Fahrzeug einer anderen Person überlassen, kann er als Zustandsstörer unter dem Gesichtspunkt der Erstbegehungsgefahr auf Unterlassung in Anspruch genommen werden, wenn er auf die Aufforderung des Parkplatzbetreibers, den für eine Besitzstörung verantwortlichen Fahrer zu benennen, schweigt.

3. Dem Parkplatzbetreiber steht gegen den als Zustandsstörer auf Unterlassung in Anspruch genommenen Fahrzeughalter kein Anspruch auf Erstattung der Kosten der Halteranfrage zu (...).

Sachverhalt (gekürzt)

K betreibt einen privaten Parkplatz im Obergeschoss eines Gebäudes. Eine Beschilderung weist die Nutzer auf die Vertrags- und Einstellbedingungen der K hin. Danach ist der Nutzer mit der Einfahrt in die Parkeinrichtung zur Zahlung des Mietpreises und dazu verpflichtet, den Parkschein sichtbar und lesbar hinter der Windschutzscheibe anzubringen. B ist Halter eines Pkw. Am 19.10.2012 war das Fahrzeug gegen 10.30 Uhr auf dem Parkplatz der K abgestellt, ohne dass ein gültiger Parkschein auslag. Bei einer Kontrolle wurde dies festgestellt. Nach Ermittlung des B als Halter forderte K ihn vergeblich zur Benennung des Fahrers auf.

Ungeklärt blieb, ob B selbst das (inzwischen entfernte) Fahrzeug abgestellt hatte.

K verlangt von B, es zu unterlassen, seinen Pkw unberechtigt auf dem Parkgelände selbst abzustellen bzw. durch eine dritte Person dort abstellen zu lassen, sowie die Erstattung der Kosten der Halterermittlung (5,65 Euro).

Erläuterung

Der kleine Fall eignet sich hervorragend für eine (schriftliche oder mündliche) Prüfung. Zunächst bietet der Fall eine Wiederholung des (nicht immer geliebten) Besitzschutzes, wobei zusätzlich grundlegende Fragen des Vertragsschlusses in Erinnerung gerufen werden. Darüber hinaus wirft die mögliche Erstattung der Kosten der Halterermittlung eine Vielzahl von Fragen der gesetzlichen Schuldverhältnisse auf.

Voraussetzung für einen Unterlassungsanspruch nach § 862 BGB wäre, dass das Abstellen des Fahrzeugs eine verbotene Eigenmacht (in der Form der Besitzstörung) darstellt. Dies bejaht der BGH (teilweise wird das Abstellen auf einem Privatparkplatz auch als Teilbesitzentziehung eingestuft[218]):

> „(…) [D]erjenige, der sein Fahrzeug unbefugt auf ein Privatgrundstück abstellt, [begeht] verbotene Eigenmacht iSv. § 858 I BGB (…). Das gilt nicht nur dann, wenn das Parken überhaupt nicht erlaubt ist, sondern auch dann, wenn das Parken an bestimmte Bedingungen geknüpft ist (…).“[219]

Die damit aufgeworfene Frage der Befugnis „zum Parken" bedingt, auf die vertraglichen Beziehungen zwischen K und dem Fahrer (inzident) einzugehen. Wichtig ist dabei (und nicht nur hier!), dass im Sinne des Trennungsprinzips streng zwischen vertraglicher Vereinbarung und sachenrechtlicher Befugnis betreffend den Besitz (Erfüllung) unterschieden wird:

> „[I]nnerhalb eines Vertragsverhältnisses [stellt] nicht jedes vertragswidrige Verhalten (…) eine verbotene Eigenmacht [dar]. (…) Bei einem klassischen Mietverhältnis ist die Besitzeinräumung durch den Vermieter unbedingt geschuldet. (…) Bei einem Vertrag über die kurzzeitige Nutzung eines jedermann zugänglichen privaten Parkplatzes gilt dies jedoch nicht in gleicher Weise. (…) Der Vertrag kommt in der Weise zu Stande, dass ein Fahrzeugführer das Fahrzeug abstellt und damit das Angebot annimmt (§ 151 S. 1 BGB). Indem der Parkplatzbetreiber das Parken zulässt, erfüllt er die ihm obliegende vertragliche Hauptpflicht zur Besitzverschaffung (§ 535 I 1 BGB) und erteilt gleichzeitig die Zustimmung zur (dinglichen) Besitzausübung (§ 854 I BGB). (…) Ähnlich wie bei einem nachträglichen Eigentumsvorbehalt ist die Erklärung eines Vorbehalts bei der dinglichen Besitzübergabe zulässig (…).“[220]

Auf dieser Grundlage bejaht der BGH eine verbotene Eigenmacht. B sei auch Zustandsstörer[221] und es bestehe zudem eine Wiederholungsgefahr[222]:

> „[B] beherrscht die Quelle der Störung, da er allein darüber bestimmen kann, wie und von wem sein Fahrzeug genutzt wird. (…) Die Zurechnung der Besitzstörung (…) beruht darauf, dass diese mittelbar auf den Willen des Halters zurückgeht, indem er das Fahrzeug freiwillig Dritten zur Benutzung überlassen hat. Daran ist bei der Beurteilung der Wiederholungsgefahr anzuknüpfen.“[223]

Während K somit mit seinem Unterlassungsbegehren durchdringt, steht ihm dem BGH zufolge (der damit seine zuvor gegenteilige Auffassung aufgibt) kein Anspruch auf Ersatz der Kosten der Halterermittlung zu.

Ein Schadensersatzanspruch nach §§ 280 Abs. 1 u. 2, 286 BGB scheidet mangels Verzugs aus (die Mahnung ist auch nicht entbehrlich).

Ein Anspruch aus berechtigter Geschäftsführung ohne Auftrag (GoA) scheitert an der Tatsache, dass die Halterabfrage nicht dem (mutmaßlichen) Willen des B entspricht – abweichende Fallgestaltungen sind aber denkbar.[224] Ein solcher Wille ist auch

---

218 Siehe hierzu MüKoBGB/*Joost*, 7. Aufl. 2017, § 858 Rn. 5 mwN.
219 BGH, NJW 2016, 863, 864.
220 BGH, NJW 2016, 863, 864 f.
221 Siehe auch Leitsatz 2.
222 Siehe auch den 4. Leitsatz.
223 BGH, NJW 2016, 863, 865 f.
224 BGH, NJW 2016, 2407, 2409.

nicht gemäß § 679 BGB unbeachtlich – die Unterlassungspflicht dient (allein) dem privaten Interesse des K. Ein Anspruch aus unberechtigter GoA kommt ebenfalls nicht in Betracht, da B durch die Halterabfrage nichts (im Sinne einer Vermögensmehrung) erlangt hat.

Deliktsrechtliche Ansprüche gemäß § 823 Abs. 1 BGB bzw. §§ 823 Abs. 2 iVm. 858 BGB gegen B würden dessen (nicht bewiesenes) Verschulden voraussetzen.

Prüfungsaufbau

Teil 1: Unterlassung
  I. § 862 Abs. 1 Satz 2 BGB
    1. Verbotene Eigenmacht in Form der Besitzstörung
      (P) Abgrenzung zur Besitzentziehung / Einräumung des Besitzes unter Vorbehalt
    2. Besitzstörer
      (P) B als Halter?
    3. Wiederholungsgefahr
      (P) nach einmaligem unbefugten Abstellen?
      ...

Teil 2: Ersatz der Kosten der Halterermittlung
  I. §§ 280 Abs. 1 u. 2, 286 BGB
    (P) Verzug? / Entbehrlichkeit der Mahnung?
  II. §§ 683 Satz 1, 677, 670 BGB
    (P) „im Interesse des B"?
  III. §§ 683 Satz 2, 679 BGB
    (P) „im öffentlichen Interesse"?
  IV. §§ 684 Satz 1, 812, 818 Abs. 1 u. 2 BGB
    (P) Etwas erlangt?
  V. § 823 Abs. 1 BGB / §§ 823 Abs. 2 iVm. 858 Abs. 1 BGB
    (P) Besitz als sonstiges Recht / (P) Verschulden

Weiterführende Hinweise

Besitz: *Habersack*, Sachenrecht, § 5 II 2 Rn. 81 f.

II. Eigentümer-Besitzer-Verhältnis

42. BGH, Urt. v. 9.5.2014 – V ZR 305/12, NJW 2014, 2790 = JuS 2015, 73

Leitsätze

1. Die Schadensersatzpflicht des Besitzers nach § 989 BGB ist nicht auf den Wert der herauszugebenden Sache beschränkt, sondern bestimmt sich nach dem subjektiven Interesse des Eigentümers an deren Wiedererlangung (…).

2. Die verschärfte Haftung des Empfängers der Leistung entfällt, wenn der Leistende den Mangel des Rechtsgrunds kennt oder der Empfänger eine solche Kenntnis bei ihm annimmt. Hat der Empfänger einer Leistung mit einem Vertreter des Leistenden in sittenwidriger Weise zusammengewirkt, haftet er nur dann nicht verschärft nach § 819 Abs. 1 BGB, wenn die Leistung auch in Kenntnis des Vertretenen vom Mangel des Rechtsgrunds erfolgt ist und von diesem deswegen nach § 814 BGB nicht kondiziert werden kann.

Sachverhalt (gekürzt und vereinfacht)

K ist Großhändlerin für ausländische Presseerzeugnisse. S ist Vertriebsleiter der K. S veräußerte im Namen der K in den Jahren 2005 bis 2009 etwa 294.300 Zeitschriften aus deren Beständen an B zu Preisen von zunächst 1 Euro und ab Mitte 2007 von 0,12 Euro je Zeitschrift. Einen weiteren Betrag von 0,05 Euro je Heft zahlte B auf ein Privatkonto des S. B bot diese Zeitschriften unter anderem auf einer Internetplattform zum Kauf an; B verkaufte auf diesem Weg 39.843 Zeitschriften und erzielte daraus einen Erlös von insgesamt 266.000 Euro. Bei den an B veräußerten Zeitschriften handelte es sich um sogenannte Remissionsware, also um (eigentlich nahezu wertlose) Zeitschriften, welche K im normalen Vertrieb über den Zeitschriftenhandel nicht zu den üblichen Preisen (10 bis 18 Euro je Heft) hatte veräußern können, für die K aber von den amerikanischen Lieferanten ihren Einkaufspreis von ca. 3,90 Euro (insgesamt 1.173.220 Euro) rückvergütet erhalten hatte. Die Lieferungen an B endeten Anfang 2010, nachdem K den Vertrieb durch S festgestellt hatte.

K verlangt von B jetzt (unter anderem) die Auszahlung des durch den Verkauf erzielten Erlöses und (dem Grunde nach) Ersatz aller Schäden aus dem Vertrieb der Zeitschriften.

Erläuterung

Dieser Fall verbindet Fragen des Allgemeinen Teils, des allgemeinen Schuldrechts, des Bereicherungsrechts und des Eigentümer-Besitzer-Verhältnisses – der BGH bereitet mit seinen (sehr ausführlichen) Entscheidungsgründen alles für eine anspruchsvolle Klausur Erforderliche vor…

Zwei Begehren sind auseinander zu halten: Herausgabe des Erlöses einerseits und Schadensersatz andererseits – im Originalfall ging es nur um die Feststellung der Schadensersatzverpflichtung dem Grunde nach, da die Schadenshöhe noch nicht feststand.[225]

Ein Anspruch auf Herausgabe könnte sich zunächst aus § 816 Abs. 1 Satz 1 BGB ergeben, weil B die Zeitungen an Dritte (im Zuge der Weiterveräußerung) übereignet hat. Hierzu müsste B als Nichtberechtigter verfügt haben. Dies wäre nicht der Fall, wenn B die in Rede stehenden Zeitungen zuvor von K (vertreten durch S) übereignet bekommen hat. Drei maßgebliche Fragen stellen sich hier (zudem wäre auf die Übergabe einzugehen): Konnte S die K wirksam vertreten? Hat S seine Vertretungsmacht missbraucht (im kollusiven Zusammenwirken mit B)? Ist die dingliche Einigung zur Übereignung nach § 138 Abs. 1 BGB sittenwidrig? Der BGH bejaht im Ergebnis eine Übereignung. Eine Zurechnung der Willenserklärungen des S an K ergibt sich entweder aus einer Handlungsvollmacht (§ 54 Abs. 1 Fall 2 HGB) des S als Vertriebsleiter oder aus den Grundsätzen der Duldungs- oder Anscheinsvollmacht – letzteres aufgrund der

> „nach außen in Erscheinung getretenen Umstände, die den Rechtsschein ordnungsgemäßer Veräußerungen hervorriefen (Auslieferung vom Lager (…); Bezahlung durch Lastschrifteinzug (…)).“[226]

Die dingliche (wichtig!) Einigung ist dem BGH zufolge auch nicht nach § 138 Abs. 1 BGB nichtig:

> „An einem (…) kollusiven Vorgehen fehlt es hier (…), weil [B] nicht erkannt hat, dass [S] nicht zum Vertrieb bestimmte Ware an ihn veräußerte, sondern er von einem „regulären“ Verkauf von Restposten durch den für den Verkauf zuständigen Vertriebsleiter der [K] ausging.“[227]

Weswegen (mangels Evidenz) auch ein Missbrauch der Vertretungsmacht ausscheidet und damit auch insgesamt eine Verfügung eines Nichtberechtigten.

Ein Anspruch auf den Erlös kann sich allerdings bereicherungsrechtlich gegen den verschärft haftenden Besitzer ergeben (nach §§ 812 Abs. 1, 819 Abs. 1, 818 Abs. 4, 285 Abs. 1 BGB gerichtet auf das Surrogat). Voraussetzung wäre zunächst, dass die Leistungen der K ohne Rechtsgrund erfolgt sind. Dies ist der Fall, weil das Verpflichtungsgeschäft nach § 138 Abs. 1 BGB nichtig ist:

> „Die Abrede zwischen [B] und [S] über ein zusätzlich an diesen zu zahlendes Entgelt ist unwirksam. Derartige Vereinbarungen eines Angestellten, Bevollmächtigten oder sonstigen Vertreters einer Partei mit dem Geschäftsgegner zum eigenen Vorteil hinter dem Rücken und zum Schaden des Geschäftsherrn verstoßen gegen die guten Sitten (…). Sie widersprechen einfachsten und grundlegenden Regeln geschäftlichen Anstandes und kaufmännischer guter Sitte (…).“[228]

---

225 Zu den prozessualen Aspekten siehe *K. Schmidt*, JuS 2015, 73, 74.
226 BGH, NJW 2014, 2790, 2791.
227 BGH, NJW 2014, 2790, 2792.
228 BGH, NJW 2014, 2790, 2792.

Die verschärfte Haftung (§ 819 Abs. 1 BGB) trifft auch B, da dieser entweder die Rechtsgrundlosigkeit kannte oder sich dieser Einsicht (Zahlungen auf ein Privatkonto!) bewusst versperrt hat. Der Anspruch auf Erlösherausgabe ist allerdings hier unter Umständen ausgeschlossen nach § 814 BGB bzw. nach dem Rechtsgedanken des § 254 Abs. 1 BGB (oder auch § 242 BGB)[229], wenn K (was nicht abschließend feststand) jahrelang nichts gegen die Praxis des S unternommen hat (vergleichbar eines Organisationsverschuldens[230]).

Ein entsprechender Ausschluss (§ 254 Abs. 1 BGB bzw. § 242 BGB) betrifft auch den im Übrigen in Betracht kommenden Schadensersatzanspruch gegen den verschärft haftenden B nach §§ 812 Abs. 1, 819 Abs. 1, 818 Abs. 4, 292 Abs. 1, 989 BGB. Im Zuge dieses Anspruchs kann nicht nur der wertlose „objektive Wert" der Zeitungen, sondern auch der Vertriebsschaden geltend gemacht werden – siehe bereits den unterschiedlichen Wortlaut des § 818 Abs. 2 BGB und des § 989 BGB.[231] Ein Schadensersatzanspruch nach §§ 989, 990 Abs. 1 BGB scheidet dagegen mangels Vindikationslage aus.

Prüfungsaufbau

Teil 1: Erlös

I. § 816 Abs. 1 Satz 1 BGB
  1. Verfügung eines Nichtberechtigten?
    a) Übereignung K an B?
      (P) Vertretungsmacht / Missbrauch der Vertretungsmacht / Sittenwidrigkeit
      ...

II. §§ 812 Abs. 1, 819 Abs. 1, 818 Abs. 4, 285 Abs. 1 BGB
  1. Etwas erlangt
    (P) Eigentum / Besitz
  2. durch Leistung
  3. ohne Rechtsgrund
    (P) Sittenwidrigkeit des Kausalgeschäfts
  4. Verschärfte Haftung, § 819 Abs. 1 BGB
    (P) Bösgläubigkeit des B
  5. Ausschluss
    (P) § 814 BGB / (P) § 254 BGB

Teil 2: Schadensersatz

I. §§ 989, 990 Abs. 1 BGB
  (P) keine Vindikationslage

II. §§ 812 Abs. 1, 819 Abs. 1, 818 Abs. 4, 292 Abs. 1, 989 BGB
  (P) Anspruchshöhe / (P) Ausschluss nach § 242 bzw. § 254 BGB
  ...

---

229 Siehe zum Verhältnis von § 819 Abs. 1 BGB und § 814 BGB *Fervers*, NJW 2014, 2794, 2795.
230 Siehe *K. Schmidt*, JuS 2015, 73, 76.
231 *Fervers*, NJW 2014, 2794, 2794 f.

Weiterführende Hinweise

Bereicherungsanspruch wegen Verfügung eines Nichtberechtigten: *Buck-Heeb*, Besonderes Schuldrecht 2, § 18 II Rn. 392 ff.

Verschärfte Haftung: *Buck-Heeb*, Besonderes Schuldrecht 2, § 19 IV Rn. 450 ff.

Verhältnis der §§ 987 ff. BGB zum Bereicherungsrecht: *Habersack*, Sachenrecht, § 6 III 2 Rn. 119 ff.

III. Mobiliarsachenrecht

43. BGH, Urt. v. 10.7.2015 – V ZR 206/14, NJW 2016, 317 = JuS 2016, 357

Leitsätze

1. Durch das Bespielen eines zum Aufnehmen von Tondokumenten geeigneten und bestimmten Tonbandes allein wird keine neue Sache im Sinne des § 950 Abs. 1 BGB hergestellt.

2. Gegenstand eines Herausgabeanspruchs nach § 667 BGB können unabhängig von der Eigentumslage auch Tonbänder sein, die zur Aufzeichnung von Interviews oder vergleichbaren Gesprächen mit dem Auftraggeber verwendet worden sind.

Sachverhalt (gekürzt)

K war 16 Jahre lang Bundeskanzler der Bundesrepublik Deutschland; B ist ein bekannter Journalist. 1999 schlossen K und B jeweils selbstständige Verträge mit einem Verlag. Gegenstand dieser Verträge war die Erstellung der Memoiren des K, für den B als „Ghostwriter" tätig werden sollte. Die Verträge waren inhaltlich aufeinander abgestimmt und enthielten größtenteils wortgleiche Formulierungen. Nach dem Inhalt der Verträge stand B gegen ein vom Verlag zu zahlendes Entgelt K für eine Zusammenarbeit bis zur Fertigstellung des Manuskripts zur Verfügung; B übernahm persönlich die schriftliche Abfassung des Manuskripts nach den Vorgaben und Angaben des K. K sollte Autor des Werks und Eigentümer des Manuskripts sein, in das er schon in der Phase seiner Entstehung jederzeit Einsicht nehmen und durch Weisungen an B inhaltlich eingreifen konnte. K sollte B Einblick in die für die Memoiren relevanten Unterlagen geben und ihm in ausreichendem Maße für entsprechende Gespräche zur Verfügung stehen. Die Einzelheiten der Zusammenarbeit waren direkt zwischen den Parteien zu „besprechen". K war berechtigt, die Zusammenarbeit mit B jederzeit zu beenden und einvernehmlich mit dem Verlag einen Ersatz für ihn zu bestimmen. Zur Vorbereitung des Manuskripts fanden nach Absprache zwischen K und B im Wohnhaus des K lange Gespräche statt, die mit einem von B zur Verfügung gestellten Tonbandgerät aufgenommen wurden. Auf diese Weise wurden in den Jahren 2001 und

2002 auf zahlreichen Tonbändern, die B jeweils mitbrachte, an über 100 Tagen während 630 Stunden die Fragen und Stichworte des B sowie die Ausführungen des K hierzu aufgezeichnet. K sprach dabei ausführlich über sein gesamtes Leben. Die Tonbänder, die K persönlich zu keinem Zeitpunkt in den Händen hatte, nahm B zur Vorbereitung der geplanten Buchveröffentlichung jeweils mit nach Hause. In der Folgezeit kam es zum Zerwürfnis zwischen K und B.

Am 24.3.2009 kündigte K die Zusammenarbeit mit B und verlangt die Herausgabe „sämtlicher Tonaufnahmen, auf denen die Stimme des K zu hören ist und die in den Jahren 2001 und 2002 von B aufgenommen wurden".

Erläuterung

Der (auch in der Boulevardpresse diskutierte) Fall bietet Klausurstellern eine reizvolle Option an: Altbekannte Normen in einer neuen (für Prüflinge ungewohnten) Konstellation. Abseits der (alt-)bekannten Fragen zu § 950 Abs. 1 Satz 1 BGB (Ist die Norm abdingbar? Können sich die Parteien darüber einigen, wer „Hersteller" der neuen Sache ist? Wird zumindest ein antizipiertes Besitzkonstitut vereinbart?) ist inhaltlicher Schwerpunkt der Entscheidung die Frage, ob durch das Besprechen der Tonträger eine neue Sache im Sinne des § 950 Abs. 1 Satz 1 BGB hergestellt wurde (siehe auch § 950 Abs. 1 Satz 2 BGB). Dies wird zum Teil unter Verweis auf die Möglichkeit zur Löschung verneint, zum Teil (zumindest) in Fällen der wirtschaftlichen Verwertbarkeit der Aufnahmen bejaht. Der BGH verneint eine „neue Sache":

> „Ob durch Verarbeitung oder Umbildung eine neue Sache hergestellt wird, bestimmt sich maßgeblich nach der Verkehrsauffassung unter Berücksichtigung wirtschaftlicher Gesichtspunkte (…). Entscheidend ist, dass zwischen Ausgangsstoff und Verarbeitungsprodukt keine Identität mehr besteht. (…) Ein Tonband erfährt durch das Aufnehmen von Tondokumenten als solches keine substanzielle Veränderung. (…) Für seine Funktion als Speichermedium ist es typisch, dass es sowohl zum einmaligen Aufnehmen von Tondokumenten als auch zum wiederholten Aufnehmen und Löschen verschiedener Tondokumente verwendet werden kann. Zu einer anderen Sache kann ein Tonband (…) durch das Aufnehmen oder Speichern von Tondokumenten deshalb nur werden, wenn es dadurch seine typische Funktion verändert. Das wäre etwa dann der Fall, wenn eine unbespielte Musikkassette in einem Musikverlag mit Musiktiteln oder einem Hörbuch bespielt wird (…). Eine solche Veränderung haben die Tonbänder (…) aber gerade nicht erfahren. Sie sind während [der] Gespräche angefertigt worden, damit die Parteien für die Herstellung der Memoiren des [K] die Gespräche noch einmal anhören können. Die Tonbänder sind damit als Speichermedium eingesetzt worden und dienen diesem Zweck weiterhin."[232]

Aufgrund der (historischen) Bedeutung der Tonbänder kann man allerdings auch zum gegenteiligen Ergebnis gelangen.[233] Der BGH macht deutlich, dass die Berechtigung an den (immaterialgüterrechtlich relevanten) Inhalten von der eigentumsrechtlichen Bewertung des Speichermediums zu trennen ist. So werde derjenige, der Daten bei einem Cloud-Anbieter speichere, auch nicht Miteigentümer des Speichermediums. Daher wäre es (auch) unerheblich gewesen, wenn B die Aufnahmen

---

232 BGH, NJW 2016, 317, 318 f.
233 Siehe *Götting*, NJW 2016, 321, 321.

„statt in analoger Form (…) in digitaler Form auf seinem Notebook oder Smartphone gespeichert hätte (…)."[234]

Während ein Anspruch aus § 985 BGB somit ausscheidet, steht K dagegen ein Herausgabeanspruch aus § 667 BGB zu (die Prüfungsreihenfolge folgt hier den Ausführungen des BGH; zu erwägen war zudem ein Herausgabeanspruch aus dem Verlagsvertrag als (möglichem) Vertrag zugunsten Dritter). Entscheidend hierfür ist, dass zwischen K und B – und unabhängig der jeweiligen (eigenständigen) vertraglichen Beziehungen von K und B zum Verlag – ein Auftragsverhältnis (bzw. ein Vertragsverhältnis, das zumindest Auftragscharakter hat) und nicht nur eine Gefälligkeit besteht. Dabei legen unter anderem die „Besprechung" der Zusammenarbeit durch K und B, der Umgang mit vertraulichen Unterlagen, die Offenlegung persönlicher Erinnerungen und der Einfluss auf das Manuskript ein Auftragsverhältnis nahe,

> „[eine] Vereinbarung über das von [K] für die Abfassung der Memoiren zur Verfügung zu stellende Material, die [K und B] (…) „unter dem Dach" ihrer Verträge mit dem Verlag und zur Durchführung der dort nur allgemein angesprochenen Frage der Materialsammlung konkludent getroffen haben (…)."[235]

Rechtsfolge des § 667 BGB ist dann die Herausgabe des zur Ausführung des Auftrags Erhaltenen bzw. des aus der Geschäftsbesorgung Erlangten:

> „Setzt ein Beauftragter zur Erfüllung des Auftrags untergeordnete Hilfsmittel – wie Papier, Notizblöcke, Karteikarten oder Aktenordner, aber eben auch Tonbänder – ein, muss er – gegebenenfalls gegen Erstattung seiner Aufwendungen (§ 670 BGB) – auch das Eigentum daran an den Auftraggeber übertragen, wenn diesem der alleinige Zugriff auf das Erlangte wie hier anders nicht verschafft werden kann."[236]

Erwägenswert ist zusätzlich ein Herausgabeanspruch nach §§ 1004, 823 Abs. 1 BGB in Bezug auf das Recht an der eigenen Stimme und an den persönlichen Daten.[237]

Prüfungsaufbau

> I. § 985 BGB
> 1. Eigentum an Tonbändern
>   a) Eigentumserwerb (§ 950 Abs. 1 Satz 1 BGB)
>   (P) Herstellung einer neuen Sache?
>   …
>
> II. § 667 BGB
> 1. Auftragsverhältnis zwischen K und B
>   (P) Abgrenzung Vertrag / Gefälligkeit
> 2. Zur Ausführung des Auftrags erhalten
>   (P) Besprochene Tonbänder mit Aufzeichnungen
>   …

---

234 BGH, NJW 2016, 317, 319.
235 BGH, NJW 2016, 317, 319.
236 BGH, NJW 2016, 317, 321.
237 *Götting*, NJW 2016, 321, 321.

Weiterführende Hinweise

Auftrag: *Huber/Bach*, Besonderes Schuldrecht, § 24 I Rn. 962 ff.

IV. Immobiliarsachenrecht

44. BGH, Urt. v. 8.4.2016 – V ZR 73/15, NJW 2016, 2035 = JuS 2017, 71

Leitsatz

Die zur Bestellung eines dinglichen Vorkaufsrechts gem. § 873 BGB erforderliche Einigung muss, anders als das Verpflichtungsgeschäft, nicht notariell beurkundet werden (…).

Sachverhalt (gekürzt und vereinfacht)

Ursprünglich standen zwei benachbarte Grundstücke im Eigentum der G (Ks Großmutter). G verkaufte und übereignete eines der beiden Grundstücke (das vordere) an B. Im Rahmen der entsprechenden notariellen Beurkundung des Grundstückkaufvertrags vereinbarten B und G, dass B hinsichtlich des hinteren Grundstücks ein auf den ersten Verkaufsfall beschränktes dingliches Vorkaufsrecht eingeräumt werden sollte. Diese Abrede fand in dem notariellen Vertrag keinen Niederschlag. G und B andererseits erteilten jedoch jeweils die Eintragungsbewilligung. Beide Rechte wurden in die jeweiligen Grundbücher eingetragen.

K ist Alleinerbe der inzwischen verstorbenen G und verlangt von B die Bewilligung der Löschung des Vorkaufsrechts.

Erläuterung

Der kleine Fall eignet sich zur Wiederholung der Formbedürfnisse im Immobiliarsachenrecht. Dabei manifestiert sich in der aufgeworfenen Rechtsfrage auch (einmal mehr) die zentrale Bedeutung des Trennungs- und Abstraktionsprinzips.

Dreh- und Angelpunkt ist ein Vorkaufsrecht für ein Grundstück. Hierfür ist zunächst der Unterschied zwischen einem schuldrechtlichen (§§ 463 ff. BGB) und einem dinglichen Vorkaufsrecht (§§ 1094 ff. BGB) in Erinnerung zu rufen. Während sich das schuldrechtliche Vorkaufsrecht allein nach schuldrechtlichen Maßstäben beurteilt, ist das dingliche Vorkaufsrecht eine dingliche Belastung des Grundstücks (dessen Rechtsgrund das zugrundeliegende Kausalgeschäft ist).

Einstieg in die gutachterliche Prüfung ist zunächst ein Anspruch auf Zustimmung zur Grundbuchberichtigung gemäß § 894 BGB. Voraussetzung dafür wäre, dass das

Grundbuch unrichtig ist, also das dingliche Vorkaufsrecht nicht wirksam bestellt worden wäre. Erforderlich ist nach § 873 Abs. 1 BGB die Einigung und die Eintragung. Letzteres liegt vor, in Streit steht die Einigung. Zwar haben sich G und B geeinigt. Eine bestimmte Form haben die Parteien aber nicht eingehalten. Bedeutet dies, dass die Einigung aufgrund eines Formmangels gemäß § 125 BGB nichtig ist? Schließlich wird aus praktischer Sicht die Einigung aufgrund der grundbuchrechtlichen Vorschriften (§§ 22, 29 GBO) regelmäßig öffentlich beglaubigt. Die grundbuchrechtlichen Vorschriften sind allerdings keine Wirksamkeitsvoraussetzung, sondern lediglich Verfahrensvorschriften. Ein Formerfordernis müsste sich daher aus dem materiellen Recht ergeben. Das ist fraglich, denn § 873 BGB stellt selbst kein Formerfordernis auf und selbst bei der Übertragung von Grundeigentum ist nach § 925 BGB nur eine Erklärung „bei gleichzeitiger Anwesenheit beider Teile vor einer zuständigen Stelle" erforderlich. § 311b Abs. 1 Satz 1 BGB regelt seinem Wortlaut nach nur die (schuldrechtliche) Verpflichtung zur Grundstücksübertragung, wobei anerkannt ist, dass die Norm auch auf das (schuldrechtliche) Kausalgeschäft zur Bestellung eines dinglichen Vorkaufsrechts (analog) Anwendung findet.

In einer früheren Entscheidung[238] hatte der BGH angenommen, dass sich das Formerfordernis des § 311b Abs. 1 Satz 1 BGB auch (analog) auf die dingliche Einigung über ein dingliches Vorkaufsrecht erstreckt. Diese Auffassung gibt der BGH auf:

> „Richtigerweise muss die gem. § 873 BGB zur Bestellung eines dinglichen Vorkaufsrechts erforderliche Einigung, anders als das darauf bezogene Verpflichtungsgeschäft, nicht notariell beurkundet werden. (…) Im Ausgangspunkt ist nach dem Grundsatz der Formfreiheit davon auszugehen, dass eine besondere Form nur dann eingehalten werden muss, wenn das Gesetz dies ausdrücklich vorschreibt. (…) Aus (…) § 311b I 1 BGB lässt sich ein auf das Erfüllungsgeschäft bezogenes Formerfordernis nicht herleiten. Die Vorschrift regelt nach Wortlaut und systematischer Stellung nur das schuldrechtliche Verpflichtungsgeschäft. Ihre analoge Anwendung scheidet schon in Ermangelung einer planwidrigen Regelungslücke aus (…), weil das Erfüllungsgeschäft nach dem das deutsche Recht beherrschenden Trennungsprinzip bewusst eigenen Regeln unterworfen wird. Das Argument, die dingliche Einigung enthalte zugleich die obligatorische Verpflichtung zu der späteren Eigentumsübertragung, hat bereits das RG mit der zutreffenden Überlegung verworfen, dass die Einigung – anders als das Verpflichtungsgeschäft – nur auf die Entstehung des dinglichen Rechtsverhältnisses (also des Vorkaufsrechts) gerichtet sei (…). Da der Inhalt der Einigung sich im Einigsein über die vereinbarte dingliche Rechtsänderung erschöpft, fehlt ihr jede verpflichtende Wirkung zu einem Tun oder Unterlassen (…). Unvereinbar wäre die Formbedürftigkeit schließlich mit der in (…) § 311b I 2 BGB vorgesehenen Heilung des formunwirksamen Verpflichtungsgeschäfts. Hierzu käme es nur unter besonderen Umständen, wenn auch die Einigung der notariellen Beurkundung bedürfte. Der Zweck der Heilungsvorschrift, das bislang unwirksame Kausalgeschäft aufgrund der Erfüllung seinem ganzen Inhalt nach wirksam werden zu lassen (…), würde verfehlt, wenn die Verfügung denselben Formanforderungen wie das Verpflichtungsgeschäft unterworfen würde und dessen Erfüllung infolgedessen nicht eintreten könnte."[239]

---

238 BGH, NJW-RR 1991, 205, 206.
239 BGH, NJW 2016, 2035, 2036 f.

Das Grundbuch war daher nicht unrichtig.

Ein Anspruch auf Zustimmung zur Berichtigung des Grundbuchs könnte K aber bereicherungsrechtlich (§§ 812 Abs. 1 Satz 1 1. Fall iVm. 1922 Abs. 1 BGB) zustehen, falls die Belastung des Grundstücks ohne Rechtsgrund erfolgte und daher kondiziert werden könnte. Der BGH verneint. Das Verpflichtungsgeschäft zur Bestellung des dinglichen Vorkaufsrechts entsprach zwar nicht dem Formerfordernis des § 311b Abs. 1 Satz 1 BGB und war gemäß § 125 Satz 1 BGB nichtig. Dem BGH zufolge kann aber der Formmangel nach § 311 Abs. 1 Satz 2 BGB analog

> „jedoch durch Einigung und Eintragung des dinglichen Vorkaufsrechts in das Grundbuch geheilt werden (...).“[240]

Zu bedenken ist allerdings: § 311b Abs. 1 Satz 1 BGB wird auf das Verpflichtungsgeschäft aufgrund der (späteren) Verpflichtung zur Eigentumsübertragung analog angewendet, weswegen es erwägenswert erscheint, eine Heilung erst bei Einigung und Eintragung betreffend die *Grundstücks*übertragung anzunehmen.[241]

Prüfungsaufbau

I. § 894 BGB
1. Unrichtigkeit des Grundbuchs
   a) Dingliches Vorkaufsrecht, § 1094 Abs. 1 BGB
      (P) Formbedürftigkeit der dinglichen Einigung nach § 311b Abs. 1 BGB (analog)?
      ...

II. §§ 812 Abs. 1 Satz 1 1. Fall iVm. 1922 Abs. 1 BGB
1. Etwas erlangt
2. Durch Leistung
3. Ohne Rechtsgrund
   (P) Formbedürftigkeit des Kausalgeschäfts / Heilung
   ...

Weiterführende Hinweise

Grundsatz des § 873 Abs. 1 BGB: *Habersack*, Sachenrecht, § 13 III 1 Rn. 286 ff.
Dingliches Vorkaufsrecht: *Habersack*, Sachenrecht, § 15 III 3 Rn. 342 f.

---

240 BGH, NJW 2016, 2035, 2036.
241 *Wais*, NJW 2016, 2037, 2037. Sehr kritisch und instruktiv etwa auch *Schreindorfer*, MittBayNot 2017, 144.

45. BGH, Beschl. v. 13.2.2014 – V ZB 88/13, NJW 2014, 2431 = JuS 2015, 460

Leitsätze

Übernimmt jemand im Wege der befreienden Schuldübernahme die Schuld eines anderen, deren zu Grunde liegender Anspruch durch eine Vormerkung gesichert ist, und wird er zeitgleich Inhaber des von der Vormerkung betroffenen Rechts, erlischt die Vormerkung nicht. Der Schuldnerwechsel kann nicht in das Grundbuch eingetragen werden.

Sachverhalt (gekürzt)

Mit notariellem Vertrag vom 22.12.2005 verkaufte die Gemeinde A ein Grundstück an die Eheleute U. Der Gemeinde wurde ein Ankaufsrecht unter anderem für die Fälle eingeräumt, dass die U das auf dem Grundstück zu errichtende Wohnhaus nicht für eine Mindestdauer von zehn Jahren selbst nutzen und dass sie innerhalb von 15 Jahren ohne Zustimmung der Gemeinde über das Grundstück verfügen. Zur Sicherung des bedingten und befristeten Anspruchs der Gemeinde auf Eigentumsverschaffung wurde eine Vormerkung in das Grundbuch eingetragen. Die U verkauften das Grundstück mit notariellem Vertrag vom 22.2.2012 an K.

In § 1 Nr. 3 heißt es unter anderem:

> „Vormerkung zu Gunsten der Gemeinde A wird vom Käufer zur weiteren dinglichen Duldung übernommen. Hinsichtlich der durch sie gesicherten Verbindlichkeiten wird nachstehend eine befreiende Schuldübernahme erklärt (vgl. § 5 Nr. 3)."

§ 5 Nr. 3 lautet:

> „Aufschiebend bedingt durch die Umschreibung des Eigentums übernimmt der Käufer hiermit im Wege der befreienden Schuldübernahme anstelle des Verkäufers sämtliche Verpflichtungen des Verkäufers gegenüber der Gemeinde aus den §§ 10 bis 12 der Bezugsurkunde, soweit diese noch nicht erfüllt sind, namentlich also die Verpflichtung zur Selbstnutzung und zur Verfügungsunterlassung (...). Die Schuldübernahme bedarf zu ihrer Wirksamkeit der Genehmigung der Gemeinde. Wird die Genehmigung erteilt, wird die Schuldübernahme mit der Umschreibung des Eigentums auf den Käufer wirksam."

Schließlich heißt es in § 5 Nr. 4:

> „Beide Vertragsteile bewilligen und beantragen hiermit, den Schuldnerwechsel bei der Vormerkung Abt. II Nr. 4 im Grundbuch zu vermerken, und zwar Zug um Zug mit der Umschreibung des Eigentums."

Die Gemeinde genehmigte die Schuldübernahme. Anschließend wurde K als Eigentümer des Grundstücks in das Grundbuch eingetragen. Sodann beantragt K, den Schuldnerwechsel bei der zu Gunsten der Gemeinde im Grundbuch eingetragenen Auflassungsvormerkung zu vermerken. Das Grundbuchamt verweigert dies.

Zu Recht?

Erläuterung

Der Fall verknüpft (ungewohnt) Fragen der Vormerkung mit der Schuldübernahme. Die aufgeworfenen Probleme könnten in einer Klausur durchaus Teil einer inzidenten Prüfung der (forderungsakzessorischen) Vormerkung sein, etwa bei (in diesem grundbuchrechtlichen Fall nicht in Rede stehenden) vormerkungswidrigen Zwischenverfügungen (§ 883 Abs. 2 BGB). Ausgangspunkt ist die zwischen den U und K vereinbarte Schuldübernahme – eine in § 415 Abs. 1 BGB geregelte Vereinbarung zwischen Schuldner und Übernehmer. Denn die Auswirkungen einer solchen Schuldübernahme auf die Vormerkung sind umstritten.

Zuvor ist hierfür in Erinnerung zu rufen: Hätten sich die Gemeinde A und K schlicht auf eine Forderungsabtretung geeinigt, wäre die Vormerkung (als Ausdruck ihrer forderungsakzessorischen Natur) nach § 401 BGB analog auf K mit übergangen – eine Einigung und Eintragung nach § 873 Abs. 1 BGB ist nicht erforderlich und die Änderung wird lediglich deklaratorisch ins Grundbuch eingetragen.[242] Wie verhält es sich nun bei der Schuldübernahme nach § 415 Abs. 1 BGB? Zunächst einfach ist der (hier nicht maßgebliche) Fall, dass der (neue) Schuldner nicht auch Eigentümer des Grundstücks wird. Dann erlischt die Vormerkung:

> „Denn es fehlt dann an der notwendigen Identität zwischen dem Schuldner des vormerkungsgesicherten Anspruchs und dem Eigentümer des von der Vormerkung betroffenen Grundstücks (…).“[243]

Für den hiesigen Fall dagegen wird zum Teil ein Erlöschen der Vormerkung (der zugrundliegende Anspruch erlösche oder bleibe nicht identisch) sowie die Erforderlichkeit der Eintragung einer neuen Vormerkung angenommen. Die Gegenansicht nimmt unter Hinweis auf die Identitätswahrung des Anspruchs einen Fortbestand an. Der BGH schließt sich der Gegenansicht an[244]:

> „Den Bestand der Vormerkung hat [die Schuldübernahme] unberührt gelassen. [Die Vormerkung] sicherte den – bedingten und befristeten – Anspruch der Gemeinde gegen die ursprünglichen Grundstückseigentümer auf Auflassung des Grundstücks (…). Zu diesem Anspruch ist die Vormerkung streng akzessorisch. Besteht er nicht, ist sie wirkungslos (…); erlischt er (…), erlischt die Vormerkung trotz Fortbestehens ihrer Eintragung im Grundbuch (…). So ist es hier jedoch nicht. Die Besonderheit bei der Schuldübernahme besteht (…) darin, dass nicht etwa die ursprüngliche Schuld aufgehoben und der neue Schuldner gegenüber dem Gläubiger eine neue Schuld begründet, sondern dass die ursprüngliche Schuld unverändert bestehen bleibt. Dementsprechend besteht auch der ursprüngliche Anspruch unverändert fort. Das hat den Fortbestand der Vormerkung zur Folge, wenn der aus ihr Verpflichtete zeitgleich Eigentümer des von der Vormerkung betroffenen Grundstücks wird.“[245]

Zu erwägen ist noch, ob die Vormerkung nach § 418 Abs. 1 Satz 1 BGB (analog) – der Regelung betreffend Sicherungs- und Vorzugsrechte – erloschen sein könnte. Der BGH entscheidet den damit verbundenen Streit unter Hinweis auf § 418 Abs. 1 Satz 3 BGB nicht abschließend:

---

242 *K. Schmidt*, JuS 2015, 460, 461.
243 BGH, NJW 2014, 2431, 2431.
244 Kritisch hierzu *Amann*, DNotZ 2014, 611, 611 ff.
245 BGH, NJW 2014, 2431, 2432.

„Die Vormerkung ist in [§ 418 Abs. 1 Satz 1 BGB] nicht genannt. Diese [Vorschrift] ist somit nicht unmittelbar anwendbar. Ob eine analoge Anwendung jedenfalls auf die Auflassungsvormerkung möglich ist (…), kann hier offenbleiben. Denn die Analogie führte auch zu der entsprechenden Anwendung der Regelung in § 418 I 3 BGB, wonach das nach Satz 1 angeordnete Erlöschen dann nicht eintritt, wenn der Bürge oder der Eigentümer des Pfandes in die Schuldübernahme einwilligen. Sind also in dem in § 418 BGB geregelten Vier-Personen-Verhältnis sämtliche Beteiligte von vornherein mit der Schuldübernahme einverstanden, erlöschen die an der übernommenen Schuld bestehenden Sicherungsrechte nicht. Dasselbe gilt dann für die Auflassungsvormerkung, wenn Gläubiger, Altschuldner und übernehmender Schuldner sich über die Schuldübernahme einig sind. Das ist, so auch hier, bei der Schuldübernahme durch Vertrag zwischen Schuldner und Übernehmer mit Genehmigung des Gläubigers (§ 415 BGB) der Fall."[246]

Die Vormerkung ist demnach nicht erloschen.

Abschließend verneint der BGH schließlich eine Eintragungsfähigkeit des Schuldnerwechsels im Grundbuch[247]:

„In der Eintragung einer Vormerkung müssen der Gegenstand des Anspruchs und der Anspruchsgläubiger bezeichnet werden; die Angabe des Schuldgrundes ist nicht notwendig (…). Die Vormerkung (…) schützt den Gläubiger eines schuldrechtlichen, auf die Änderung der dinglichen Rechtslage an dem von der Vormerkung betroffenen Grundstück gerichteten Anspruchs vor dessen Vereitelung oder Beeinträchtigung durch Verfügungen des Schuldners und Zwangsvollstreckungsmaßnahmen anderer Gläubiger (…). Darüber hinaus hat die Vormerkung den Zweck, Dritten gegenüber deutlich zu machen, dass sie damit rechnen müssen, später erworbene, mit dem vorgemerkten Anspruch unvereinbare Rechte wieder zu verlieren (§§ 883 II, 888 BGB) (…). Diese Schutzzwecke werden auch dann erreicht, wenn nicht jede Änderung, die – wie der Schuldnerwechsel – ausschließlich den schuldrechtlichen Anspruch betrifft, im Grundbuch verlautbart wird (…)."[248]

Prüfungsaufbau

I. Vormerkung, § 883 Abs. 1 BGB
  1. Entstehen
  2. Erlöschen
     a) Schuldübernahme
        (P) Auswirkungen auf die Vormerkung / (P) § 418 Abs. 1 Satz 1 BGB
        …

II. Eintragungsfähigkeit des Schuldnerwechsels
…

Weiterführende Hinweise

Schuldübernahme: *Petersen*, Allgemeines Schuldrecht, § 9 I Rn. 415 ff.
Vormerkung: *Habersack*, Sachenrecht, § 15 Rn. 330 ff.

---

246 BGH, NJW 2014, 2431, 2432.
247 Näher hierzu *K. Schmidt*, JuS 2014, 460, 461.
248 BGH, NJW 2014, 2431, 2433.

46. BGH, Urt. v. 4.12.2015 – V ZR 202/14, NJW 2016, 2104 = JuS 2016, 844

Leitsätze

Ist der vormerkungswidrig Eingetragene mit der Erfüllung des Zustimmungsanspruchs nach § 888 Abs. 1 BGB in Verzug, haftet er gem. §§ 280 Abs. 1 und 2, 286 BGB und gem. § 288 BGB auf Ersatz des Verzögerungsschadens (…).

Sachverhalt (gekürzt)

K kaufte mit Vertrag vom 22.4.2009 von V (ein Schuldner der B) ein Grundstück, an dem zu seinen Gunsten (K) am 26.5.2009 eine Auflassungsvormerkung eingetragen wurde. Nach Zahlung des größten Teils des Kaufpreises entstand zwischen K und V Streit darüber, ob K den restlichen Kaufpreis im Hinblick auf das Ausbleiben vereinbarter Bauleistungen des V schuldete. Ein darüber geführter Rechtsstreit endete mit einem seit dem 14.11.2012 rechtskräftigen Urteil, durch das V verurteilt wurde, dem Vollzug der Eigentumsumschreibung im Grundbuch auf K nach Maßgabe des notariellen Vertrags zuzustimmen. Das Urteil enthält auch die Feststellung, dass V ein Anspruch auf Zahlung eines weitergehenden Kaufpreises nicht zusteht. K, der seit dem 30.11.2012 als Eigentümer im Grundbuch eingetragen ist, verkaufte das Anwesen mit Vertrag vom 22.11.2012 lastenfrei weiter. K kann das Grundstück seinen Käufern nicht lastenfrei übereignen, weil B nach dem 26.5.2009 die Eintragung mehrerer Zwangshypotheken erwirkte und sich weigert, deren Löschung ohne Vorbedingungen zuzustimmen. K vereinbarte daraufhin in einem Änderungsvertrag vom 6.5.2013 mit seinen Käufern, deren Kosten für die Bereitstellung des für den Erwerb aufgenommenen Kredits zu tragen.

K verlangt von B (neben der Zustimmung zur Löschung der Zwangshypotheken) Ersatz der Kosten für die Übernahme der Bereitstellungszinsen und ihrer eigenen Kreditzinsen iHv. 2.650 Euro nebst Zinsen sowie Ersatz der aus der Verzögerung der Zustimmung entstehenden weiteren Schäden.

Erläuterung

Die Entscheidung des BGH eignet sich hervorragend als Vorlage für eine (schuld- und) sachenrechtliche Klausur. Der Fall verbindet grundlegende Fragen zum Verhältnis zwischen Sachen- und Allgemeinem Leistungsstörungsrecht mit Schadensersatz wegen Verzug, vormerkungswidrigen Verfügungen und dem (unselbstständigen) Hilfsanspruch nach § 888 BGB.

Vorgreiflich für die Frage nach einem etwaigen schadensersatzbegründenden Verzug des B ist die Frage nach vormerkungswidrigen Verfügungen. Der (überschaubare) Sachverhalt ist dafür schlicht chronologisch zu betrachten. V hatte das Grundstück an K verkauft und zugunsten des K wurde eine Auflassungsvormerkung eingetragen. Erst danach waren die Zwangshypotheken (§ 867 ZPO) zugunsten von B eingetragen worden. Im Anschluss an das rechtskräftige Urteil konnte sich K sicher sein, das Eigentum (lastenfrei) zu erwerben und verkaufte das Grundstück „lastenfrei" weiter. Seine (schuldrechtliche) Verpflichtung konnte K aufgrund der eingetragenen Zwangshypotheken nicht erfüllen, da B einer Löschung der Zwangshypotheken nicht zustimmt – und das Grundbuchamt löscht nicht in Eigenregie, sondern nur nach Zustimmung (§ 19 GBO). Zu diesem Zweck steht dem Inhaber einer Vormerkung ein Anspruch auf Zustimmung zur Löschungsbewilligung nach § 888 BGB zu, soweit die Eintragung vormerkungswidrig war. Dies war der Fall, da die Zwangshypothek den durch die Vormerkung gesicherten Anspruch auf lastenfreie Übereignung beeinträchtigt und damit die Zwangshypotheken dem K gegenüber relativ unwirksam sind (§ 883 Abs. 2 Satz 1 BGB). Dass die entsprechende Eintragung im Wege der Zwangsvollstreckung erfolgte, schadet nach § 883 Abs. 2 Satz 2 BGB nicht.

Streitpunkt war daher auch nicht der Anspruch aus § 888 BGB selbst, sondern ob B dem K die aufgrund der Verweigerung der Zustimmung entstandenen Schäden ersetzen muss. Bei den Bereitstellungs- und Kreditzinsen handelt es sich um klassische Schadensersatzpositionen neben der Leistung, die im allgemeinen Leistungsstörungsrecht nach §§ 280 Abs. 1 u. 2, 286 BGB ersetzt werden. Auf der Grundlage der früheren Rechtsprechung (zum alten Schuldrecht) hätte K allerdings keinen entsprechenden Schadensersatz erhalten, da die Regelungen zum Ersatz des Verzögerungsschadens auf den Bewilligungsanspruch nach § 888 BGB nicht angewendet wurden. An dieser Rechtsprechung hält der BGH nun nicht mehr fest:

> „Das entscheidende Argument (…), der Anspruch nach § 888 BGB sei nur ein Hilfsanspruch, trägt (…) nach dem Inkrafttreten des [Schuldrechtsmodernisierungsgesetzes] nicht mehr. (…) [D]ie Vorschriften über die Haftung des Schuldners für den Verzögerungsschaden gem. §§ 280 I und II, 286 BGB und gem. § 288 BGB sind (…) auf den Zustimmungsanspruch nach § 888 BGB anzuwenden. (…) § 280 I BGB sieht eine Haftung auf Schadensersatz im Grundsatz für jede Pflichtverletzung vor, die der Schuldner zu vertreten hat. Sie unterscheidet nicht danach, ob es sich um die Verletzung von Haupt- oder Nebenpflichten handelt oder ob der Anspruch der Durchsetzung eines anderen Anspruchs dient und damit Hilfscharakter hat oder ob es sich um einen Anspruch handelt, der der Durchsetzung der Interessen des Gläubigers vorrangig dient. Bezüglich der hier maßgeblichen Haftung für den durch die verzögerte Erfüllung eintretenden Schaden stellt die Vorschrift § 280 BGB in ihrem Absatz 2 iVm. § 286 BGB darauf ab, ob es sich um die Verletzung einer Leistungspflicht handelt (…). Solche Leistungspflichten können sich auch aus dinglichen Ansprüchen ergeben. (…) Trotz [seines] akzessorischen Charakters ist der Zustimmungsanspruch ein eigenständiger Anspruch gegen den vormerkungswidrig Eingetragenen, der zur Durchsetzung des durch die Vormerkung gesicherten Anspruchs notwendig ist. (…) Seiner Funktion und seinem Zweck nach ist der Zustimmungsanspruch deshalb ein Leistungsanspruch, der sich als solcher nicht von anderen dinglichen Leistungsansprüchen unterscheidet. Aus dem akzessorischen Charakter des Anspruchs lässt sich deshalb kein Argument gegen die Anwendung der Vorschriften über die Haftung des Schuldners für den Verzögerungsschaden nach §§ 280 I und II, 286 BGB und § 288 BGB ableiten."[249]

Vor diesem Hintergrund steht somit K gegen B ein Ersatzanspruch nach §§ 280 Abs. 1 u. 2, 286 BGB betreffend den Verzögerungsschaden zu. Unbefangen könnte man viel-

---

[249] BGH, NJW 2016, 2104, 2105.

leicht fragen, ob ein solcher Anspruch in Anbetracht möglicher Ansprüche gegen V erforderlich ist. Der BGH führt hierzu aus:

„Die Verzögerung der Zustimmung durch den vormerkungswidrig Eingetragenen führt zwar im Ergebnis auch zu einer Verzögerung der Erfüllung des durch die Vormerkung gesicherten Anspruchs. Der durch diese Verzögerung entstehende Schaden ist (…) aber nicht die Folge einer Pflichtverletzung des Schuldners des durch die Vormerkung gesicherten Anspruchs, sondern die Folge einer Pflichtverletzung des vormerkungswidrig Eingetragenen. Die vormerkungswidrige Eintragung muss (…) nicht auf einem eigenen Fehler des Schuldners des gesicherten Anspruchs beruhen. Dieser ist in dem zuletzt genannten Fall nicht in der Lage, die vormerkungswidrige Eintragung selbst zu beseitigen. (…) Der Schutz des durch die Vormerkung gesicherten Gläubigers würde (…) entscheidend entwertet, könnte der vormerkungswidrig Eingetragene die Erfüllung des Zustimmungsanspruchs gegenüber dem Vormerkungsberechtigten verweigern oder hinauszögern, ohne mit der Möglichkeit rechnen zu müssen, für die von ihm gegebenenfalls sogar mutwillig herbeigeführten Verzögerungen zu haften."[250]

Abschließender Hinweis: Nicht entschieden (da nicht erheblich) hat der BGH die Frage, ob unter Umständen auch ein Schadensersatzanspruch statt der Leistung (§§ 280 Abs. 1 u. 3, 281 Abs. 1 BGB) in Betracht gekommen wäre (siehe dagegen Fall 8 zu dem Anspruch aus § 985 BGB).

Prüfungsaufbau

> I. §§ 280 Abs. 1 u. 2, 286, 288 BGB
>   1. Schuldverhältnis
>   (P) Anwendbarkeit bei Anspruch nach § 888 BGB?
>   2. Verzug, § 286 BGB
>   3. Vertretenmüssen, §§ 280 Abs. 1 Satz 2, 286 Abs. 4 BGB
>   4. Schaden
>   …

Weiterführende Hinweise

Verhältnis des Sachenrechts zum Schuldrecht: *Habersack*, Sachenrecht, § 3 III 2 Rn. 36 ff.
Wirkungen der Vormerkung: *Habersack*, Sachenrecht, § 15 III 2 Rn. 340 f.

---

250 BGH, NJW 2016, 2104, 2105 f.

E. Familienrecht

47. BGH, Beschl. v. 28.9.2016 – XII ZB 487/15, NJW 2017, 260 = JA 2017, 148 = JuS 2017, 788

Leitsätze

1. Während der Trennungszeit ist der auf § 985 BGB gestützte Antrag eines Ehegatten gegen den anderen auf Herausgabe der Ehewohnung unzulässig (…).

2. Die Ehewohnung behält diese Eigenschaft während der gesamten Trennungszeit.

3. Der Eigentümer-Ehegatte, der dem anderen Ehegatten die Ehewohnung im Sinne des § 1361b Abs. 4 BGB überlassen hat, kann bei wesentlicher Veränderung der zugrunde liegenden Umstände eine Änderung der Überlassungsregelung gem. § 1361b Abs. 1 BGB im Ehewohnungsverfahren verfolgen.

4. Das unzulässige Herausgabeverlangen nach § 985 BGB kann nicht in einen Antrag auf Zuweisung der Ehewohnung im Ehewohnungsverfahren umgedeutet werden.

Sachverhalt (gekürzt)

S und G sind seit 1991 miteinander verheiratet. Im Jahr 1999 erwarb der S (Ehemann) ein Hausanwesen zum Alleineigentum, welches er fortan gemeinsam mit G (Ehefrau) und den drei Kindern als Familienheim nutzte. Nach der Trennung Anfang 2006 verließ der Ehemann das Familienheim und zog zunächst in ein der Ehefrau gehörendes und später in ein von ihm selbst im Jahr 2004 erworbenes und ursprünglich als neues Familienheim vorgesehenes Haus. Bemühungen des Ehemanns, den Kaufpreis dieses Hauses durch den Erlös aus einem Verkauf des vormaligen, noch von der Ehefrau bewohnten Familienheims abzulösen, blieben erfolglos. Schließlich veräußerte er das im Jahr 2004 erworbene Haus und wohnt nunmehr gemeinsam mit einer neuen Lebensgefährtin und drei minderjährigen Kindern in einem anderen Haus zur Miete, wobei die Mietdauer des befristeten Mietvertrags bereits abgelaufen ist.

Nachdem die jüngste gemeinsame Tochter der S und G inzwischen volljährig ist und ihre Schulausbildung abgeschlossen hat, verlangt der Ehemann nunmehr aus Eigentum die Herausgabe des noch von der Ehefrau bewohnten Anwesens an ihn, damit er mit seiner neuen Familie dort einziehen könne.

Erläuterung

Der Fall (der sich in dieser isolierten Form weniger für eine Pflichtfachprüfung eignet) liegt mit grundrechtlichen Bezügen an der Schnittstelle zwischen Sachen- und Familienrecht – und dies macht den Fall (dennoch) interessant. Denn wenn Familienrecht einmal im Pflichtfach geprüft wird, so dann zumindest durch einen Einfluss familienrechtlicher Normen auf sachen- bzw. vermögensrechtliche Fragestellungen.

„Klassische" Einfallstore hierfür sind zumeist die §§ 1357, 1359, 1362, 1365 ff., 1626, 1629, 1644 BGB.

Das Ergebnis der vorliegenden Entscheidung ist schnell berichtet: Die entsprechende Klage des S ist bereits unzulässig.[251] Die Geltendmachung des Anspruchs aus § 985 BGB (aus Eigentum) ist im Scheidungsverfahren bzw. während der Trennungszeit gesperrt. Vorrangig ist der Anspruch bzw. der Antrag nach § 1361b Abs. 1 BGB (prozessuale und materiell-rechtliche Sperrwirkung). Dessen Anwendungsbereich war eröffnet, da es sich bei dem seit 10 Jahren von S nicht mehr bewohnten Haus nach wie vor um eine „Ehewohnung" (§ 1568a BGB) handelt[252]:

> „Die Qualifizierung als Ehewohnung hängt nicht davon ab, dass noch beide Ehegatten in der Wohnung leben. Sie behält ihren Charakter als Ehewohnung während der gesamten Trennungszeit (…). Das folgt auch aus der Regelung des § 1568a II BGB. Danach kann, wenn einer der Ehegatten Alleineigentümer des Grundstücks ist, auf dem sich die Ehewohnung befindet, der andere Ehegatte die Überlassung anlässlich der Scheidung nur dann verlangen, wenn dies notwendig ist, um eine unbillige Härte zu vermeiden. Der hierdurch geänderte Maßstab für die (weitere) Überlassung anlässlich der Scheidung wäre gegenstandslos, gälte eine Ehewohnung, die ein Ehegatte während der Trennungszeit für einen längeren Zeitraum verlassen hat, nicht mehr als solche. (…) Insbesondere erfordert jedoch der gegenständliche Schutz der Ehe und Familie, dass für den gewichenen Ehegatten selbst nach längerer Abwesenheit noch die Möglichkeit besteht, in die Ehewohnung zurückzukehren, falls etwa Belange des Kindeswohls dies erforderlich machen (…)."[253]

An dieser Stelle klingen bereits die (auch für Pflichtfachkandidatinnen und -kandidaten) Beachtung verdienenden grundrechtlichen Aspekte des Falls an. Dabei geht es um einen Ausgleich zwischen den (kollidierenden) Grundrechten aus Art. 6 GG und Art. 14 GG:

> „Die Konzentration der Besitzregelung unter den Ehegatten auf das Verfahren nach § 1361b BGB und der damit verbundene Ausschluss der Möglichkeit eines Herausgabeverlangens nach § 985 BGB halten sich, was den grundrechtlich gewährleisteten Eigentumsschutz betrifft, innerhalb zulässiger gesetzlicher Inhalts- und Schrankenbestimmungen (Art. 14 I 2 GG). (…) Die (…) Beschränkung des Eigentums findet ihre Rechtfertigung darin, dass die Ehewohnung vereinbarungsgemäß einer Familie als Lebensmittelpunkt gedient hat und der Eigentümer-Ehegatte sogar über die Scheidung hinaus dem anderen Ehegatten und insbesondere seinen Kindern zur Rücksichtnahme verpflichtet ist. (…) Die Anwendung der Vorschriften führt auch im konkreten Fall nicht zu einer unverhältnismäßigen, die Sozialbindung überschreitenden Beschränkung des Eigentumsrechts. Zum einen liegt derzeit keine endgültige Beeinträchtigung des Verfügungsrechts des Eigentümer-Ehegatten über sein Eigentum vor, sondern nur eine vorübergehende Regelung für die Dauer der Trennungszeit. (…) Zum anderen kann der Ehemann nach wie vor eine Wohnungszuweisung an sich gem. § 1361b I BGB (…) verfolgen."[254]

---

251 A. A. etwa *Erbarth*, NZFam 2017, 71, 73: „Konkurrenzfrage auf materiellrechtlicher Ebene".
252 Zu den übrigen Erwägungen des BGH zu § 1361b BGB siehe etwa *Löhnig*, JA 2017, 148.
253 BGH, NJW 2017, 260, 261.
254 BGH, NJW 2017, 260, 261.

Entscheiden konnte der BGH über den Anspruch nach § 1361b Abs. 1 BGB übrigens gleichwohl nicht, da hier zwei unterschiedliche Verfahrensarten in Rede stehen:

> „Verfahren auf Eigentumsherausgabe gehören zu den Familienstreitsachen (§ 112 Nr. 3 FamFG), für die die allgemeinen Vorschriften der ZPO und deren Vorschriften über das Verfahren vor den Landgerichten entsprechend gelten (§ 113 I 2 FamFG). Ehewohnungssachen sind hingegen Familiensachen der freiwilligen Gerichtsbarkeit (§ 111 Nr. 5 FamFG), für die der Amtsermittlungsgrundsatz gilt. Außerdem ist in solchen Verfahren das Jugendamt auf seinen Antrag zu beteiligen, wenn Kinder im Haushalt der Ehegatten leben (§ 204 II FamFG). Unabhängig davon soll das Gericht das Jugendamt anhören (§ 205 I 1 FamFG), welches die Interessen der im Haushalt lebenden Kinder zur Geltung zu bringen hat. Wäre es zulässig, die Herausgabe einer Ehewohnung – etwa aus Eigentum – als Familienstreitsache zu betreiben, ginge [dieser] besondere Schutz verloren (…).“[255]

Prüfungsaufbau

> I. Klage aus § 985 BGB
>   1. Zulässigkeit
>   a) Sperrwirkung aus § 1361b Abs. 1 BGB
>   (P) Ehewohnung?
>   (P) Wertung des Art. 6 Abs. 1 GG und des Art. 14 Abs. 1 GG
>   …

Weiterführende Hinweise

Ehewohnung bei Getrenntlebenden: *Lipp*, Familienrecht, § 6 II 2 Rn. 130 ff.

---

255 BGH, NJW 2017, 260, 261.

F. Erbrecht

48. BGH, Beschl. v 10.6.2015 – IV ZR 104/14, NJW 2015, 2729 = JuS 2016, 171

Leitsatz

Für die Anfechtung der Anfechtungserklärung der Annahme oder Ausschlagung der Erbschaft sowie der Versäumung der Ausschlagungsfrist (§ 1956 BGB) gelten die Fristen des § 121 BGB, nicht diejenigen des § 1954 BGB.

Sachverhalt (gekürzt)

B1 und B2 sind neben einem nachverstorbenen Bruder die Kinder der am 18.6.1996 verstorbenen Erblasserin E; die B3-5 sind die Kinder der B1. E hinterließ keine letztwillige Verfügung. Mit notariell beglaubigter Erklärung vom 13.11.1996, beim Nachlassgericht eingegangen am 19.11.1996, erklärte die B1, die Erbschaft nicht annehmen zu wollen. Ihr (B1) sei die Frist zur Ausschlagung nicht bekannt gewesen. Sie (B1) fechte daher die Versäumnis der Ausschlagungsfrist an und schlage die Erbschaft aus. Der Nachlass sei überschuldet. Mit notariell beglaubigter Erklärung vom 26.8.2013, beim Nachlassgericht eingegangen am 29.8.2013, focht B1 ihre Ausschlagungserklärung vom 13.11.1996 an und begründete dies damit, sie sei im Zeitpunkt der Ausschlagung davon ausgegangen, der Nachlass sei überschuldet, habe nunmehr indessen erfahren, dass zum Nachlass noch ein Anteil am Nachlass einer Tante der E gehöre.

B2 hat am 12.11.2013 die Erteilung eines Erbscheins verlangt, der auf Grund gesetzlicher Erbfolge ihn und den nachverstorbenen Bruder zu je 1/3 und im Hinblick auf die Ausschlagung der B1 die B3-5 zu je 1/9 als Miterben ausweist.

Würde der Erbschein die Rechtslage zutreffend ausweisen?

Erläuterung

Die Anfechtung der Anfechtung der Versäumung der Ausschlagungsfrist – nicht nur Nicht-Juristen dürften hier (kurz) schmunzeln… Der Fall bietet sich hervorragend an zur Wiederholung von Annahme, Ausschlagung und Anfechtung betreffend eine Erbschaft und ist damit auch für eine Prüfung sehr gut geeignet.

Das Begehren der B1 ist nachvollziehbar, sie möchte in Anbetracht des (wie sich erst später herausstellte doch) werthaltigen Nachlasses erben. Dies ergibt sich (grundsätzlich) bereits aus der (hier allein maßgeblichen) gesetzlichen Erbfolge. B1 ist als Tochter der E neben ihren zwei Geschwistern grundsätzlich zu einem Drittel (vgl. § 1924 Abs. 4 BGB) als Erbin berufen – zu einem (noch lebenden) Ehemann der E ist nichts mitgeteilt – und in Ansehung von §§ 1943, 1944 BGB kann die Erbschaft nur innerhalb von sechs Wochen ausgeschlagen werden, danach gilt sie als angenommen. Die Versäumung der Ausschlagungsfrist kann allerdings gemäß § 1956 BGB (wie eine Annahme oder eine Ausschlagung) bei Vorliegen eines Anfechtungsgrundes angefochten werden. § 1954 Abs. 1 BGB sieht für die Anfechtungserklärung eine Frist von (ebenso) sechs Wochen vor. Eine solche hatte B1 im November 1996 abgegeben, was zur Ausschlagung der Erbschaft nach § 1957 BGB führte. Denn diese Anfechtung war wirksam:

> „[B1] hat in ihrer Anfechtungserklärung erklärt, sie habe die Erbschaft nicht annehmen wollen und ihr sei über die Frist zur Ausschlagung der Erbschaft nichts bekannt gewesen. Hierin liegt ein beachtlicher Anfechtungsgrund iSd § 1956 BGB (...).“[256]

Doch auch bei dieser Anfechtungserklärung hatte sich B1 geirrt, nur diesmal über die Werthaltigkeit des Nachlasses:

> „Anerkannt ist allerdings, dass auch eine Anfechtungserklärung gem. §§ 1954, 1956 BGB ihrerseits angefochten werden kann (...). Der Anfechtungsgrund ergibt sich [vorliegend] aus dem Irrtum (...) über (...) eine verkehrswesentliche Eigenschaft iSv. § 119 II BGB (...).“[257]

Eine solche Anfechtung würde dazu führen, dass die Anfechtung der Versäumung der Ausschlagungsfrist nach § 142 Abs. 1 BGB von Anfang an unwirksam war. Damit wäre der ursprüngliche Rechtszustand (keine Ausschlagung) wiederhergestellt und B1 Erbin zu einem Drittel. Voraussetzung hierfür ist allerdings, dass die (zweite) Anfechtungserklärung nicht verfristet war. Die Anfechtungsfrist könnte sich (zu B1s Gunsten) nach § 1954 Abs. 1 u. 4 BGB oder § 121 BGB (aufgrund der zehnjährigen Ausschlussfrist zu B1s Ungunsten) bestimmen. Der BGH führt zu dieser umstrittenen Frage aus:

> „Die Anfechtungserklärung der [B1] ist (...) verfristet. Eine unmittelbare Anwendung von § 1954 I BGB kommt bereits deshalb nicht in Betracht, weil hier nicht die Anfechtung der Annahme oder der Ausschlagung, sondern die Anfechtung der Anfechtungserklärung in Rede steht (...). Da diese in den §§ 1954, 1956 f. BGB nicht geregelt ist, gelten für sie vielmehr die allgemeinen Vorschriften der §§ 119 ff. BGB. Auch für eine entsprechende Anwendung von § 1954 BGB besteht keine Veranlassung. (...) Angefochten wird in derartigen Fällen nicht die fingierte Ausschlagung oder Annahme, sondern die Anfechtungserklärung selbst. (...) [Um derartige Fiktion] geht es hier nicht, da die Anfechtung der Anfechtungserklärung von selbst den Rechtszustand wiederherstellt, der vor der ersten Anfechtungserklärung bestanden hat. (...) Auch aus praktischen Gründen besteht kein Bedarf für eine Anwendung der längeren Anfechtungsfristen des § 1954 BGB gegenüber denjenigen in § 121 BGB. Hat ein Beteiligter bereits einmal seine Annahme oder Ausschlagung angefochten und erfährt er später, dass diese Anfechtungserklärung auf einem Irrtum beruhte, so ist es ihm zuzumuten, nunmehr unverzüglich iSv. § 121 I 1 BGB die Anfechtung zu erklären, damit möglichst schnell Rechtssicherheit hergestellt wird. Weder bedarf er hierzu einer sechswöchigen Überlegungsfrist gem. § 1954 I und II BGB noch ist es sachgerecht, gem. § 1954 IV BGB erst nach Ablauf von 30 Jahren eine Anfechtung der Anfechtungserklärung auszuschließen. Dies könnte bei mehrfachen, zeitlich

---

256   BGH, NJW 2015, 2729, 2729.
257   BGH, NJW 2015, 2729, 2729 f.

hintereinander gestaffelten Anfechtungserklärungen (…) eine endgültige Klärung der Rechtsnachfolge nach dem Erblasser für einen unabsehbaren Zeitraum erschweren."[258]

Zu bedenken ist freilich, dass B1 nun aufgrund der (ersten) Anfechtung der Versäumung der Ausschlagungsfrist schlechter steht, als wenn sie 1996 die Erbschaft form- und fristgerecht ausgeschlagen hätte.[259]

Prüfungsaufbau

I. Erbenstellung der B1
  1. Gesetzliche Erbfolge
     a) Erbenstellung als Tochter zu einem Drittel, § 1924 BGB
     b) Ausschlagung der Erbschaft?
        aa) Erklärung der Ausschlagung?
        bb) Fiktion der Ausschlagung aufgrund der Anfechtung der Fristversäumung, § 1957 BGB?
           (1) Anfechtungsgrund
              (P) Unkenntnis hinsichtlich der Ausschlagungsfrist
           (2) Anfechtungserklärung
           (3) Anfechtungsfrist, § 1954 Abs. 1 BGB
           (4) Unwirksamkeit der Anfechtung der Fristversäumung nach § 142 Abs. 1 BGB (Anfechtung der Anfechtung)?
              (a) Anfechtungsgrund
              (b) Anfechtungserklärung
              (c) Anfechtungsfrist
                 (P) § 1954 BGB oder § 121 BGB?
           …

Weiterführende Hinweise

Anfall und Ausschlagung der Erbschaft: *Lipp*, Erbrecht, § 15 Rn. 464 ff.

49. BGH, Urt. v. 29.6.2016 – IV ZR 387/15, NJW 2016, 2954 = JA 2016, 703 = JuS 2017, 173

Leitsatz

Auch nach der Neufassung des § 2306 Abs. 1 BGB mit Wirkung zum 1.1.2010 kann ein zur Anfechtung der Annahme einer Erbschaft berechtigender Irrtum vorliegen, wenn der mit Beschwerungen als Erbe eingesetzte Pflichtteilsberechtigte irrig davon ausgeht, er dürfe die Erbschaft nicht ausschlagen, um seinen Anspruch auf den Pflichtteil nicht zu verlieren.

---

258 BGH, NJW 2015, 2729, 2730.
259 Kritisch daher etwa *Litzenburger*, ZEV 2015, 470, 471.

Sachverhalt (gekürzt)

Die am 25.1.2012 verstorbene Erblasserin E, deren Ehemann 1998 vorverstorben war, hatte vier Kinder, darunter B. Zwei Kinder waren vorverstorben. K ist ein Enkel der E. E hinterließ drei Testamente vom 14.9.1994, 18.4.2007 und vom 18.8.2008, die am 5.3.2012 vom Nachlassgericht eröffnet wurden. Im Testament vom 18.4.2007 setzte E die B zur Miterbin zu 1/4 ein und zu Gunsten des K sowie seiner zwei Geschwister ein Vorausvermächtnis hinsichtlich eines Hausgrundstücks aus, welches sie in ihrem Testament vom 18.8.2008 wiederum mit einem Untervermächtnis unter anderem zu Gunsten der B iHv. 15.000 Euro belastete. K wurde von E zum Testamentsvollstrecker bestimmt. B erhielt im März 2012 Kenntnis von den letztwilligen Verfügungen. Mit Schreiben vom 12.6.2012 erklärte B die Anfechtung der Versäumung der Ausschlagungsfrist und gleichzeitig die Erbausschlagung. In dem Schreiben heißt es unter anderem:

> „Ich wollte die Erbschaft in Wirklichkeit nicht annehmen, sondern habe die Frist zur Ausschlagung versäumt, weil ich in dem Glauben war, dass ich im Fall einer Ausschlagung vollumfänglich vom Nachlass ausgeschlossen wäre und zwar auch bezüglich von Pflichtteilsansprüchen und des zu meinen Gunsten eingeräumten Untervermächtnisses. Ich habe mich also über den rechtlichen Regelungsgehalt des § 2306 BGB geirrt, der zu einem Irrtum über die Rechtsfolgen der Nichtausschlagung führte."

K meint, dass B nicht pflichtteilsberechtigt, sondern als Miterbin zu einem Anteil von 1/4 anzusehen ist. Zu Recht?

Erläuterung

Der Fall verknüpft Erbrecht mit Fragen des Allgemeinen Teils und eignet sich damit (auch) für eine Pflichtfachprüfung bzw. für einen erbrechtlichen Einstieg in eine solche Prüfung.

Entscheidend für das Verständnis des Falls ist der mit Wirkung zum 1.1.2010 neugefasste § 2306 Abs. 1 BGB, eine Regelung aus dem Pflichtteilsrecht. Den Pflichtteil kann grundsätzlich nach § 2303 BGB derjenige Abkömmling oder Ehegatte verlangen, der nach der gesetzlichen Erbfolge zum Erben berufen wäre, aber durch eine Verfügung von Todes wegen von der Erbfolge ausgeschlossen ist. In den in § 2306 Abs. 1 BGB genannten Fällen – und darum geht es hier – kann auch der zum Erben berufene Pflichtteilsberechtigte den gesetzlichen Pflichtteil verlangen, wenn er die Erbschaft ausschlägt. Ein Ausschlagen ist allerdings nicht mehr möglich, wenn die Erbschaft angenommen wurde. Als Annahme gilt nach § 1943 BGB auch der Ablauf der nach § 1944 Abs. 1 BGB für die Ausschlagung maßgeblichen Frist. Die Versäumung der Frist kann allerdings nach § 1956 BGB angefochten werden, was wiederum nach § 1957 BGB die Ausschlagung zur Folge hätte.[260]

(Streit-)Entscheidend ist somit, ob B die Versäumung der Ausschlagungsfrist wirksam angefochten hat. Voraussetzung dafür wäre, dass der Irrtum über den Regelungsgehalt

---

260 Siehe auch bereits Fall 48.

des § 2306 BGB zur Anfechtung berechtigt (dies hatte der BGH zu § 2306 Abs. 1 BGB a. F. angenommen). Der BGH führt hierzu aus:

> „Der Anfechtungsgrund ergibt sich hier aus § 119 I BGB [iVm. § 2306 Abs. 1 BGB]. Die Sonderregeln der §§ 1954, 1955, 1957 BGB für Frist, Form und Wirkung der Anfechtung ändern oder erweitern die Anfechtungsgründe nicht (…). Ein Inhaltsirrtum iSv. § 119 I Var. 1 BGB kann auch darin gesehen werden, dass der Erklärende über Rechtsfolgen seiner Willenserklärung irrt, weil das Rechtsgeschäft nicht nur die von ihm erstrebten Rechtswirkungen erzeugt, sondern solche, die sich davon unterscheiden. Ein derartiger Rechtsirrtum berechtigt nach ständiger Rechtsprechung nur dann zur Anfechtung, wenn das vorgenommene Rechtsgeschäft wesentlich andere als die beabsichtigten Wirkungen erzeugt. Dagegen ist der nicht erkannte Eintritt zusätzlicher oder mittelbarer Rechtswirkungen, die zu den gewollten und eingetretenen Rechtsfolgen hinzutreten, kein Irrtum über den Inhalt der Erklärung mehr, sondern ein unbeachtlicher Motivirrtum (…). Auch nach der Neuregelung des § 2306 I BGB können sich zur Anfechtung wegen Inhaltsirrtums berechtigende Sachverhaltskonstellationen ergeben (…). Der mit Beschränkungen und Beschwerungen belastete Erbe – wie hier [B] – wird im Regelfall nicht wissen, dass er die Erbschaft ausschlagen muss, um seinen Pflichtteilsanspruch nicht zu verlieren (…). Der Regelungsgehalt des § 2306 I BGB steht gerade im Gegensatz zu dem sonstigen Grundsatz, dass die Erbausschlagung zum Verlust jeder Nachlassbeteiligung führt (vgl. § 1953 I und II BGB). Vielmehr kommt es in derartigen Fällen – wie auch hier bei [B] – in Betracht, dass ein mit Belastungen und Beschwerungen eingesetzter Erbe die Erbschaft nur deshalb nicht ausschlägt, weil er davon ausgeht, ansonsten keinen Pflichtteilsanspruch zu haben. In diesem Fall spielt es auch keine Rolle, ob der Erbe die Erbschaft ausdrücklich annimmt oder lediglich durch Verstreichenlassen der Ausschlagungsfrist. (…) [D]ie Änderung des § 2306 I BGB mit der Aufgabe der Differenzierung nach der Größe des hinterlassenen Erbteils (…) ändert aber (…) nichts daran, dass der mit Beschränkungen und Belastungen beschwerte Erbe auch weiterhin eine wirtschaftliche Abwägung dahin treffen muss, ob er den mit Beschränkungen oder Beschwerungen belasteten Erbteil annimmt oder diesen ausschlägt und den Pflichtteil verlangt. Um einen bloßen Kalkulationsirrtum handelt es sich hierbei (…) nicht. Da es sich bei dieser Entscheidung (…) um zwei Seiten derselben Medaille handelt, ist eine Anfechtung wegen Inhaltsirrtums vielmehr weiterhin möglich, wenn der Erbe – wie hier [B] – irrig annimmt, im Fall einer Ausschlagung keinerlei Teilhabe am Nachlass, insbesondere keinen Pflichtteilsanspruch, mehr zu haben."[261]

B konnte also auf der Grundlage eines Inhaltsirrtums (beachtlicher Rechtsfolgenirrtum) anfechten.[262] Die sechswöchige Anfechtungsfrist (§ 1954 Abs. 1 BGB) beginnt hier nach § 1954 Abs. 2 Satz 1 BGB mit dem Zeitpunkt, in welchem der Anfechtungsberechtigte von dem Anfechtungsgrund Kenntnis erlangt:

> „Diese Kenntnis setzt ein zuverlässiges Erfahren der in Betracht kommenden Umstände voraus, aufgrund dessen ein Handeln von ihm erwartet werden kann. Ebenso wie ein Irrtum im Tatsachenbereich kann auch eine irrige rechtliche Beurteilung verhindern, dass der pflichtteilsberechtigte Erbe diejenige Kenntnis erlangt, die ihm eine richtige Abwägung des Für und Wider der zu treffenden Entscheidung, ihrer Tragweite und Auswirkung ermöglicht (…). Ob eine Kenntnis früher hätte erlangt werden können und ob diese fehlende Kenntniserlangung verschuldet ist, spielt demgegenüber keine Rolle (…)."[263]

---

261 BGH, NJW 2016, 2954, 2955 f.
262 Kritisch aus dogmatischer Sicht etwa *Lange*, ZEV 2016, 577, 578.
263 BGH, NJW 2016, 2954, 2957.

Prüfungsaufbau

I. Erbenstellung der B
  1. Gesetzliche Erbfolge
    a) Erbenstellung als Tochter, § 1924 BGB
    b) Ausschlagung der Erbschaft
      aa) Annahme, §§ 1943, 1944 BGB
      bb) Anfechtung der Versäumung der Ausschlagungsfrist, § 1956 Abs. 1 BGB
        (1) Anfechtungsgrund
          (P) Irrtum über die Regelung des § 2306 Abs. 1 BGB
        (2) Anfechtungserklärung
        (3) Anfechtungsfrist, § 1954 Abs. 1 BGB
      ...

Weiterführende Hinweise

Anfall und Ausschlagung der Erbschaft: *Lipp*, Erbrecht, § 15 Rn. 464 ff.
Rechtsfolgenirrtum: *Gottwald/Würdinger*, BGB AT, § 5 II 6 Rn. 157

50. BGH, Urt. v. 26.5.2016 – IV ZR 205/15, NJW 2016, 2566 = JuS 2017, 72

Leitsatz

Die Anfechtung wechselbezüglicher Verfügungen des erstversterbenden Ehegatten durch einen Dritten wird nicht in entsprechender Anwendung von § 2285 BGB beschränkt.

Sachverhalt (gekürzt und vereinfacht)

K und B sind Töchter des Ehepaares M. Die Eheleute errichteten am 7.4.1977 ein handschriftliches gemeinschaftliches Testament, in dem sie sich gegenseitig als Erben einsetzten. Die Eheleute bestimmten K zur Erbin des zuletzt versterbenden Ehegatten und enterbten B. Der Vater verfasste außerdem im Jahre 1985 ein handschriftliches Einzeltestament, in dem er seine Ehefrau als Alleinerbin einsetzte. Nach seinem Tod im Jahr 1995 lag dem Nachlassgericht nur dieses von der Mutter abgelieferte Einzeltestament vor. Die Ehefrau verstarb am 22.1.2012. Nachdem K am 15.7.2013 das gemeinschaftliche Testament im Tresor des Elternhauses gefunden hatte, meint K, ihr müsse ein Erbschein als Alleinerbin der Mutter erteilt werden. B erklärte mit Schreiben vom 27.7.2013 gegenüber dem Nachlassgericht die Anfechtung des Testaments wegen eines Motivirrtums ihrer Eltern. Diese hatten B vom Nachlass ausgeschlossen, weil sie (B) damals Sozialpädagogik statt Medizin studiert und ihre Eltern außerdem erfolgreich auf Unterhaltleistung verklagt hatte; bereits etwa ein Jahr später hatten sich B und ihre Eltern jedoch wieder versöhnt.

Steht B das behauptete Anfechtungsrecht zu?

Erläuterung

Die Anfechtung eines wechselbezüglichen Ehegattentestaments gehört sicherlich nicht zu den leichtesten Aspekten des Erbrechts – dennoch (oder gerade deswegen) eignen sich entsprechende Fälle gut für eine Klausur.

Zum Verständnis des Falls zunächst: Die Eheleute errichteten ein gemeinschaftliches Testament, das wechselseitige Verfügungen enthielt, §§ 2265, 2270 BGB. Das im Jahre 1985 verfasste (einfache) Testament des Vaters ist insoweit nach § 2271 Abs. 1 Satz 2 BGB unerheblich. Bis zum Tod eines der Ehegatten sind die wechselseitigen Verfügungen nach Maßgabe des § 2271 BGB widerruflich, ein Anfechtungsrecht besteht daher bis zum Tod des Erstversterbenden nicht. Mit dem Tod des erstversterbenden Ehegatten ist der andere Ehegatte an die wechselseitigen Verfügungen gebunden und ist gehindert die wechselseitige Verfügung zu widerrufen, § 2271 Abs. 2 Satz 1 BGB. Die Bindung des überlebenden Ehegatten ist dabei mit den Wirkungen eines Erbvertrags vergleichbar, weswegen verschiedene erbvertragliche Normen entsprechend angewendet werden (z. B. § 2287 BGB). Trotz der Bindung kann der überlebende Ehegatte allerdings seine wechselseitige Verfügung – etwa wegen eines (*in casu* noch nicht abschließend festgestellten) Motivirrtums nach § 2078 BGB – anfechten, §§ 2281 ff. BGB. Hierfür ist allerdings die Jahresfrist des § 2283 BGB zu beachten. Diese ist hier relevant, denn eine Anfechtung der Ehefrau betreffend den Motivirrtum war somit aufgrund Verfristung nicht (mehr) möglich – die Anfechtungsfrist begann ab dem Tod des Ehemanns zu laufen. Nach § 2285 BGB analog war damit auch ein Anfechtungsrecht der B betreffend die Verfügung ihrer Mutter ausgeschlossen:

> „Die erbvertragliche Vorschrift des § 2285 BGB ist auf die wechselbezüglichen Verfügungen des letztverstorbenen Ehegatten im gemeinschaftlichen Testament entsprechend anwendbar (…). Die entsprechende Anwendung folgt aus der engen Verwandtschaft und völligen Gleichheit der Rechtslage, die gegenüber dem durch Erbvertrag gebundenen Erblasser und dem überlebenden Ehegatten besteht, soweit jener das ihm wechselbezüglich Zugewendete nicht ausgeschlagen hat (…).“[264]

Die analoge Anwendung von § 2285 BGB in Bezug auf die Verfügung des überlebenden Ehegatten ist sachgerecht. Schließlich hat die Ehefrau eine Anfechtung trotz Kenntnis unterlassen. Dies gilt es auch von B zu akzeptieren:

> „Es gibt (…) keinen Grund, den anfechtungsberechtigten Dritten gegenüber dem gemeinschaftlichen Testament besser zu stellen und den überlebenden, gebundenen Ehegatten nicht ebenso wie den Vertragserblasser in die Lage zu versetzen, durch das Unterlassen der Anfechtung nach freiem Belieben das Anfechtungsrecht des Dritten zu zerstören (…).“[265]

(Streit-)Entscheidend war daher die Frage, ob B noch ein Anfechtungsrecht gemäß § 2078 Abs. 2 BGB betreffend die väterliche Verfügung hatte oder ob ein solches ebenso nach § 2285 BGB analog ausgeschlossen ist. Der BGH verneint letzteres:

264 BGH, NJW 2016, 2566, 2566.
265 BGH, NJW 2016, 2566, 2566.

> „Eine analoge Anwendung [von § 2285 BGB] auf die Drittanfechtung einer wechsel-
> bezüglichen Verfügung des erstversterbenden Ehegatten im gemeinschaftlichen Testa-
> ment kommt nicht in Betracht. Es fehlt an der vergleichbaren Interessenlage, die für
> eine Analogie neben einer planwidrigen Regelungslücke erforderlich ist. (…) Wegen der
> unterschiedlichen Ausgestaltung des Widerrufsrechts des erstversterbenden Ehegatten
> und des beim Erbvertrag bestehenden Anfechtungsrechts ist weder § 2285 BGB zur ent-
> sprechenden Anwendung auf die wechselbezügliche Verfügung des erstversterbenden
> Ehegatten geeignet noch ist diese Analogie angesichts der dort bestehenden Interessen-
> lage erforderlich. (…) Dieser besondere Schutz des Willens des Erblassers durch die
> Beschränkung der Drittanfechtung nach § 2285 BGB folgt aus der Bindung des Vertrags-
> erblassers an seine eigene Verfügung, der er bereits zu Lebzeiten unterliegt. § 2285 BGB
> bringt den allgemeinen Gedanken zum Ausdruck, dass stets der Wille des Erblassers
> dafür maßgebend bleibt, ob ein Dritter seinerseits den Bestand der letztwilligen Verfü-
> gung angreifen darf oder nicht (…). Das Anfechtungsrecht eines Dritten reicht [daher]
> von vornherein nicht über [das Widerrufsrecht] des [erstversterbenden] Erblassers, sich
> von seiner Verfügung zu lösen, hinaus (…). Eine uneingeschränkte analoge Anwendung
> von § 2285 BGB auf das Erlöschen des Widerrufsrechts durch den Erbfall hätte (…) zur
> Folge, dass eine Anfechtung durch Dritte immer und unabhängig davon ausgeschlossen
> wäre, ob der Erblasser Kenntnis von Tatsachen hatte, die ein Anfechtungsrecht begrün-
> den. Damit wäre es nicht mehr möglich, dem wahren Willen des Erblassers Geltung
> zu verschaffen. (…) Die analoge Anwendung des § 2285 BGB kann aber auch nicht
> auf Fälle beschränkt werden, in denen der erstversterbende Ehegatte seine Verfügung
> trotz Kenntnis der später zur Begründung der Anfechtung angeführten Gründe nicht
> widerruft. (…) Der erstversterbende Ehegatte befindet sich anders als der Letztverster-
> bende trotz Kenntnis von einem möglichen Anfechtungsgrund nicht in der Situation,
> fristgebunden entscheiden zu müssen, ob er die Verfügung anfechten oder andernfalls
> eine grundsätzlich nicht mehr zu beseitigende Bindung eingehen will. Bleibt er untätig,
> kann dieses Unterlassen allein daher nicht als Verstreichenlassen einer – fiktiven – An-
> fechtungsfrist mit entsprechenden Rechtsfolgen gedeutet werden. Seinem Willen wird
> vielmehr ausschließlich durch die Prüfung, ob die Voraussetzungen eines Drittanfech-
> tungsrechtes vorliegen, Geltung verschafft (…).“[266]

Abschließend war noch eine Bestätigung der anfechtbaren Verfügung zu erwägen:

> „Ohne (…) Feststellungen zum Willen des Erblassers kann allein aus dem Umstand, dass
> das Testament weiter existierte, nicht geschlossen werden, der Erblasser habe das Testa-
> ment bestätigt oder der behauptete Motivirrtum sei nicht kausal für seine Verfügung
> gewesen.“[267]

Prüfungsaufbau

> I. Anfechtungsrecht, § 2078 BGB
> 1. Anfechtungsberechtigung, § 2080 Abs. 1 BGB
> 2. Anfechtungsgrund, § 2078 Abs. 2 BGB
> 3. Ausschluss nach § 2285 BGB analog?
>   a) Wechselseitige Verfügung der Mutter, § 2270 BGB
>   (P) Keine Ausübung des Anfechtungsrechts durch M innerhalb Jahresfrist,
>   § 2283 BGB / Ausschluss nach § 2285 BGB analog

---

266 BGH, NJW 2016, 2566, 2566 f.
267 BGH, NJW 2016, 2566, 2568.

b) Wechselseitige Verfügung des Vaters, § 2270 BGB
   (P) § 2285 BGB analog?
4. Bestätigung, § 2284 BGB

...

Weiterführende Hinweise

Berliner Testament: *Lipp*, Erbrecht, § 13 II 2 Rn. 404 ff.
Erbvertrag: *Lipp*, Erbrecht, § 14 Rn. 428 ff.

G. Handelsrecht

51. BFH, Urt. v. 20.5.2014 – VII R 46/13, NZG 2014, 1239 = JA 2015, 388

Leitsätze

1. Wesentliche Voraussetzung für eine Nachfolgehaftung gem. § 25 HGB ist – neben der Geschäftsfortführung – die Fortführung der bisherigen Firma.

2. Entscheidendes Merkmal einer Firma ist, dass dieser Name geeignet ist, den Geschäftsinhaber im Rechtsverkehr zu individualisieren.

3. Eine Geschäfts- oder Etablissementbezeichnung, die das Geschäftslokal oder den Betrieb allgemein, nicht aber den Geschäftsinhaber kennzeichnet, ist keine Firma, es sei denn, dass sie im maßgeblichen Rechtsverkehr, in Verträgen, auf Geschäftsbriefen u. Ä. „firmenmäßig" verwendet wird.

Sachverhalt (gekürzt und vereinfacht)

A betrieb von 2004 bis 2008 – als Vollkauffrau, aber ohne Eintragung ins Handelsregister –, das Restaurant „Cajus Julius Cäsar"[268]. Gegenüber ihrem Steuerberater, dem Finanzamt, dem Gewerbeamt, der Brauerei und der Verpächterin trat A unter ihrem Namen auf. Die Lieferanten adressierten ihre Rechnungen an „Italienisches Restaurant Cajus Julius Cäsar Inh. A" bzw. „Cajus Julius Cäsar A Italienisches Restaurant". Mit Gesellschaftsvertrag vom 8.4.2008 wurde K gegründet und am 15.10.2008 mit der Firma „K Speise-GmbH" ins Handelsregister eingetragen. Alleingesellschafter und Geschäftsführer war B. Mit Vertrag vom 20.4.2008 pachtete B die Räumlichkeiten des Restaurants samt Inventar und verpachtete sie am 25.4.2008 an die K in Gründung (i. Gr.) weiter. Am 10.7.2008 meldete die K i. Gr. beim Gewerbeamt ein ausländisches Restaurant an. Mit Kaufvertrag vom 31.7.2008 erwarb die K i. Gr., vertreten durch B, von A Inventar, Vorräte etc. Die K i. Gr. beschäftigte ab August 2008 – mit einer Ausnahme – alle vorhandenen Angestellten weiter, ebenso A. Ein Hinweis auf die Firma „K Speise-GmbH" fand sich in der Werbung und auf den Speisekarten nicht. Die Lieferverträge für das Restaurant wurden von K neu abgeschlossen. Die Lieferanten von Speisen und Getränken, Gas und Heizöl stellten ihre Rechnungen ab August 2008 an die „K Speise-GmbH". Einzelne Lieferanten nutzten auch folgende Bezeichnungen: „Julius Cäsar Speise-GmbH", „Julius Cäsar Restaurant" oder „Italienisches Rest. Cajus Julius Cäsar".

---

268 Dieser Name wurde zum Zwecke der Veranschaulichung durch den Verf. gewählt; das Urteil nimmt nur Bezug auf „Ausländisches Restaurant XYZ".

Das Finanzamt nahm die K wegen der Betriebsübernahme mit Bescheid vom 15.4.2009 für Abgaberückstände der Jahre 2004 bis 2008 in Haftung nach § 191 Abs. 1 AO iVm. § 25 HGB. Zu Recht?

Erläuterung

Die Entscheidung des BFH erging zwar in einem finanzgerichtlichen Verfahren. Die maßgebliche Rechtsfrage war aber eine des Handelsrechts. Der Fall eignet sich sehr gut für (den Einstieg in) eine Klausur und ermöglicht zudem eine knappe, gleichwohl präzise Wiederholung des Firmenrechts.

Ausgangspunkt für die Frage der Haftung der K für (Steuer-)Forderungen des Fiskus ist § 25 Abs. 1 HGB. Der BFH führt aus:

> „Gemäß § 25 I HGB haftet derjenige, der ein unter Lebenden erworbenes Handelsgeschäft unter der bisherigen Firma fortführt, für alle im Betrieb des Geschäfts begründeten Verbindlichkeiten des früheren Inhabers. Wesentliche Voraussetzung für diese Nachfolgehaftung ist nach dem eindeutigen Gesetzeswortlaut – neben der Geschäftsfortführung – die Fortführung des Handelsgeschäfts unter der „bisherigen Firma" (§ 25 I HGB) bzw. die „Fortführung der Firma" (vgl. § 26 I 1 HGB)."[269]

Nicht (allein) ausreichend für eine Haftung der K sind demnach die allgemeinen Umstände wie

> „gleichbleibende Geschäftsadresse und Telefonnummer, unverändertes Personal und Betriebskonzept",

welche

> „Ausdruck der im Streitfall unstreitig gegebenen Fortführung eines vollkaufmännischen Gewerbebetriebs, nicht aber der für den Tatbestand des § 25 I HGB gleichfalls erforderlichen Firmenfortführung [sind] (…)."[270]

(Vorgreifliche) Voraussetzung hierfür ist, dass „Italienisches Restaurant Cajus Julius Cäsar" eine Firma im handelsrechtlichen Sinne ist.[271] Dies lehnt der BFH ab:

> „Gemäß § 17 I HGB ist die Firma eines Kaufmanns der Name, unter dem er seine Geschäfte betreibt und die Unterschrift abgibt. Entscheidendes Merkmal einer Firma ist, dass dieser Name geeignet ist, den Geschäftsinhaber – den Schuldner der Verbindlichkeit – im Rechtsverkehr zu individualisieren. Eine Geschäfts- oder Etablissementbezeichnung, die lediglich das Geschäftslokal oder den Betrieb allgemein, nicht aber den Geschäftsinhaber kennzeichnet, ist keine Firma (…)."[272]

Um genau so eine reine Geschäfts- oder Etablissementbezeichnung handelt es sich aber hier und diese ist zudem auch nicht „firmenmäßig" verwendet worden:

> „Entscheidend ist, dass sowohl die frühere Inhaberin des Restaurants als auch [K] die Bezeichnung [„(italienisches Restaurant) (Cajus) Julius Cäsar"] im rechtsgeschäftlichen

---

269 BFH, NZG 2014, 1239, 1239.
270 BFH, NZG 2014, 1239, 1240.
271 Siehe die Übersicht zum Diskussionsstand bei *Weber*, JA 2015, 388, 389 f.
272 BFH, NZG 2014, 1239, 1239.

Verkehr, in Geschäftsbriefen oder Verträgen und bei Unterschriften nicht als ihren Namen, dh nicht „firmenmäßig" verwendet haben."[273]

Ergänzend ist zu beachten:

> „Soweit einzelne Rechnungen an das Restaurant adressiert waren, handelt es sich ersichtlich um Ungenauigkeiten der Rechnungssteller."[274]

Zudem hatte auch aus Gästesicht wohl kaum jemand den Gaststättennamen „(Italienisches Restaurant) Cajus Julius Cäsar" als Firma der jeweiligen Inhaberin begriffen:

> „Bei Gaststätten sind Etablissementbezeichnungen weit verbreitet, die oft über lange Zeit unabhängig von der Person des Inhabers oder Pächters verwendet werden. Da Speisen und Getränke regelmäßig als Vorleistung gereicht und in Gaststätten meist auch so genannte „Bargeschäfte des täglichen Lebens" abgeschlossen werden, sind für Restaurantbesucher die Fähigkeiten des Kochs von größerer Bedeutung als die im Rechtsverkehr verwendete Firma des Inhabers. Deshalb sehen sie oft über das Fehlen von Angaben zur Firma hinweg. Im konkreten Fall handelte es sich bei [„Cajus Julius Cäsar"] um den Namen einer bekannten historischen Person, so dass es für Restaurantgäste fernlag anzunehmen, der Inhaber der Gaststätte trage diesen Namen. Auch wenn gem. § 18 HGB nF so genannte „Phantasiefirmen" zulässig sind, wurde der Restaurantname jedoch im Streitfall nicht als Firma geführt."[275]

Eine Haftung des K für Verbindlichkeiten der A gemäß § 25 Abs. 1 HGB scheidet vor diesem Hintergrund aus.

Abschließend noch folgender Hinweis: Die Relevanz der Firmen- und der Rechtsformänderung für das Zwangsvollstreckungsrecht unterstreicht BGH, NJW 2017, 2917 = JuS 2017, 1221.

Prüfungsaufbau

> I. Haftung nach § 25 Abs. 1 HGB
> 1. Handelsgeschäft
> 2. Fortführung „unter der bisherigen Firma"
>   (P) „(italienisches Restaurant) (Cajus) Julius Cäsar" Firma?
>   (P) „Fortführung" im Rechtsverkehr?
>   …

Weiterführende Hinweise

Haftung des Erwerbers bei Firmenfortführung: *Bayer/Lieder*, Handels- und Gesellschaftsrecht, § 4 III 1 Rn. 141 ff.

---

273 BFH, NZG 2014, 1239, 1240.
274 BFH, NZG 2014, 1239, 1239.
275 BFH, NZG 2014, 1239, 1240.

H. Gesellschaftsrecht

52. BGH, Beschl. v. 16.5.2017 – II ZB 7/16, NJW 2017, 1943 = JuS 2017, 776

Leitsatz

Die Anerkennung eines Vereins als gemeinnützig im Sinne der §§ 51 ff. AO hat Indizwirkung dafür, dass er nicht auf einen wirtschaftlichen Geschäftsbetrieb gerichtet ist und in das Vereinsregister eingetragen werden kann.

Sachverhalt (gekürzt)

Der Verein B ist seit dem 2.10.1995 im Vereinsregister beim AG Berlin-Charlottenburg eingetragen. In § 2 seiner Satzung ist der Zweck des B geregelt. Dort heißt es:

> „Der Verein verfolgt ausschließlich und unmittelbar gemeinnützige Zwecke im Sinne des Abschnitts ‚steuerbegünstigte Zwecke' der Abgabenordnung. Diese Zwecke sollen durch theoretische und praktische Arbeit auf dem Gebiet der Erziehung und Jugendberatung erreicht werden. Insbesondere durch Projekte wie die Einrichtung von Elterninitiativ-Kindertagesstätten, durch den Aufbau von beispielsweise Beratungsstellen oder Selbsthilfeprojekten für Jugendliche und junge Erwachsene. Der Verein ist selbstlos tätig, er verfolgt nicht in erster Linie eigenwirtschaftliche Zwecke. Die Mittel des Vereins dürfen nur für die satzungsmäßigen Zwecke verwendet werden. Der Vorstand ist ehrenamtlich tätig."

B hat elf Mitglieder und betreibt neun Kindertagesstätten mit einer Größe von jeweils 16–32 Kindern. B ist mit Bescheid des zuständigen Finanzamts von der Körperschaftsteuer und Gewerbesteuer befreit, weil B ausschließlich und unmittelbar steuerbegünstigten gemeinnützigen Zwecken iSd §§ 51 ff. AO dient.

Mit Verfügung vom 19.3.2015 leitete das AG Berlin-Charlottenburg ein Amtslöschungsverfahren gegen B ein und kündigte die Amtslöschung an. B begehrt die Einstellung des Verfahrens.

Erläuterung

Registerrechtliche Verfahren stehen in aller Regel nicht im Mittelpunkt von Examensklausuren. Dennoch ist die Entscheidung von so grundlegender (gesellschaftsrechtlicher) Bedeutung, dass die Lektüre mehr als lohnt. Der BGH justiert mit seinen Ausführungen nicht weniger als die rechtsformspezifischen Optionen für (nicht)unternehmerisches Handeln neu.[276]

Konkret steht eine Löschung aus dem Vereinsregister (von Amts wegen) nach § 395 FamFG in Rede. Diese kann erfolgen, wenn die Eintragung „wegen eines Mangels einer wesentlichen Voraussetzung unzulässig" ist. Dies wäre für den nicht wirtschaft-

---

276 Hierzu *Leuschner*, NJW 2017, 1919.

lichen Verein (sogenannter Idealverein) nach § 21 BGB der Fall, wenn der Zweck des Vereins sich ursprünglich (offene Rechtsformverfehlung) oder im Laufe seines Bestehens (verdeckte Rechtsformverfehlung) „auf einen wirtschaftlichen Geschäftsbetrieb" richtet. Abzugrenzen ist der Idealverein dadurch vom praktisch relativ unbedeutenden wirtschaftlichen Verein, der nach § 22 BGB nur Rechtsfähigkeit durch staatliche Verleihung erlangt – besondere, freilich „strengere" Regelungen für wirtschaftliche Geschäftsbetriebe sind darüber hinaus etwa das AktG, das GenG oder das GmbHG. Die (daher höchst praxisrelevante) Abgrenzung zwischen nicht wirtschaftlichem und wirtschaftlichem Verein wirft in Ansehung der vielfältigen Zwecke von Vereinen in der Rechtspraxis erhebliche Schwierigkeiten auf. Verwiesen sei nur auf das (nicht erfolgreiche) Löschungsverfahren gegen den FC Bayern München e. V. vor dem AG München.[277]

Mit seinem „Kita"-Beschluss hat der BGH nun die Chance ergriffen, die – aus seiner Sicht maßgeblichen – Abgrenzungsmaßstäbe zu präzisieren. Im Einzelnen führt der BGH zunächst in Bezug auf einen wirtschaftlichen Geschäftsbetrieb eines (nicht wirtschaftlichen) Vereins aus:

> „Die Voraussetzungen für das Vorliegen eines wirtschaftlichen Geschäftsbetriebs iSd §§ 21 und 22 BGB sind erfüllt, wenn der Verein planmäßig, auf Dauer angelegt und nach außen gerichtet, das heißt über den vereinsinternen Bereich hinausgehend, eigenunternehmerische Tätigkeiten entfaltet, die auf die Verschaffung vermögenswerter Vorteile zugunsten des Vereins oder seiner Mitglieder abzielen (…). Indessen ist es mit Zweck und Tätigkeit eines Idealvereins auch unter Berücksichtigung der Schutzzwecke der §§ 21 und 22 BGB nicht unvereinbar, wenn dieser in [diesem] Umfang einen wirtschaftlichen Geschäftsbetrieb führt."[278]

Es gilt nämlich das sogenannte Nebenzweckprivileg:

> „Ein Verein kann auch dann ein nichtwirtschaftlicher Verein sein, wenn er zur Erreichung seiner ideellen Ziele unternehmerische Tätigkeiten entfaltet, sofern diese dem nichtwirtschaftlichen Hauptzweck zu- und untergeordnet und Hilfsmittel zu dessen Erreichung sind (…). Entscheidend für die Einordnung ist nicht nur die Satzung des Vereins, sondern auch, in welcher Form er tatsächlich tätig wird (…)."[279]

Auf dieser Grundlage stuft der BGH den Betrieb entgeltlicher Kinderbetreuung als eine dem Nebenzweckprivileg unterfallende Tätigkeit ein und begründet dies – auch unter Bezugnahme auf die Gesetzgebungshistorie – wie folgt:

> „Für die Beurteilung dieser Frage ist die Anerkennung des [B] als gemeinnützig iSd §§ 51 ff. AO von entscheidender Bedeutung. Zwar sind die Voraussetzungen der Anerkennung als gemeinnützig iSd §§ 51 ff. AO nicht automatisch gleichbedeutend damit, ob ein Verein nicht auf einen Geschäftsbetrieb iSd § 21 BGB ausgerichtet ist. Eine Indizwirkung kommt diesem Umstand gleichwohl zu (…). In diesem Zusammenhang ist auch zu berücksichtigen, dass der Gesetzgeber als Gegenstück zum Idealverein die Gesellschaften (AG, GmbH etc.) vorgesehen hat. Den Gegensatz hat der Gesetzgeber darin gesehen, dass deren Gesellschaftsinteresse ihr Handeln bestimmt, das auf Geschäftsgewinn und den wirtschaftlichen Vorteil des Einzelnen abzielt (…). Gerade in diesem Punkt

---

277 Hierzu *Leuschner*, NZG 2017, 16.
278 BGH, NJW 2017, 1943, 1944.
279 BGH, NJW 2017, 1943, 1944.

unterscheidet sich aber der als gemeinnützig anerkannte Verein. (...) Dem kann nicht entgegengehalten werden, dass das Gemeinnützigkeitsrecht nach §§ 51 ff. AO keine Anhaltspunkte für die Vereinsklassifizierung biete, da auch Gesellschaften mit beschränkter Haftung als gemeinnützig anerkannt werden können (...)."[280]

Mit dem Nebenzweckprivileg allerdings nur noch bedingt vereinbar erscheint dann allerdings die folgende Schlussfolgerung:[281]

„Wenn ein Verein – ausgehend von dem Willen des Gesetzgebers ausweislich der Erwägungen im Gesetzgebungsverfahren – die Mittel in der erforderlichen Höhe zur Verwirklichung seiner ideellen Zwecke erwirtschaften darf (...), dann kann ihm auch nicht verwehrt werden, den ideellen Zweck unmittelbar mit seinen wirtschaftlichen Aktivitäten zu erfüllen."[282]

Denn die (auch) ideellen Zwecken dienende wirtschaftliche Betätigung führt nun selbst zum Idealverein – treffend *Leuschner*: „Der Zweck heiligt doch die Mittel!"[283]. Im Ergebnis gelangen damit trotz der Betonung der tatsächlichen Tätigkeit subjektive Elemente (der selbstdefinierte Vereinszweck) Einzug in die Beurteilung – welche damit deutlich von der traditionellen Vereinsklassenabgrenzung abweicht.[284]

Darüber hinaus sollen dem BGH zufolge auch nicht Aspekte des Wettbewerbs und insbesondere des Gläubigerschutzes zu einer anderen Beurteilung führen:

„Wenn ein Verein einen wirtschaftlichen Geschäftsbetrieb in einer bestimmten Größe unterhält, um die erforderlichen Mittel zur Erreichung des ideellen Zwecks zu erwirtschaften, entstehen keine größeren Gefahren für den Rechtsverkehr, wenn mittels des Geschäftsbetriebs unmittelbar der ideelle Zweck verfolgt wird. Eine zwangsnotwendige Ausdehnung des Geschäftsbetriebs mit höheren Risiken für den Geschäftsverkehr ist damit nicht verbunden (...). Eine Verlagerung von wirtschaftlichen Aktivitäten auf einen Idealverein ist nicht zu erwarten, wenn der Verein als gemeinnützig anerkannt ist, da die Einhaltung der Voraussetzungen des § 55 AO und insbesondere das Verbot der Gewinnausschüttung an die Mitglieder einer solchen Gefahr entgegenstehen. Es wird zudem der Anreiz gesenkt, erhebliche unternehmerische Risiken einzugehen (...)."[285]

Prüfungsaufbau

> I. Löschung nach § 395 FamFG
>   1. Unzulässige Eintragung
>   a) § 21 BGB
>   (P) „nicht auf einen wirtschaftlichen Geschäftsbetrieb gerichtet"?
>   ...

Weiterführende Hinweise

Körperschaft: *Bayer/Lieder*, Handels- und Gesellschaftsrecht, § 8 III Rn. 388 f.

---

280 BGH, NJW 2017, 1943, 1944 f.
281 Vgl. auch *Hüttemann*, JZ 2017, 897, 899.
282 BGH, NJW 2017, 1943, 1945.
283 *Leuschner*, NJW 2017, 1919.
284 Siehe auch *K. Schmidt*, JuS 2017, 776, 777 f. sowie *Hüttemann*, JZ 2017, 897, 898 f.
285 BGH, NJW 2017, 1943, 1945.

53. BGH, Urt. v. 20.9.2016 – II ZR 25/15, NZG 2016, 1315

Leitsatz

Die Umsetzung einer von einem übergeordneten Dachverband vorgesehenen Disziplinarmaßnahme gegenüber dem Mitglied eines nachgeordneten Vereins, das selbst nicht Mitglied des Dachverbands ist, bedarf entweder einer Grundlage in der Satzung des nachgeordneten Vereins oder einer sonstigen Anerkennung dieser Möglichkeit durch dessen Mitglied.

Sachverhalt (gekürzt und vereinfacht)

Der SV Wilhelmshaven (SVW) ist Mitglied des Norddeutschen Fußballverbands e. V. (NFV). Der NFV ist Mitglied des Deutschen Fußballbundes e.V. (DFB). Der DFB ist Mitglied der Fédération Internationale de Football Association (FIFA). In der Spielzeit 2006/2007 nahm die 1. Fußballmannschaft (Herren) des SVW auf der Grundlage eines zwischen dem DFB und dem SVW geschlossenen „Zulassungsvertrags Regionalliga" am Spielbetrieb der Regionalliga Nord teil.

Mit Vertrag vom 1.1.2007 verpflichtete der SVW einen zuvor als Amateur bei zwei argentinischen Fußballvereinen registrierten, 1987 geborenen Fußballspieler mit (jedenfalls auch) italienischer Staatsangehörigkeit für den Zeitraum vom 29.1.2007 bis zum 30.6.2007 als Vertragsspieler im Sinne der DFB-Spielordnung. Beide argentinischen Vereine beantragten im Juni 2007 bei der FIFA unter Berufung auf das FIFA-Reglement „bezüglich Status und Transfer von Spielern" die Festsetzung einer Ausbildungsentschädigung gegen den SVW.

Die zuständige FIFA Dispute Resolution Chamber in Zürich sprach am 5.12.2008 den beiden argentinischen Vereinen 157.500 Euro zu. Die Entscheidung wurde vom Court of Arbitration for Sports (CAS) in Lausanne bestätigt. Da der SVW die Ausbildungsentschädigungen nicht zahlte, traf die FIFA-Disziplinarkommission am 5.10.2012 folgende Entscheidung:

> „1. The club is pronounced guilty of failing to comply with a decision of a FIFA body in accordance with art. 64 of the FIFA Disciplinary Code (FDC). 2. The first team of the club is relegated to the next lower division (…)."

Daraufhin forderte die FIFA den DFB auf, den Abstieg umzusetzen, woraufhin der DFB wiederum den NFV ersuchte. Dessen Präsidium teilte dem SVW mit:

> „Der NFV ist als Mitglied des DFB verpflichtet, die von der FIFA getroffenen rechtlichen Entscheidungen zu vollziehen und ist aus diesen Gründen gehalten, die Sanktionsmaßnahme der FIFA-Disziplinar-Kommission umzusetzen und den Zwangsabstieg zu vollziehen. Das Präsidium des NFV hat am 7.12.2013 die Umsetzung der genannten Sanktionsmaßnahme beschlossen."

SVW ist der Auffassung, der Beschluss sei unwirksam.

In § 3 der Satzung des NFV wird die Mitgliedschaft des NFV im DFB benannt und sodann seine Aufgaben angeführt: a) die Vertretung der Belange des Fußballsports (…),

b) die Regelung aller fußballtechnischen Angelegenheiten (…) und e) die Durchführung des Spielbetriebs der beim NFV eingerichteten Ligen und Wettbewerbe (…).

§ 4 der Satzung des NFV benennt als Rechtsgrundlagen für die Erledigung der Aufgaben die Satzung und die Ordnungen des DFB sowie die Satzung des NFV und die dazugehörigen Ordnungen.

Erläuterung

Die Prüfung eines vereinsinternen Beschlusses ist sicherlich kein Klausuralltag. Die materiell-rechtlichen Aspekte des Urteils unterstreichen gleichwohl, dass eine Befassung hiermit auch aus Prüflingssicht lohnenswert ist (ferner stellten sich prozessuale Fragen zum Verhältnis von Sports- und ordentlicher Gerichtsbarkeit). Gegenstand der Entscheidung sind die Möglichkeiten und Grenzen der vereinsrechtlichen Satzungsautonomie.

Vorab: Es ist – im Sinne der Vereinigungsfreiheit – natürlich (aber nicht schrankenlos) denkbar, dass die Mitglieder eines Vereins in ihrer Satzung Sanktionen festlegen, die sich bei einem Fehlverhalten auch gegen sie selbst richten.[286] Prüfungsmaßstab für den konkreten Beschluss ist dabei der Folgende:

> „Ein Vereinsbeschluss ist nichtig, wenn die Beschlussfassung gegen das Gesetz, die guten Sitten oder zwingende Vorschriften der Satzung verstößt (…)."[287]

Ein Verstoß könnte hier vor allem deshalb in Betracht kommen, weil es für die ausgesprochene Maßnahme in der Satzung des NFV keine ausreichende Rechtsgrundlage gibt (manche werden sich an vergleichbare Fragen aus dem öffentlichen Recht erinnert wissen):

> „Beschlüsse, die in Ausübung der aus der Vereinsautonomie gem. Art. 9 GG hergeleiteten Sanktionsgewalt (…) Disziplinarmaßnahmen zum Gegenstand haben, bedürfen einer hinreichend bestimmten Grundlage, damit der Regelunterworfene einen eventuell drohenden Rechtsnachteil erkennen und entscheiden kann, ob er diesen hinnehmen beziehungsweise ob er sein Verhalten danach einrichten will (…). [Es] bedarf für die Umsetzung einer von einem übergeordneten Dachverband vorgesehenen Disziplinarmaßnahme gegenüber dem Mitglied eines nachgeordneten Vereins, das selbst nicht Mitglied des Dachverbands ist, entweder einer Grundlage in der Satzung des nachgeordneten Vereins oder einer sonstigen Anerkennung dieser Möglichkeit durch dessen Mitglied. (…) [Es] ist (…) Sache der Mitgliederversammlung des nachgeordneten Vereins, bei Beschlussfassungen über die Satzung die Zugehörigkeit des Vereins zu einem Dachverband zu berücksichtigen (…)."[288]

Dabei hatte sich der BGH auch mit der Frage auseinander zu setzen, inwieweit sich eine hinreichende Grundlage auch aus (Ketten-)Verweisen auf Satzungen von übergeordneten Verbänden (Dachverbände) ergeben kann:

---

286 Siehe etwa *Weller/Benz/Wolf*, JZ 2017, 237, 240.
287 BGH, NZG 2016, 1315, 1318.
288 BGH, NZG 2016, 1315, 1318 f.

„[Es] existiert keine für die vorliegend zu beurteilende Konstellation relevante (mehrfache), hinreichend klare Satzungsverweisung innerhalb der so genannten Verbandspyramide. (…) Gemäß [der] DFB-Satzung sind die Mitgliedsverbände verpflichtet, die Satzung und die für sie verbindlichen Ordnungen und Beschlüsse des DFB zu befolgen und Entscheidungen der Organe der FIFA zu vollziehen. Selbst wenn die Umsetzung einer FIFA-Entscheidung durch [den NFV] grundsätzlich unter diese Regelungen in der DFB-Satzung zu fassen wäre (…), müssten sie aber auch für Mitglieder des [NFV] (…) verbindlich sein."[289]

Der BGH verneint dies:

„Die Umsetzung von Sanktionen der FIFA (…) lässt sich bei der gebotenen objektiven Auslegung (…), keinem der in § 3 der Satzung des [NFV] genannten Aufgabenbereiche [zuordnen]. Insbesondere kann dies nicht unter die „Durchführung des Spielbetriebs" gefasst werden."[290]

Ergänzend weist der BGH noch auf das folgende hin:

„[Der SVW] hat sich auch nicht auf andere Weise einem durch den [NFV] ausgesprochenen Zwangsabstieg wegen Nichtzahlung der (…) Ausbildungsentschädigungen unterworfen, insbesondere nicht durch die Teilnahme an der Regionalliga (…). Bei den hier in Rede stehenden Regelungen über Ausbildungsentschädigungen und die damit im Zusammenhang stehenden Sanktionsbestimmungen der FIFA handelt es sich aber weder um Spielregeln im engeren Sinne noch um Regeln, die der Herstellung gleicher Sport- und Wettkampfbedingungen oder der Sicherstellung eines geregelten Sport- und Wettkampfbetriebs in der Regionalliga (…) dienen."[291]

Der BGH gelangt auf dieser Grundlage zu einer Unwirksamkeit des Beschlusses des NFV.

Die Frage, ob eine entsprechende dynamische Verweisung in der Satzung eines übergeordneten Verbands überhaupt wirksam wäre, lässt der BGH ebenso offen wie die Frage, ob das Entschädigungssystem der FIFA gegen Art. 45 AEUV verstößt.[292]

Prüfungsaufbau

> I. Nichtigkeit des Vereinsbeschlusses
> 1. Rechtsgrundlage
>   a) Satzung des NFV
>   (P) Anforderungen betreffend Sanktionen
>   (P) (Ketten-)Verweisungen in Satzungen
>   …

---

289 BGH, NZG 2016, 1315, 1319.
290 BGH, NZG 2016, 1315, 1319.
291 BGH, NZG 2016, 1315, 1320.
292 Hierzu etwa einführend *Jungmann*, npoR 2017, 20, 21 f.

54. BGH, Urt. v. 21.10.2014 – II ZR 84/13, NZG 2014, 1296 = JA 2015, 147 = JuS 2015, 655

Leitsätze

1. Die formelle Legitimation einer auf eine Mehrheitsklausel im Gesellschaftsvertrag einer Personengesellschaft gestützten Mehrheitsentscheidung ist auch bei einem Beschluss, mit dem die nach dem Gesellschaftsvertrag vorgesehene Einwilligung der Gesellschafterversammlung zur Abtretung eines Gesellschaftsanteils erklärt wird, bereits dann gegeben, wenn die Auslegung des Gesellschaftsvertrags nach allgemeinen Auslegungsgrundsätzen ergibt, dass dieser Beschlussgegenstand einer Mehrheitsentscheidung unterworfen sein soll.

2. Dem früheren Bestimmtheitsgrundsatz kommt für die formelle Legitimation einer Mehrheitsentscheidung keine Bedeutung mehr zu. Er ist bei der Auslegung auch nicht in Gestalt einer Auslegungsregel des Inhalts zu berücksichtigen, dass eine allgemeine Mehrheitsklausel restriktiv auszulegen ist oder sie jedenfalls dann, wenn sie außerhalb eines konkreten Anlasses vereinbart wurde, Beschlussgegenstände, die die Grundlagen der Gesellschaft betreffen oder ungewöhnliche Geschäfte beinhalten, regelmäßig nicht erfasst (…).

Sachverhalt (gekürzt und vereinfacht)

K und B sind Kommanditisten, die Gebr. S. Verwaltungsgesellschaft mbH (V) ist Komplementärin der Gebr. S-GmbH & Co. KG (G). Zwischen dem K und B besteht seit dem Jahre 2005 Streit darüber, ob K verpflichtet ist, seinen Kommanditanteil entschädigungslos auf die M-Stiftung zu übertragen. Am 5.7.2011 beschloss die Gesellschafterversammlung der G mit den Stimmen der V (80 %) und des B (10 %) und gegen die Stimmen des K (10 %) die entsprechende Übertragung des Kommanditanteils des K auf die M-Stiftung.

Der Gesellschaftsvertrag der G sieht unter anderem in § 6 Abs. 5 vor:

„Soweit nicht in diesem Gesellschaftsvertrag oder im Gesetz ausdrücklich abweichend geregelt, erfolgen die Beschlussfassungen der Gesellschafterversammlung mit einfacher Mehrheit der vorhandenen Stimmen."

sowie in § 6 Abs. 6:

„Beschlüsse zur Änderung des Gesellschaftsvertrags bedürfen der Einstimmigkeit."

und in § 10 Abs. 1:

„Verfügungen über Gesellschaftsanteile, insbesondere deren Abtretung, Teilung oder Belastung, und zwar auch zum Zwecke der Begründung einer Unterbeteiligung oder eines Treuhandverhältnisses, bedürfen der Einwilligung der Gesellschafterversammlung."

K ist der Ansicht, die Beschlussfassungen seien nichtig, da es für die Zustimmung zur Übertragung der Kommanditanteile gem. § 6 Abs. 6 des Gesellschaftsvertrags eines einstimmigen Beschlusses bedurft hätte.

Erläuterung

Die Entscheidung betrifft eine grundlegende Frage des Personengesellschaftsrechts. Denn für Gesellschafterbeschlüsse bei Personengesellschaften geht das Gesetz im Grundsatz von einem Einstimmigkeitserfordernis aus (vgl. § 119 Abs. 1 HGB). Einstimmigkeit spiegelt die personale Prägung einer solchen Gesellschaft wider, die auf dem Zusammenwirken seiner Gesellschafter fußt. Abweichend von diesem Grundsatz – und auch im Sinne der Vereinigungsfreiheit – können im Gesellschaftsvertrag Mehrheitsklauseln vorgesehen werden. Für solche Mehrheitsklauseln hatte der BGH lange Zeit verlangt, dass diese dem sogenannten Bestimmtheitsgrundsatz genügen müssen (vor allem mit Blick auf über den gewöhnlichen Geschäftsbetrieb hinausgehende Maßnahmen).[293] Hieran hält der BGH nunmehr nicht mehr fest:

„[D]ie Reichweite allgemeiner Mehrheitsklauseln in Personengesellschaftsverträgen [ist] nicht durch den früher so genannten Bestimmtheitsgrundsatz dahin beschränkt, dass nur gewöhnliche Beschlussgegenstände, nicht aber solche Beschlussgegenstände erfasst werden, die die Grundlagen der Gesellschaft betreffen oder sich auf ungewöhnliche Geschäfte beziehen. (…) [Es] ist festzuhalten, dass dem so genannten Bestimmtheitsgrundsatz für die formelle Legitimation einer Mehrheitsentscheidung keine Bedeutung mehr zukommt (…). Die Prüfung der formellen Legitimation auf der ersten Stufe erfolgt vielmehr im Wege der Auslegung des Gesellschaftsvertrags nach allgemeinen Auslegungsgrundsätzen (…). Bei der Auslegung des Gesellschaftsvertrags ist der frühere Bestimmtheitsgrundsatz auch nicht in Gestalt einer Auslegungsregel des Inhalts zu berücksichtigen, dass allgemeine Mehrheitsklauseln restriktiv auszulegen sind oder (…) Beschlussgegenstände, die die Grundlagen der Gesellschaft betreffen oder ungewöhnliche Geschäfte beinhalten, jedenfalls von allgemeinen Mehrheitsklauseln, die außerhalb eines konkreten Anlasses vereinbart wurden, regelmäßig nicht erfasst werden. Eine solche Auslegungsregel findet im Gesetz keine Stütze (…). Da sich die durch Auslegung des Gesellschaftsvertrags vorzunehmende Feststellung, ob im konkreten Fall für die formelle Legitimation eines Beschlusses eine Mehrheitsentscheidung genügt, nach allgemeinen Auslegungsgrundsätzen richtet, kann sich die Mehrheitsbefugnis aus jeder Vereinbarung der Gesellschafter ergeben, die einer dahingehenden Auslegung zugänglich ist (…). Die dispositive gesetzliche Regelung kommt nur dann zur Anwendung, wenn sich im Wege der Auslegung eine abweichende Vereinbarung der Gesellschafter nicht feststellen lässt. (…) Diese Grundsätze gelten für alle Beschlussgegenstände, da das gesetzliche Einstimmigkeitsprinzip (§ 709 I BGB, § 119 I HGB) – auch für Vertragsänderungen und ähnliche die Grundlagen der Gesellschaft berührende oder in Rechtspositionen der Gesellschafter eingreifende Maßnahmen – grundsätzlich dispositiv ist (§ 709 II BGB, § 119 II HGB).“[294]

Auf dieser Grundlage ist nun die Reichweite der Mehrheitsklausel zu ermitteln:

„Die Übertragung der Mitgliedschaft an einer Personen(handels)gesellschaft setzt (…) die Zustimmung der übrigen Gesellschafter voraus. [D]ie Zustimmung zur Übertragung [kann] bereits im Gesellschaftsvertrag erklärt oder dort von der Zustimmung (nur) der Mehrheit der Gesellschafter abhängig gemacht werden (…).“[295]

---

293 Hierzu *Weber*, JA 2015, 147, 147 f.
294 BGH, NZG 2014, 1296, 1297 ff.
295 BGH, NZG 2014, 1296, 1299.

An die Prüfung der formellen Legitimation schließt sich sodann die (hier nicht abschließend mögliche) Prüfung der materiellen Unwirksamkeit auf der zweiten Stufe an – z. B. bei einer Treuepflichtverletzung[296]:

> „Abgesehen von unverzichtbaren und (…) deshalb unentziehbaren Rechten (…) kommt es bei Eingriffen in die individuelle Rechtsstellung des Gesellschafters (…) letztlich maßgeblich immer darauf an, ob der Eingriff im Interesse der Gesellschaft geboten und dem betroffenen Gesellschafter unter Berücksichtigung seiner eigenen schutzwerten Belange zumutbar ist (…).“[297]

Zum konkreten Fall nimmt der BGH eine formell-wirksame Beschlussfassung durch die Mehrheit an und führt dazu aus:

> „Schon dem Vertragstext lässt sich nicht entnehmen, dass die Zustimmung der Gesellschafterversammlung (…) eines einstimmigen Beschlusses bedarf. Nach dem Wortlaut [des] § 6 (5) (…) erfolgen die Beschlussfassungen der Gesellschafterversammlung mit einfacher Mehrheit der vorhandenen Stimmen, „soweit nicht in diesem Gesellschaftsvertrag oder im Gesetz ausdrücklich abweichend geregelt“. Für die Beschlussfassung über die Zustimmung der Gesellschafterversammlung zu einer Abtretung eines Gesellschaftsanteils enthalten weder das Gesetz noch der Gesellschaftsvertrag eine ausdrücklich abweichende Regelung.“[298]

Siehe ferner zur Frage, ob und inwieweit sich der BGH mit der Entscheidung auch (materiell) von der Kernbereichslehre verabschiedet hat, etwa MüKoBGB/*Schäfer*, 7. Aufl. 2017, § 709 Rn. 92a und *Priester*, NZG 2015, 529 jeweils mwN.

Prüfungsaufbau

I. Nichtigkeit der Beschlussfassung
1. Keine Einstimmigkeit
2. Mehrheitserfordernis nach § 6 Abs. 5 des Gesellschaftsvertrags
   a) Anforderung an Mehrheitsklausel
      (P) Bestimmtheitsgrundsatz?
   b) Formelle Legitimation
      (P) Auslegung / Reichweite der Klausel
   c) Materielle Legitimation
   …

Weiterführende Hinweise

Mehrheitsklauseln: *Bayer/Lieder*, Handels- und Gesellschaftsrecht, § 12 VII 1 Rn. 684 f.

---

296 Vgl. *K. Schmidt*, JuS 2015, 655, 657.
297 BGH, NZG 2014, 1296, 1300.
298 BGH, NZG 2014, 1296, 1300.

55. BGH, Urt. v. 9.6.2015 – II ZR 420/13, NJW 2015, 2882
= JA 2016, 147 = JuS 2016, 173

Leitsatz

Der Gesellschaftsvertrag einer Publikumspersonengesellschaft muss für eine Zustimmungspflicht des Gesellschafters zu seinem Ausscheiden aus gesellschafterlicher Treuepflicht in besonders gelagerten Ausnahmefällen keine ausdrückliche Regelung enthalten, weil diese Treuepflicht jedem Gesellschaftsverhältnis ohne ausdrückliche Regelung immanent ist. Ein Gesellschaftsvertrag kann allerdings diese Treuepflicht ausdrücklich oder im Wege der Auslegung konkretisierende Regelungen enthalten, die insbesondere die aus der Treuepflicht folgende Zustimmungspflicht für bestimmte Sachverhalte einschränken oder an weitere Voraussetzungen knüpfen (…).

Sachverhalt (gekürzt und vereinfacht)

K ist ein geschlossener Immobilienfonds in der Rechtsform der GbR. K wurde 1995 gegründet. Ihr traten ca. 600 Gesellschafter mit einem Eigenkapital von 38 Mio. Euro bei, darunter auch B mit einer Beteiligungssumme von 50.000 DM. Die Immobilien des Fonds wurden in den Jahren 1995 bis 1996 errichtet. Hieraus erzielte K Einkünfte aus Vermietung und Verpachtung. Im Jahre 2009 erzielte K gerade noch ein ausgeglichenes Ergebnis. Die Bankverbindlichkeiten beliefen sich auf 67 Mio. Euro.

Auf einer Gesellschafterversammlung des K am 2.12.2009 wurde die Sanierung der Gesellschaft nach dem Modell „Sanieren oder Ausscheiden" beschlossen. Der Gesellschaftsvertrag enthält für die Situation keine ausdrücklichen Regelungen. Aufgrund des Modells wurde das bestehende und vollständig verbrauchte Nominalkapital der Gesellschaft von 38 Mio. Euro auf 38.000 Euro (1 Promille) herabgesetzt und sodann eine Kapitalerhöhung um den erforderlichen Sanierungsbetrag auf 36,5 Mio. Euro beschlossen. Die Gesellschafter wurden zur freiwilligen Übernahme der Kapitalerhöhung entsprechend ihrer vor der Kapitalherabsetzung bestehenden quotalen Beteiligung aufgefordert. Mit einer gesellschaftsvertraglich ausreichenden Mehrheit von 90,71 % wurde zudem der folgende Beschluss gefasst:

> „Gesellschafter, die bis zum Einzahlungsstichtag – spätestens jedoch bis zum Sanierungsstichtag – nicht einen Anteil in Höhe ihres jeweiligen Gesellschafterbeitrags auf den Erhöhungsbetrag übernommen und bewirkt haben, scheiden zum Sanierungsstichtag aus der Gesellschaft aus, ohne dass es einer weiteren Erklärung der Gesellschaft bedarf."

B stimmte dem Beschluss nicht zu und beteiligte sich nicht an der von der Gesellschafterversammlung des K beschlossenen freiwilligen Übernahme der Kapitalerhöhung. Auf Grundlage der Auseinandersetzungsbilanz ergab sich zum Sanierungsstichtag hinsichtlich Bs Beteiligung ein Fehlbetrag iHv. 29.000 Euro.

K verlangt von B Zahlung des Fehlbetrags, B sei zum 31.3.2011 (Sanierungsstichtag) aus der Gesellschaft ausgeschieden.

Erläuterung

Das Konzept „Sanieren oder Ausscheiden" hat sich zu einem verbreiteten Sanierungs-
instrument in der personengesellschaftlichen Praxis entwickelt – wie auch hier wird
dabei ein Kapitalschnitt mit einer anschließenden Kapitalerhöhung verknüpft, um
der Gesellschaft frische Liquidität zuzuführen.[299] Der aufgeworfene Grundkonflikt
zwischen Gesellschafter und Gesellschaft dürfte eingängig sein, obwohl der Fall auf
den ersten Blick am Randbereich des regulären Prüfungsstoffs liegen mag. Inhaltlich
stellen sich allerdings Fragen der GbR – wobei die Entscheidung insbesondere auch
allgemein die Bedeutung von Treuepflichten der Gesellschafter unterstreicht. Vor diesem Hintergrund ist das Urteil beachtenswert.

Aus Sicht des B stellen sich drei Fragen[300]: 1. Hing die Wirksamkeit des Beschlusses
von Bs Zustimmung ab? 2. Konnte B aus der Gesellschaft ausgeschlossen werden?
3. Muss B – falls ausgeschlossen – den auf seine Beteiligung entfallenden Fehlbetrag
ausgleichen?

Die erste Frage betrifft einen Themenkreis, der bereits Fall 54 zugrunde lag. Grundsätzlich gilt das Prinzip der Einstimmigkeit. Hiervon kann allerdings im Gesellschaftsvertrag (unter bestimmten Voraussetzungen) abgewichen werden. Der Beschluss war
also wirksam. Die zweite Frage führt zum Kern des Falls, nämlich, ob und inwieweit
ein Gesellschafter einen Ausschluss aus der Gesellschaft aus Sanierungszwecken hinnehmen muss. Schließlich bedarf ein Ausschluss normalerweise – vorbehaltlich eines
wichtigen Grundes – der Zustimmung des jeweiligen Gesellschafters:

> „Der Gesellschafter ist zwar im Allgemeinen nicht verpflichtet, einem auf sein Ausschei-
> den gerichteten Beschluss der Gesellschafterversammlung zuzustimmen. (...) [I]n beson-
> ders gelagerten Ausnahmefällen [kann sich] für jeden einzelnen Gesellschafter aus der
> gesellschafterlichen Treuepflicht etwas Abweichendes ergeben. Eine Zustimmungspflicht
> kommt danach in Betracht, wenn sie mit Rücksicht auf das bestehende Gesellschaftsver-
> hältnis oder auf die bestehenden Rechtsbeziehungen der Gesellschafter untereinander
> dringend erforderlich ist und die Änderung dem Gesellschafter unter Berücksichtigung
> seiner eigenen Belange zumutbar ist. Die Verpflichtung eines einzelnen Gesellschafters,
> einer notwendig gewordenen Änderung zuzustimmen, ist daher anzunehmen, wenn dem
> schützenswerte Belange des einzelnen Gesellschafters nicht entgegenstehen (...)."[301]

Für die Konstellation einer Sanierung hatte der BGH bereits in seinen Entscheidungen „Sanieren oder Ausscheiden I" und „Sanieren oder Ausscheiden II" verschiedene
Rechtsfragen geklärt. Insbesondere hatte der BGH angenommen, dass (auch abhängig davon, ob der Gesellschaftsvertrag vor Nachschussobliegenheiten schützt) der betroffene Gesellschafter aus gesellschafterlicher Treuepflicht heraus zu einer Zustimmung zu einem Sanierungskonzept verpflichtet sein kann.[302] Diese Rechtsprechung
führt der BGH fort:

---

299 Näher *K. Schmidt*, JuS 2016, 173, 173.
300 Im Anschluss an *K. Schmidt*, JuS 2016, 173, 173 f.
301 BGH, NJW 2015, 2882, 2884.
302 BGH, NJW 2010, 65 und BGH, NJW 2011, 1667.

„Der Gesellschaftsvertrag bildet die Grundlage der gesellschafterlichen Treuepflicht und bestimmt damit auch deren Inhalt und Umfang; der einzelne Gesellschafter ist nur insoweit verpflichtet, wie er es im Gesellschaftsvertrag versprochen hat (...). Der Gesellschaftsvertrag muss jedoch für eine Zustimmungspflicht des Gesellschafters zu seinem Ausscheiden aus gesellschafterlicher Treuepflicht in besonders gelagerten Ausnahmefällen keine ausdrückliche Regelung enthalten. Diese Treuepflicht ist jedem Gesellschaftsverhältnis ohne ausdrückliche Regelung immanent. Ein Gesellschaftsvertrag kann allerdings diese Treuepflicht ausdrücklich oder im Wege der Auslegung konkretisierende[r] Regelungen enthalten, die insbesondere die aus der Treuepflicht folgende Zustimmungspflicht für bestimmte Sachverhalte einschränken oder an weitere Voraussetzungen knüpfen."[303]

Ausnahmen ergeben sich, wenn

„ein Gesellschaftsvertrag solche die Zustimmungspflicht einschränkende oder modifizierende Regelungen [enthält, dann], dürfen die Mitgesellschafter nicht ohne Weiteres darauf vertrauen, dass sie einen Gesellschafter ohne seine Zustimmung ausschließen können."[304]

Hier enthielt der Gesellschaftsvertrag allerdings keine entsprechende Regelung, weswegen eine Zustimmung des B nicht erforderlich war bzw. B so behandelt wird, als hätte er zugestimmt.[305] Entscheidend ist nämlich:

„[B] handelt treupflichtwidrig, wenn er zwar an den Sanierungsbemühungen der [K] nicht teilnehmen, aber in der Gesellschaft bleiben will."[306]

Schließlich ist B auch zur Zahlung des Auseinandersetzungsfehlbetrags gemäß § 739 BGB verpflichtet. Dies mag in Ansehung von § 707 Abs. 1 BGB zunächst überraschend erscheinen – schließlich ist der Gesellschafter nicht zu einem Nachschuss verpflichtet. In Rede steht indes nicht ein solcher Nachschuss, sondern schlicht die akzessorische Haftung des GbR-Gesellschafters.[307]

Prüfungsaufbau

I. Ausscheiden aus der Gesellschaft
  1. Treuepflicht
    (P) Pflichten bei Sanierung / ohne ausdrückliche Regelung im Gesellschaftsvertrag?
II. Anspruch auf Zahlung des Fehlbetrags nach § 739 BGB
...

Weiterführende Hinweise

Gesellschaftsrechtliche Treuepflicht: *Bayer/Lieder*, Handels- und Gesellschaftsrecht, § 12 III Rn. 657 ff.

---

303 BGH, NJW 2015, 2882, 2884.
304 BGH, NJW 2015, 2882, 2884.
305 Näher *Poelzig*, BB 2015, 2707, 2708.
306 BGH, NJW 2015, 2882, 2884.
307 *K. Schmidt*, JuS 2016, 173, 174.

56. BGH, Urt. v. 3.11.2015 – II ZR 446/13, NZG 2016, 221 = JA 2016, 704 = JuS 2016, 560

Leitsätze

1. Richtet sich ein Vollstreckungstitel gegen eine GbR als Vollstreckungsschuldnerin, steht die Befugnis zur Erhebung einer Vollstreckungsabwehrklage der Gesellschaft zu, nicht ihren Gesellschaftern.

2. Bei einer GbR können – ebenso wie bei einer Personenhandelsgesellschaft (...) – unter Wahrung der Gesellschaftsidentität gleichzeitig sämtliche Gesellschafter im Wege der Anteilsübertragung ausgewechselt werden.

Sachverhalt (gekürzt und vereinfacht)

Die K waren Gesellschafter der GbR P., deren Zweck die Vermietung und Verwaltung der gesellschaftseigenen Immobilie in S. ist. Nach ihrem Ausscheiden aus der GbR schlossen die K und zwei weitere ausgeschiedene Gesellschafter zur Regelung ihrer Abfindungsansprüche mit der GbR sowie den in der GbR verbliebenen bzw. inzwischen neu hinzugetretenen Gesellschaftern H, P-GmbH und P-GmbH & Co. KG am 25./27.3.2009 eine notarielle Vereinbarung, die den ausgeschiedenen Gesellschaftern bei Nichtzahlung des vereinbarten Abfindungsbetrags unter bestimmten weiteren Voraussetzungen das (in der Vereinbarung so bezeichnete) „Wahlrecht" gab, von den derzeitigen Gesellschaftern „100 % der Gesellschaft (...) zu übernehmen". Die ausgeschiedenen Gesellschafter übten dieses Wahlrecht zum 1.10.2009 aus. Über die Wirksamkeit dieser rechtsgestaltenden Erklärung und damit den seitherigen Gesellschafterbestand der GbR P. wird in einem anderen Zivilverfahren gestritten.

B ist auf Veranlassung des H für die GbR P. in verschiedenen Angelegenheiten anwaltlich tätig geworden. B hat gegen die GbR P. am 8.1.2010 einen Vollstreckungsbescheid über 77.000 Euro nebst Zinsen und Kosten erwirkt. Für weitere Anwaltstätigkeiten stellte B der GbR P. am 3.3.2010 8.000 Euro und am 23.9.2010 6.000 Euro in Rechnung.

Die K halten die Forderungen für unbegründet. Die K haben beantragt, die Zwangsvollstreckung aus dem Vollstreckungsbescheid für unzulässig zu erklären. Weiter haben die K beantragt, festzustellen, dass B gegenüber den K oder einer von ihnen gebildeten GbR P. keine Ansprüche aus den Rechnungen vom 3.3. und 23.9.2010 zustehen.

Erläuterung

Die Entscheidung verknüpft Fragen des Gesellschaftsrechts mit prozessualen Aspekten – diese zwei „Nebengebiete" in einem Fall dürften zwar nicht unter allen Prüflingen für Begeisterungsstürme sorgen, machen den Fall allerdings nicht weniger (vielleicht sogar mehr) prüfungsrelevant. Inhaltlich lohnenswert ist der Fall in jedem Fall, verdeutlicht er doch, dass längst noch nicht alle Fragen im Nachgang der Anerkennung der Rechts- und Parteifähigkeit der Außenrechts-GbR aufgearbeitet sind.[308]

---

308 *K. Schmidt*, JuS 2016, 560, 562.

Relativ einfach ist der zwangsvollstreckungsrechtliche Einstieg in den Fall. Ein im Mahnverfahren erlassener Vollstreckungsbescheid (§ 699 ZPO) ist ein Vollstreckungstitel. Materielle Einwendungen gegen den Titel (genauer: die titulierte Forderung) können mit der Vollstreckungsabwehrklage nach § 767 Abs. 1 ZPO geltend gemacht werden. Ist die Klage erfolgreich, wird die Zwangsvollstreckung aus dem Titel für unzulässig erklärt.

Prozessführungsbefugt für die Klage aus § 767 Abs. 1 ZPO ist (grundsätzlich) nur der Titelschuldner – und dies ist der Kern des Falls. Denn der Vollstreckungsbescheid richtete sich gegen die GbR, geklagt haben aber die K. Dass der Vollstreckungsbescheid gegen die GbR erwirkt wurde, ist Ausfluss der Rechts- und Parteifähigkeit der Außenrechts-GbR.[309] Damit sind die Gesellschafter K nicht prozessführungsbefugt:

> „Die [K] sind als („wahrscheinliche") Gesellschafter der GbR P., gegen die sich der Vollstreckungsbescheid richtet, nicht zur Erhebung der Vollstreckungsabwehrklage befugt. Die Vollstreckungsabwehrklage nach § 767 ZPO ist von „dem Schuldner" zu erheben. Das ist derjenige, gegen den sich die Zwangsvollstreckung richtet, der also in dem vollstreckbaren Titel oder in der gegen den Rechtsnachfolger erteilten Vollstreckungsklausel als Schuldner aufgeführt ist (…). Die Erhebung der Klage durch den richtigen [Kläger], den Vollstreckungsschuldner, betrifft die Prozessführungsbefugnis und ist somit Zulässigkeitsvoraussetzung (…)."[310]

Eine Ausnahme hiervon lässt der BGH nicht zu. Nicht in Betracht kommt insbesondere, ein Aktivprozess der Gesellschaft, der von den Gesellschaftern „als GbR" geführt wird, eine Rubrumsberichtigung oder gewillkürte Prozessstandschaft (die dem BGH zufolge bei § 767 Abs. 1 ZPO grundsätzlich überhaupt nicht statthaft ist[311]). Ebenso ergibt sich eine Prozessführungsbefugnis auch nicht aus Treu und Glauben oder aufgrund der akzessorischen Gesellschafterhaftung (§§ 128, 129 HGB analog).

Dies bedeutet im hiesigen Zusammenhang:

> „Vollstreckungsschuldnerin und damit zur Erhebung der Vollstreckungsabwehrklage befugt ist im Streitfall die GbR P."[312]

Zu diesem Ergebnis gelangt der BGH auch, weil – und das ist die gesellschaftsrechtlich interessante Frage – die GbR trotz (unterstellt wirksamer) Auswechslung sämtlicher Gesellschafter (dies ist die Frage des Parallelprozesses) dem BGH zufolge fortbestanden hat:

> „[Es ist] bereits entschieden, dass bei einer Personenhandelsgesellschaft alle Gesellschafter gleichzeitig durch Abtretung ihrer Gesellschaftsanteile aus der Gesellschaft ausscheiden und an ihre Stelle die Erwerber der Gesellschaftsanteile treten können, ohne dass dadurch der Fortbestand der Gesellschaft berührt wird (…). Für die – als rechtsfähig anerkannte – (Außen-)GbR kann nichts anderes gelten (…). Eine quantitative Begrenzung des Gesellschafterwechsels auf ein noch zulässiges Maß lässt sich nicht sinnvoll vornehmen. Schon deshalb kann auch ein vollständiger Austausch des gesamten Gesellschaf-

309 Seit BGH, NJW 2001, 1056.
310 BGH, NZG 2016, 221, 223.
311 Kritisch hierzu etwa *Baumert*, LMK 2016, 377425.
312 BGH, NZG 2016, 221, 223.

terbestands nicht untersagt werden, der je nach Lage des Falls keine erheblich größere Irritation des Rechtsverkehrs hervorrufen muss als der Wechsel eines (großen) Teils der Gesellschafter. Im Übrigen bleibt es Aufgabe der (neuen) Gesellschafter, mögliche Zweifel an dem identischen Fortbestand der Gesellschaft auszuräumen."[313]

Die Klage ist somit unzulässig – im Originalfall wären die K auch deswegen nicht durchgedrungen (auf der Ebene der Begründetheit), da die erhobenen materiellen Einwendungen präkludiert waren (§ 796 Abs. 2 ZPO).

Zulässig war dagegen die Feststellungsklage (Klagehäufung), soweit man den Antrag mit Bezug auf die akzessorische Haftung der Gesellschafter (§§ 128, 130 HGB analog) versteht. Hierfür ist maßgeblich, ob die K (weiterhin) Gesellschafter der GbR P. sind – wiederum die Frage des Parallelverfahrens.[314]

Prüfungsaufbau

I. Vollstreckungsabwehrklage, § 767 ZPO
  1. Zulässigkeit
    a) Statthaftigkeit
    b) Prozessführungsbefugnis
      (P) Rechts- und Parteifähigkeit der Außenrechts-GbR
      (P) Fortbestand der GbR
      (P) Prozessführungsbefugnis der (vormaligen) Gesellschafter K
      ...

II. Feststellungsklage, § 256 ZPO
  1. Zulässigkeit
      (P) kumulative Klagehäufung
      (P) Auslegung des Klageantrags
      ...

Weiterführende Hinweise

Rechtsfähigkeit der GbR: *Bayer/Lieder*, Handels- und Gesellschaftsrecht, § 8 V 2 Rn. 396 ff.
Gesellschafterwechsel in der GbR: *Bayer/Lieder*, Handels- und Gesellschaftsrecht, § 13 III 1 Rn. 731.

---

313 BGH, NZG 2016, 221, 223.
314 Siehe auch *K. Schmidt*, JuS 2016, 560, 562.

I. Arbeitsrecht

57. BAG, Urt. v. 25.9.2014 – 2 AZR 567/13, NJW 2014, 3595 = JuS 2015, 933

Leitsätze

1. Ein In-Kenntnis-Setzen im Sinne von § 174 Satz 2 BGB liegt auch dann vor, wenn der Arbeitgeber bestimmte Mitarbeiter – zum Beispiel durch die Bestellung zum Prokuristen, Generalbevollmächtigten oder Leiter der Personalabteilung – in eine Stelle berufen hat, mit der üblicherweise ein internes Kündigungsrecht verbunden ist.

2. Eine Zurückweisung der Kündigung nach § 174 Satz 2 BGB scheidet auch dann aus, wenn der kündigende Personalleiter zugleich (Gesamt-)Prokurist ist und die im Handelsregister publizierte Prokura sein alleiniges Handeln nicht deckt. Es genügt, dass der Kündigungsempfänger auf Grund der – ihm bekannten – Stellung des Kündigenden als Personalleiter von einer ordnungsgemäßen Bevollmächtigung zum alleinigen Ausspruch von Kündigungen ausgehen muss. Ob der Personalleiter zugleich eine ausreichende Vertretungsmacht als (Gesamt-) Prokurist besitzt, ist daneben ohne Belang.

3. Das gilt auch dann, wenn der Personalleiter und Gesamtprokurist das Kündigungsschreiben mit dem Zusatz „ppa" unterzeichnet. Der Zusatz nach § 51 HGB soll zwar klarstellen, dass der Erklärende als Prokurist für den Inhaber handelt. Daraus lässt sich aber nicht schließen, er habe als Personalleiter keine alleinige Kündigungsbefugnis. Ein Gesamtprokurist zeichnet selbst dann mit dem gewöhnlichen Prokurazusatz, wenn er nur mit interner Zustimmung des anderen Gesamtprokuristen handelt.

Sachverhalt (gekürzt und vereinfacht)

B stellt Baumaschinen her und beschäftigt etwa 720 Mitarbeiter. Der im Jahr 1975 geborene K war bei B seit Februar 2004 als Materialbesteller im Fertigungslager und in der Endmontage beschäftigt. Am 29.3.2012 schlossen B und der in ihrem Betrieb gewählte Betriebsrat einen Interessenausgleich. Danach war eine Personalreduzierung in der Größenordnung der zugleich erstellten Namensliste vorgesehen. Die Namen der zu kündigenden Arbeitnehmer – unter anderem der des K – waren in einer Anlage aufgeführt. Mit Schreiben vom 2.4.2012 zeigte B der Bundesagentur für Arbeit die beabsichtigte Entlassung von 156 Mitarbeitern an. Nach Anhörung des Betriebsrats kündigte B das Arbeitsverhältnis zwischen B und K mit Schreiben vom 27.4.2012 zum 31.7.2012. Das Kündigungsschreiben war von dem Prokuristen und Personalleiter P und von dem Personalsachbearbeiter G unterzeichnet.

Laut Handelsregister war P Gesamtprokurist der B und zusammen mit einem Geschäftsführer oder einem anderen Prokuristen vertretungsberechtigt.

Mit Schreiben seines Prozessbevollmächtigten vom 2.5.2012 wies K die Kündigung „mangels Nachweises der Vertretungsberechtigung der Unterzeichner" zurück. Das Schreiben ging noch am selben Tag per Telefax bei B ein.

K hat gegen die Kündigung rechtzeitig Klage erhoben. K behauptet, die Stellung von P als Personalleiter sei ihm nicht bekannt gewesen. Zwar sei er „eine Art Chef". Welche Aufgaben er im Unternehmen erfülle, sei ihm aber nicht bekannt gewesen.

Erläuterung

Die Entscheidung eignet sich – gegebenenfalls noch angereichert um Fragen zur Zulässigkeit der Kündigungsschutzklage – gut für eine Klausur. Der Fall kombiniert das Recht der Stellvertretung (§§ 164 ff. BGB sowie §§ 48 ff. HGB) mit arbeitsrechtlichen Rechtsfragen.

Einstieg in die Prüfung ist die Frage nach dem Fortbestand des Arbeitsverhältnisses bzw. der Wirksamkeit oder Unwirksamkeit der Kündigung.[315] Die Kündigung könnte nach § 174 Satz 1 BGB unwirksam sein. Nach dieser Norm ist ein einseitiges Rechtsgeschäft, das ein Bevollmächtigter einem anderen gegenüber vornimmt, unwirksam, wenn der Bevollmächtigte eine Vollmachtsurkunde nicht vorlegt und der andere das Rechtsgeschäft aus diesem Grunde unverzüglich zurückweist. Dies ist hier unproblematisch: Eine Vollmachtsurkunde wurde nicht vorgelegt und die Zurückweisung erfolgte innerhalb von fünf Tagen. Allerdings ist eine Zurückweisung nach § 174 Satz 2 BGB ausgeschlossen, wenn der Vollmachtgeber den anderen von der Bevollmächtigung in Kenntnis gesetzt hatte.

Ob K in Kenntnis gesetzt wurde, ist die zentrale Frage des Falls. In Anbetracht von § 15 Abs. 2 Satz 1 HGB könnte insoweit bereits die Eintragung des P als Prokurist ausreichend sein:

> „Kündigt ein Prokurist, kann die Zurückweisung der Kündigung nach § 174 BGB selbst dann ausgeschlossen sein, wenn der Erklärungsempfänger keine Kenntnis von der Erteilung der Prokura bzw. der Prokuristenstellung hat (…). Ist die Prokura bereits länger als 15 Tage im Handelsregister eingetragen, wird die nach § 174 S. 2 BGB erforderliche Kenntnis des Erklärungsempfängers von der Bevollmächtigung im Interesse der Sicherheit und Leichtigkeit des Rechtsverkehrs durch § 15 II HGB fingiert."[316]

Anders war es allerdings hier:

> „[E]ine Zurückweisung der Kündigung durch [K] [ist] nicht deshalb gem. § 174 S. 2 BGB ausgeschlossen, weil der Unterzeichner K zum Prokuristen der [B] bestellt war. Laut Handelsregister hatte er lediglich Gesamtprokura zusammen mit einem Geschäftsführer oder einem anderen Prokuristen."[317]

---

315 Der Streitgegenstand der Kündigungsschutzklage ist umstritten, siehe etwa BAG, NZA 2015, 635, 637.
316 BAG, NJW 2014, 3595, 3596.
317 BAG, NJW 2014, 3595, 3596.

In Betracht kommt allerdings auch ein konkludentes In-Kenntnis-setzen im Übrigen (wobei das BAG hierzu aufgrund der bisher getroffenen Feststellungen nicht abschließend urteilen konnte):

> „[Es] kann (…) die Zurückweisung der Kündigung deshalb ausgeschlossen gewesen sein, weil [P] auch in die Stellung des Personalleiters berufen und [K] hierüber in Kenntnis gesetzt worden war. (…) Es genügt, dass der Kündigungsempfänger auf Grund der – ihm bekannten – Stellung des Kündigenden als Personalleiter von einer ordnungsgemäßen Bevollmächtigung zum alleinigen Ausspruch von Kündigungen ausgehen muss. Etwas anderes gilt im Streitfall nicht deshalb, weil (…) für [K] nicht ersichtlich gewesen wäre, dass [P] in seiner Funktion als Personalleiter nicht an die Einschränkungen der Prokura gebunden war, oder weil [K] hätte annehmen müssen, [P] handle allein in seiner Funktion als Prokurist. (…) Die entsprechende Befugnis eines Personalleiters wird dadurch, dass er zugleich zum Gesamtprokuristen bestellt ist, nicht begrenzt. Für die unbeschränkte Vertretungsmacht eines Personalleiters zur Erklärung von Kündigungen spielt es keine Rolle, ob er in seiner Funktion als Gesamtprokurist – ansonsten – nur zur gemeinsamen Vertretung mit einem anderen Prokuristen oder einem gesetzlichen Vertreter des Arbeitgebers befugt ist. (…) [P] kann deshalb auch bei einem Handeln als Gesamtprokurist eine alleinige Vertretungsbefugnis zum Ausspruch von Kündigungen auf Grund interner Bevollmächtigung in Anspruch genommen haben. Wirksame Stellvertretung setzt überdies nicht voraus, dass der Vertreter klarstellt, auf Grund welcher ihm rechtsgeschäftlich verliehenen Bevollmächtigung er für den Vertretenen auftritt.“[318]

Prüfungsaufbau

> I. Kündigungsschutzklage, § 4 KSchG
>   1. Zulässigkeit
>   2. Begründetheit
>   a) Unwirksamkeit der Kündigung
>   aa) § 174 Satz 1 BGB
>   (1) Keine Vorlage der Vollmachtsurkunde
>   (2) Unverzügliche Zurückweisung
>   (3) Ausschluss nach § 174 Satz 2 BGB
>   (P) In-Kenntnis-setzen durch Prokura?
>   (P) Konkludentes In-Kenntnis-setzen
>   …

Weiterführende Hinweise

Stellvertretung: *Gottwald/Würdiger*, BGB AT, § 6 Rn. 173 ff.
Handelsrechtliche Stellvertretung: *Bayer/Lieder*, Handels- und Gesellschaftsrecht, § 5 Rn. 184 ff.
Publizität des Handelsregisters: *Bayer/Lieder*, Handels- und Gesellschaftsrecht, § 3 Rn. 47 ff.

---

318 BAG, NJW 2014, 3595, 3596 f.

58. BAG, Urt. v. 18.10.2017 – 10 AZR 330/16, NZA 2017, 1452 = JA 2018, 305

Leitsätze

1. Der Begriff des billigen Ermessens iSv. § 106 Satz 1 GewO, § 315 BGB ist ein unbestimmter Rechtsbegriff. (...)

2. § 315 BGB findet bei der Überprüfung einer Weisung nach § 106 GewO grundsätzlich entsprechende Anwendung. Dabei sind die Besonderheiten des Weisungsrechts zu berücksichtigen. Eine Ersatzleistungsbestimmung durch das Gericht gemäß § 315 Absatz 3 Satz 2 BGB scheidet deshalb aus.

3. Ein Arbeitnehmer ist nach § 106 Satz 1 GewO, § 315 BGB nicht – auch nicht vorläufig – an eine Weisung des Arbeitgebers gebunden, die die Grenzen billigen Ermessens nicht wahrt. Sanktionen können von Seiten des Arbeitgebers an die Nichtbefolgung einer solchen unbilligen Weisung nicht geknüpft werden.

Sachverhalt (gekürzt und vereinfacht)

Der 1962 geborene K war seit dem 1.4.2001 bei der B beschäftigt. Der Arbeitsvertrag vom 2.2.2001 enthält unter anderem folgende Bestimmung:

„§ 1 Art und Ort der Beschäftigung

(1) Der Arbeitnehmer wird im Aufgabenbereich Service Center Nord in Münster als Immobilienkaufmann vollzeitbeschäftigt.

(2) B ist berechtigt, dem Arbeitnehmer auch eine andere, seinen Kenntnissen und Fähigkeiten entsprechende Tätigkeit, gegebenenfalls auch unter Veränderung des Arbeitsortes/Einsatzgebietes oder des Aufgabenbereiches zu übertragen. (...)"

§ 4 des nach § 2 des vorbenannten Arbeitsvertrages anwendbaren Manteltarifvertrags bestimmt:

„*Versetzung.* Soll ein Arbeitnehmer vorübergehend oder auf Dauer versetzt werden, so sind die Betriebsinteressen mit den Arbeitnehmerinteressen abzuwägen. Ergibt sich nach Abwägung der betrieblichen Interessen die Möglichkeit einer Auswahlentscheidung, so sind soziale Gesichtspunkte angemessen zu berücksichtigen. Der Arbeitnehmer ist vor seiner Versetzung zu hören. Die Beteiligung des Betriebsrates nach dem Betriebsverfassungsgesetz bleibt hiervon unberührt."

Mit Änderungsvertrag vom 25.11.2010 änderten K und B den Arbeitsvertrag wie folgt:

„§ 1. § 1 Abs. 1 Ihres Arbeitsvertrages (Art und Ort der Beschäftigung) erhält folgende Fassung:

Der Arbeitnehmer wird in Dortmund als Immobilienkaufmann im Team RE3330 vollbeschäftigt.

§ 2. Alle übrigen Bestimmungen des Arbeitsvertrages bleiben unberührt."

K war auf dieser Grundlage tätig im Team RE3330, das einem vorrangig Verwaltungsaufgaben für das Facility Management ausführenden Bereich zugeordnet ist. Unter dem 24.4.2013 sprach B (erstmalig) eine außerordentliche, hilfsweise ordentliche Kündigung wegen „Arbeitszeitbetrugs" aus. Die hiergegen gerichtete Kündigungsschutzklage des K war erfolgreich. 2014 beschrieb eine Mitarbeiterin aus dem Team RE 3330 den K in einem Brief an den Betriebsrat unter anderem als „unkollegial und unkooperativ". Mit Schreiben vom 23.2.2015 teilte B dem K nach dessen Anhörung mit, er (K) werde befristet für die Zeit vom 16.3.2015 bis zum 30.9.2015 im Team RE3113 am Standort Berlin eingesetzt (Projekte „Digitalisierung des Liegenschaftsarchivs" und „Optimierung der Mietvertragsakten im Archiv"). Der Betriebsrat wurde ordnungsgemäß beteiligt.

K empfindet die Weisung des B als „Strafversetzung" und ist der Ansicht, die Weisung vom 23.2.2015 sei unwirksam und er (K) sei an diese Weisung auch nicht vorläufig gebunden (gewesen). Zu Recht?

Erläuterung

Die Entscheidung ist nicht nur ein absoluter arbeitsrechtlicher Grundlagenfall (der 10. Senat des BAG urteilte im Anschluss an einen Anfragebeschluss beim 5. Senat), sondern ermöglicht auch eine Prüfung durch die verschiedenen „Schichten" einer arbeitsrechtlichen Weisung. Die Weisung ist das Instrument des Arbeitgebers zur Ausübung seines Direktionsrechts. Nach § 106 Satz 1 GewO kann nämlich der Arbeitgeber Inhalt, Ort und Zeit der Arbeitsleistung nach billigem Ermessen näher bestimmen, soweit diese Arbeitsbedingungen nicht durch den Arbeitsvertrag, Bestimmungen einer Betriebsvereinbarung, eines anwendbaren Tarifvertrages oder gesetzliche Vorschriften festgelegt sind. Insbesondere die Prüfung des billigen Ermessens ermöglicht es, auch Wertungen anderer Rechtsgebiete (examensrelevant) mit zu betrachten – so etwa Art. 4 GG bei einer etwaigen Weisung, ein religiöses Symbol oder Kleidungsstück abzulegen.[319]

§ 106 Satz 1 GewO gibt damit die maßgebliche Prüfungsreihenfolge vor (Arbeitsvertrag, Betriebsvereinbarung, Tarifvertrag, gesetzliche Vorschriften, billiges Ermessen). Auf dieser Grundlage ist die zeitweise Versetzung des K zu beurteilen. Fraglich ist in diesem Zusammenhang zunächst, ob arbeitsvertraglich überhaupt der Ort der Arbeitsleistung (hier Dortmund) verbindlich festgelegt wurde:

> „Die Bestimmung eines Orts der Arbeitsleistung in Kombination mit einer im Arbeitsvertrag durch Versetzungsvorbehalt geregelten Einsatzmöglichkeit im gesamten Unternehmen verhindert (...) regelmäßig die vertragliche Beschränkung auf den im Vertrag genannten Ort der Arbeitsleistung (...). § 1 Nr. 1 des Änderungsvertrags vom 25.11.2010 bestimmt zwar, dass [K] in Dortmund beschäftigt wird. (...) Entscheidend ist, dass nach [§ 2] des Änderungsvertrags alle übrigen Bestimmungen des Arbeitsvertrags unverändert bleiben sollten. (...) Zu den übrigen Bestimmungen des Arbeitsvertrags vom 2.2.2001 gehörte dessen § 1 Nr. 2. Danach behielt sich [B] ua das Recht vor, [K] unter Veränderung des Arbeitsorts einzusetzen."[320]

§ 4 des Tarifvertrags trifft keine abweichende Bestimmung:

---

319 Siehe in diesem Zusammenhang EuGH, NZA 2017, 373 und 375.
320 BAG, NJW 2017, 1452, 1454 f.

„Aus § 4 [des Tarifvertrags] ergibt sich keine Beschränkung des Weisungsrechts der [B], die über § 106 GewO hinausginge. [Der Inhalt der] Vorschrift (…) entspricht dem Maßstab der Ausübungskontrolle nach § 106 S. 1 GewO, § 315 III 1 BGB (…)."[321]

Ebenso sieht das BAG keinen (vorrangigen) Verstoß gegen gesetzliche Vorschriften (konkret § 612a BGB). Somit verbleibt es beim allgemeinen Maßstab billigenden Ermessens nach § 106 Satz 1 GewO (iVm. § 315 Abs. 3 Satz 1 BGB).

Zwar bejaht das BAG nach Würdigung des (hier verkürzt wiedergegebenen) Sachverhalts, dass die Weisung nicht billigem Ermessen entsprach, zentrale Frage der Entscheidung ist allerdings, ob K an die Weisung zumindest vorläufig gebunden war. Das BAG verneint und nimmt dabei auch Bezug auf die zuvor abweichende (und nun nicht mehr aufrecht erhaltene) Rechtsprechung des 5. Senats[322]:

„Nach § 106 S. 1 GewO, § 315 BGB besteht keine – auch keine vorläufige – Bindung des Arbeitnehmers an unbillige Weisungen, sofern der Arbeitnehmer diese nicht trotz ihrer Unbilligkeit akzeptiert. § 106 S. 1 GewO trifft keine ausdrückliche Regelung über die Rechtsfolgen von Weisungen, die billigem Ermessen nicht entsprechen. Allerdings legt bereits der Wortlaut nahe, dass der Arbeitgeber Inhalt, Ort und Zeit der Arbeitsleistung nur dann näher bestimmen kann, wenn er billiges Ermessen wahrt (…). An eine (…) gesetzwidrige Weisung kann regelmäßig ohne ausdrückliche Anordnung keine Bindung bestehen. Systematik und Gesamtzusammenhang der gesetzlichen Regelung sprechen gegen eine solche vorläufige Bindung. Dies gilt insbesondere auch im Kontext des § 315 BGB, soweit er auf das Weisungsrecht Anwendung findet. Dass die Weisungsgebundenheit das Arbeitsverhältnis prägt, trifft zwar zu, sagt aber (…) über eine vorläufige Bindung nichts aus. (…) Ebenso wenig ergibt sich aus allgemeinen Grundsätzen der Billigkeitskontrolle nach § 315 BGB eine vorläufige Bindung. Zwar findet § 315 BGB bei der Überprüfung einer Weisung gem. § 106 GewO grundsätzlich entsprechend Anwendung, nicht aber § 315 BGB III 2 BGB und die dort vorgesehene gerichtliche Ersatzleistungsbestimmung. (…) Sinn und Zweck des Weisungsrechts in der Form, wie es durch § 106 GewO ausgestaltet ist, verlangen gleichfalls keine vorläufige Verbindlichkeit einer unbilligen Weisung, sondern stehen einer solchen vielmehr entgegen."[323]

Prüfungsaufbau

I. Rechtmäßigkeit der Weisung
   1. Verstoß gegen den Arbeitsvertrag idF. vom 25.11.2010
      (P) Bestimmung des Orts der Arbeitsleistung?
   2. Verstoß gegen tarifvertragliche Bestimmungen
   3. Verstoß gegen das Maßregelungsgebot gemäß § 612a BGB
   4. Verstoß gegen § 106 Satz 1 GewO, § 315 BGB
      (P) Billiges Ermessen
      (P) Vorläufige Bindung an eine unbillige Weisung? / Ersatzleistungsbestimmung
          nach § 315 Abs. 3 Satz 2 BGB?
      …

---

321 BAG, NJW 2017, 1452, 1455.
322 Ausführlich *Liebers/Theisinger*, NZA 2017, 1357; *Preis/Rupprecht*, NZA 2017, 1353.
323 BAG, NJW 2017, 1452, 1459 ff.

J. Zivilprozess- und Zwangsvollstreckungsrecht

59. BGH, Urt. v. 4.12.2014 – VII ZR 4/13, NJW 2015, 955 = JuS 2015, 845

Leitsatz (in Auszügen)

Die Rechtskraft eines die Vollstreckungsgegenklage abweisenden Urteils erstreckt sich entsprechend § 322 Abs. 2 ZPO auch auf die Aberkennung von Gegenforderungen, mit denen der Kläger gegen die titulierte Forderung aufgerechnet hat (...).

Sachverhalt (verkürzt und vereinfacht)

K ist Eigentümerin eines Grundstücks und beabsichtigte das Grundstück wirtschaftlich durch Errichtung eines Mehrfamilienhauses zu verwerten. B schloss mit einer „Bauherrengemeinschaft B.-Straße 36" einen „Bau-Werkvertrag" betreffend Rohbauarbeiten ab. In der Folge einigten sich K und B darauf, dass B das Grundstück von K kaufen, als Bauträgerin auf dem Grundstück das Mehrfamilienhaus errichten – vorfinanziert von K – und unter Bildung von Wohnungseigentum verwerten sollte. In Umsetzung dieser Pläne schloss K am 9.5.2006 mit B einen notariell beurkundeten Kaufvertrag über das Grundstück. Der Kaufpreis in Höhe von 186.000 Euro wurde B längstens bis zum 31.12.2008 gestundet. Zur Absicherung der Kaufpreisforderung ist zu Gunsten der K eine Sicherungshypothek bestellt, die aufgrund einer dinglichen Unterwerfungserklärung sofort vollstreckbar ist. Am 4.8.2006 wurde B als Eigentümerin im Grundbuch eingetragen und K leistete einen Vorschuss von 150.000 Euro (als Teilzahlung zu einer vereinbarten Vorfinanzierung). Im November 2006 kamen die Bauarbeiten zum Erliegen, wobei die im Zahlungsplan genannten Rohbauarbeiten fertiggestellt waren. Der Grundstückskaufpreis wurde nach Ablauf der vereinbarten Stundungsfrist nicht gezahlt. K hat deswegen die Zwangsvollstreckung in das Grundstück betrieben. Seit Ende Januar 2009 ist ein Zwangsversteigerungsvermerk im Grundbuch eingetragen.

In einem vorangegangenen Rechtsstreit vor dem OLG Düsseldorf hatte K die B auf Rückzahlung des Vorschusses (150.000 Euro) in Anspruch genommen. B hatte widerklagend von K die Zahlung des noch ausstehenden Vorfinanzierungsbetrags in Höhe von 67.000 Euro begehrt und gegen K Vollstreckungsgegenklage gegen die Zulässigkeit der Zwangsvollstreckung aus der dinglichen Unterwerfungserklärung erhoben (und dabei unter anderem eine Aufrechnung mit Schadensersatzansprüchen vorgetragen). Das OLG Düsseldorf wies rechtskräftig die Klage auf Rückzahlung der 150.000 Euro als „zurzeit unbegründet" ab; entscheidend war, dass das Bauprojekt (noch) nicht gescheitert war – im Zuge der ergänzenden Vertragsauslegung folgte daraus, dass K die Vorfinanzierung fortsetzen musste. Unter Abweisung der Widerklage im Übrigen verurteilte es K ferner zur Zahlung von 67.000 Euro.

Zwischenzeitlich scheiterte das Projekt allerdings.

K begehrt nun, (Antrag 1) die Zwangsvollstreckung aus dem Urteil des OLG Düsseldorf für unzulässig erklären zu lassen. Ferner begehrt K (Antrag 2) die Rückzahlung des Vorschusses (150.000 Euro). B macht widerklagend (Antrag 3) gegenüber K die zuvor genannten Schadensersatzansprüche geltend.

Erläuterung

Die Entscheidung verknüpft zivilprozess- und zwangsvollstreckungsrechtliche Themenkreise. Angesichts der aufgeworfenen Fragen zu Rechtskraft und Vollstreckungsabwehrklage lohnt sich die Befassung mit dem Fall aus Sicht von Examenskandidatinnen und -kandidaten. Zugegebenermaßen ist der zugrundeliegende Sachverhalt auf den ersten Blick kompliziert und muss Schritt für Schritt auseinandergenommen werden.

Dreh- und Angelpunkt ist zunächst die Frage nach der vereinbarten Vorfinanzierung. Zu dieser hatte sich K projektbezogen verpflichtet. Deshalb war ihre Klage auf Rückforderung im Vorprozess als „zurzeit unbegründet" abgewiesen worden (weswegen der Anspruch nun als Antrag 2 wiederum eingeklagt werden kann) und B hatte erfolgreich den ausstehenden Betrag der Vorfinanzierung eingeklagt (und B hatte damit auch einen Titel in Höhe von 67.000 Euro). Da das Projekt zwischenzeitlich gescheitert war, bestand keine Verpflichtung zur Zahlung des Vorschusses mehr bzw. bestand nun ein Anspruch auf Rückzahlung des geleisteten Vorschusses. Zulässig und begründet ist daher zunächst der auf Rückzahlung gerichtete Antrag 2 des K.

Damit B allerdings nicht mehr aus dem obsiegenden Urteil (67.000 Euro) vollstrecken konnte, musste K auch insofern tätig werden und zwar mit der Vollstreckungsabwehrklage, § 767 Abs. 1 BGB (Antrag 1). Mit dieser Klage können (nicht präkludierte, § 767 Abs. 2 ZPO) materielle Einwendungen gegen die titulierte Forderung geltend gemacht werden. Gegen den Anspruch des B auf Zahlung von 67.000 Euro steht K der *dolo agit*-Einwand (§ 242 BGB) zu, da B bei Zahlung dieser Summe durch K direkt zur Rückzahlung verpflichtet wäre. B hat in diesem Fall kein schützenswertes Interesse mehr an der Vollstreckung der titulierten Forderung. Der *dolo agit*-Einwand ist daher auch eine zulässige Einwendung im Sinne des § 767 Abs. 1 ZPO:

> „Zu Einwendungen (…) führen solche Umstände, die den festgestellten Anspruch nachträglich vernichten oder in seiner Durchsetzbarkeit hemmen (…). Ein rechtsmissbräuchliches, gegen den Grundsatz von Treu und Glauben iSd § 242 BGB verstoßendes Verhalten kann eine Einwendung in diesem Sinne begründen (…). Voraussetzung ist, dass der Rechtsmissbrauch den Bestand der Forderung betrifft und nicht nur einzelne Vollstreckungsmaßnahmen (…)."[324]

Schwieriger zu beurteilen ist die Frage, ob die Widerklage (§ 33 ZPO) des B zulässig ist. Denn die eingeklagten Schadensersatzansprüche hatte B bereits als Angriffsmittel (Aufrechnung als materiell-rechtlicher Einwand) im Zuge seiner (dort widerklagend erhobenen) Vollstreckungsabwehrklage „eingesetzt" und dies könnte ein von § 322 Abs. 2 ZPO (materielle Rechtskraft) erfasster Fall sein:

---

324 BGH, NJW 2015, 955, 958.

„Ihrem Wortlaut nach gilt die Vorschrift des § 322 II ZPO nur für die Aufrechnung des [B]. [Es] ist allerdings anerkannt, dass sie trotz ihres Ausnahmecharakters auch Anwendung findet, wenn die Aufrechnung mit einer Gegenforderung nicht als Verteidigungsmittel gegen eine Klage, sondern – wie hier – als Angriffsmittel im Rahmen einer Vollstreckungsgegenklage des Schuldners eingesetzt wird (…). Eine der Rechtskraft fähige Entscheidung über die zur Aufrechnung gestellte Gegenforderung setzt voraus, dass sachlich über sie entschieden wird. Das ist nicht nur dann der Fall, wenn materiell-rechtlich über ihre Begründetheit entschieden wird, sondern kommt auch in Betracht, wenn die Aufrechnung aus prozessualen Gründen, insbesondere wegen Verspätung tatsächlichen Vorbringens oder wegen fehlender Substanziierung, nicht durchgreift (…). Wird dagegen der Aufrechnungseinwand als solcher nicht zugelassen oder die Aufrechnung für unzulässig gehalten, entfaltet ein Urteil keine Rechtskraftwirkung hinsichtlich der zur Aufrechnung gestellten Gegenforderung (…).“[325]

Prüfungsaufbau

I. Vollstreckungsabwehrklage, § 767 ZPO
  1. Zulässigkeit
  2. Begründetheit
      (P) *dolo agit*-Einwand

II. Klage auf Rückzahlung des Vorschusses

III. Widerklage
  1. Zulässigkeit, § 33 ZPO
      (P) § 322 Abs. 2 ZPO
      …

60. BGH, Urt. v. 10.7.2015 – V ZR 154/14, NJW 2015, 2666 = JA 2016, 303

Leitsätze

1. Das Merkmal „demnächst" (§ 167 ZPO) ist nur erfüllt, wenn sich der Partei zuzurechnende Verzögerungen in einem hinnehmbaren Rahmen halten.

2. Mit Blick auf die Einzahlung des Kostenvorschusses kommt es bei der Berechnung der noch hinnehmbaren Verzögerung von 14 Tagen nicht auf die Zeitspanne zwischen der Aufforderung zur Einzahlung der Gerichtskosten und deren Eingang bei der Gerichtskasse, sondern darauf an, um wie viele Tage sich der für die Zustellung der Klage ohnehin erforderliche Zeitraum infolge der Nachlässigkeit des Klägers verzögert hat (…).

3. Wurde der Kostenvorschuss verfahrenswidrig nicht von der klagenden Partei selbst, sondern über deren Anwalt angefordert, ist die damit einhergehende – der

---

325 BGH, NJW 2015, 955, 959.

Partei nicht zuzurechnende – Verzögerung im Allgemeinen mit drei Werktagen zu veranschlagen.

4. Auch von einer auf die Wahrung ihrer prozessualen Obliegenheiten bedachten Partei kann nicht verlangt werden, an Wochenend- und Feiertagen sowie am Heiligabend und an Silvester für die Einzahlung des Kostenvorschusses Sorge zu tragen.

Sachverhalt (gekürzt)

K und B bilden eine Wohnungseigentümergemeinschaft. Auf der Wohnungseigentümerversammlung vom 2.11.2012 wurden mehrere Beschlüsse gefasst. Mit der am 23.11.2012 eingegangenen Beschlussmängelklage wandte sich K gegen das zu dem Tagesordnungspunkt 6 beschlossene Sanierungskonzept und dessen Finanzierung durch Erhebung einer Sonderumlage. Nach Korrespondenz zur vorläufigen Streitwertfestsetzung hat der Prozessbevollmächtigte der K am 18.12.2012 (Dienstag) die an ihn versandte Aufforderung zur Zahlung des Gerichtskostenvorschusses erhalten. Nach deren Weiterleitung an die Rechtsschutzversicherung der K ist der Vorschuss am 7.1.2013 bei der Justizkasse eingegangen. Die Klage wurde am 18.1.2013 zugestellt.

§ 46 Abs. 1 Satz 1 u. 2 WEG lautet: [1]Die Klage eines oder mehrerer Wohnungseigentümer auf Erklärung der Ungültigkeit eines Beschlusses der Wohnungseigentümer ist gegen die übrigen Wohnungseigentümer und die Klage des Verwalters ist gegen die Wohnungseigentümer zu richten. [2]Sie muss innerhalb eines Monats nach der Beschlussfassung erhoben (…) werden.

§ 12 Abs. 1 Satz 1 GKG: In bürgerlichen Rechtsstreitigkeiten soll die Klage erst nach Zahlung der Gebühr für das Verfahren im Allgemeinen zugestellt werden.

Erläuterung

Die Entscheidung führt tief hinein in Details des Zivilprozessrechts, da auch Aspekte des Kostenrechts eine Rolle spielen. Warum lohnt ein Blick auf den Fall gleichwohl? Das Urteil beschäftigt sich mit dem höchstpraxis-und auch klausurrelevanten Tatbestandsmerkmal „demnächst" des § 167 ZPO. Mit dieser Norm hat man sich (fast) immer auseinander zu setzen, soweit die fristgerechte Erhebung einer Klage in Rede steht.

Die Erhebung der Klage ist etwa von zentraler Bedeutung für eine Hemmung nach § 204 BGB, wodurch materielles Recht mit dem Zustellungsrecht (§§ 166 ff. ZPO) auch in der Klausur verknüpft werden kann. Erhoben (rechtshängig) ist eine Klage, wenn sie zugestellt wurde (§§ 253 Abs. 1, 261 Abs. 1 ZPO). Dies hat der Kläger nicht allein in der Hand, denn die Zustellung erfolgt durch das Gericht (§§ 166 Abs. 2, 271 Abs. 1 ZPO) und ist – unter anderem – abhängig von der Zahlung eines Gerichtskostenvorschusses (§ 12 Abs. 1 Satz 1 GKG). Dem Kläger hilft genau aus diesem Grund der § 167 ZPO, wonach die Wirkung der Fristwahrung bereits mit Eingang des Klageantrags eintritt, wenn die Zustellung *demnächst* erfolgt. Das Tatbestandsmerkmal „demnächst" eröffnet auch die Möglichkeit, Verursachungsbeiträge (des Klägers oder des Gerichts) bei einer verzögerten Klagezustellung – interessengerecht – zu berücksichtigen.

Hier ging es nun um die Wahrung der (materiellen und damit die Begründetheit betreffenden) Klageerhebungsfrist des § 46 Abs. 1 Satz 2 WEG. Zum Zeitpunkt der Zustellung war die Ein-Monats-Frist bereits abgelaufen, so dass es auf eine Zustellung „demnächst" ankam.

In der gutachterlichen Prüfung ist an dieser Stelle – je nach Fallkonstellation – ausführlich der Sachverhalt auszuwerten und insbesondere auch zu berücksichtigen, dass das Gericht hier bei der Aufforderung zur Zahlung des Gerichtskostenvorschusses einen Fehler gemacht hat (die Aufforderung hätte direkt an K übersendet werden müssen). Der BGH führt hierzu – unter teilweiser Aufgabe seiner vorherigen Rechtsprechung – aus:

> „[K hat] die materielle Klageerhebungsfrist nach § 46 I 2 WEG gewahrt. (...) [D]ie Zustellung der Klage [ist] demnächst iSv. § 167 ZPO bewirkt worden. (...) [D]as Merkmal „demnächst" (§ 167 ZPO) [ist] nur erfüllt, wenn sich die der Partei zuzurechnenden Verzögerungen in einem hinnehmbaren Rahmen halten. Dabei wird eine der Partei zuzurechnende Zustellungsverzögerung von bis zu 14 Tagen regelmäßig hingenommen (...), um eine Überforderung des Klägers sicher auszuschließen. (...) [Es wird] bei der Berechnung der noch hinnehmbaren Verzögerung von 14 Tagen nicht auf die Zeitspanne zwischen der Aufforderung zur Einzahlung der Gerichtskosten und deren Eingang bei der Gerichtskasse, sondern darauf abgestellt, um wie viele Tage sich der für die Zustellung der Klage ohnehin erforderliche Zeitraum infolge der Nachlässigkeit des Klägers verzögert hat (...)."[326]

Merken sollte man sich daher nicht nur schematisch einen 14-Tages-Zeitraum, sondern dass ein Vergleich zwischen dem tatsächlichen und dem hypothetischen Ablauf erforderlich ist.[327]

In casu bedeutete dies übrigens, dass die Zustellung „demnächst" bewirkt worden war. Denn die fehlerhafte Aufforderung des Gerichts war mit drei Tagen „extra" zu veranschlagen, so dass ein Zugang an K (erst) am 21.12.2012 (Freitag) anzunehmen war. Weil dann ein Wochenende, Heiligabend und die Weihnachtsfeiertage folgten, musste K frühestens am 27.12.2012 tätig werden und wurde dies mit der Einzahlung des Vorschusses am 7.1.2013 auch innerhalb von 14 Tagen.

Prüfungsaufbau

I. Beschlussmängelklage
  1. Zulässigkeit
  2. Begründetheit
      a) Wahrung der materiellen Klageerhebungsfrist, § 46 Abs. 1 Satz 2 WEG
          aa) Klageerhebung
              (P) demnächst im Sinne des § 167 ZPO?
              ...

---

326 BGH, NJW 2015, 2666, 2666.
327 Näher *H. Schmidt*, JA 2016, 303, 305.

Anhang 1:
Ergänzende Literaturhinweise

BGB Allgemeiner Teil

- *Hoffmann*, Die Entwicklung des Internetrechts bis Mitte 2017, NJW 2017, 2445
- *Hoffmann*, Die Entwicklung des Internetrechts bis Ende 2016, NJW 2017, 525
- *Hoffmann*, Die Entwicklung des Internetrechts bis Ende 2015, NJW 2016, 548
- *Hoffmann*, Die Entwicklung des Internetrechts bis Mitte 2015, NJW 2015, 2470

Schuldrecht Allgemeiner Teil

AGB-Recht
- *Graf v. Westphalen*, AGB-Recht im Jahr 2017, NJW 2018, 205
- *Graf v. Westphalen*, AGB-Recht im Jahr 2016, NJW 2017, 2237
- *Graf v. Westphalen*, AGB-Recht im Jahr 2015, NJW 2016, 2228
- *Graf v. Westphalen*, AGB-Recht im Jahr 2014, NJW 2015, 2223
- *Niebling*, AGB-Recht – Aktuelle Entwicklungen bei einzelnen Vertragstypen und -klauseln, MDR 2017, 742
- *Niebling*, AGB-Recht – Aktuelle Entwicklungen zu Einbeziehung, Inhaltskontrolle und Rechtsfolgen, MDR 2017, 684
- *Niebling*, AGB-Recht – Aktuelle Entwicklungen bei einzelnen Vertragstypen und -klauseln, MDR 2016, 685
- *Niebling*, AGB-Recht – Aktuelle Entwicklungen zu Einbeziehung, Inhaltskontrolle und Rechtsfolgen, MDR 2016, 629
- *Niebling*, AGB-Recht – Aktuelle Entwicklungen bei einzelnen Vertragstypen und -klauseln, MDR 2015, 616
- *Niebling*, AGB-Recht – Aktuelle Entwicklungen zu Einbeziehung, Inhaltskontrolle und Rechtsfolgen, MDR 2015, 560
- *Niebling*, AGB-Recht – Aktuelle Entwicklungen bei einzelnen Vertragstypen und -klauseln, MDR 2014, 696
- *Niebling*, AGB-Recht – Aktuelle Entwicklungen zu Einbeziehung, Inhaltskontrolle und Rechtsfolgen, MDR 2014, 636

Verbraucher(schutz)recht

- *Rätze*, Rechtsprechungsübersicht: Ein Jahr neues Verbraucherrecht, VuR 2015, 299

Schuldrecht Besonderer Teil

Kaufrecht
- *Höpfner/Fallmann*, Die Reform des kaufrechtlichen Gewährleistungsrechts 2018, NJW 2017, 3745
- *Lorenz*, Grundwissen – Zivilrecht: Neuregelungen im Gewährleistungsrecht zum 1.1.2018, JuS 2018, 10
- *Nietsch/Osmanovic*, Die kaufrechtliche Sachmängelhaftung nach dem Gesetz zur Änderung des Bauvertragsrechts, NJW 2018, 1

Mietrecht

- *Blank*, Rechtsprechungsüberblick zum Wohnraummietrecht 1. Halbjahr 2017, MDR 2017, 1161
- *Blank*, Rechtsprechungsüberblick zum Wohnungsmietrecht – Vorkaufrecht, Haftung und Kündigung, MDR 2017, 437
- *Blank*, Rechtsprechungsüberblick zum Wohnungsmietrecht – Betriebskosten, Miete und Gewährleistung, MDR 2017, 369
- *Blank*, Rechtsprechungsüberblick zum Wohnungsmietrecht – Vorkaufrecht, Kündigung, Vollstreckungsschutz, MDR 2016, 1307
- *Blank*, Rechtsprechungsüberblick zum Wohnungsmietrecht – Betriebskosten, Miete, Gewährleistung, MDR 2016, 1246
- *Burbulla*, Gewerberaummiete – Die Entwicklungen der Rechtsprechung im 1. Halbjahr 2017, MDR 2017, 1401
- *Burbulla*, Gewerberaummiete – Die Entwicklungen der Rechtsprechung im 2. Halbjahr 2016, MDR 2017, 800
- *Burbulla*, Gewerberaummiete – Die Entwicklungen der Rechtsprechung im 1. Halbjahr 2016, MDR 2016, 1429
- *Herrlein*, Die Rechtsprechung zur Wohnraummiete im ersten Halbjahr 2017, NJW 2017, 2801
- *Herrlein*, Die Rechtsprechung zur Wohnraummiete im zweiten Halbjahr 2016, NJW 2017, 1279
- *Herrlein*, Die Rechtsprechung zur Wohnraummiete im ersten Halbjahr 2016, NJW 2016, 2851
- *Herrlein*, Die Rechtsprechung zur Wohnraummiete im zweiten Halbjahr 2015, NJW 2016, 1282
- *Herrlein*, Die Rechtsprechung zur Wohnraummiete im ersten Halbjahr 2015, NJW 2015, 2925
- *Lindner-Figura/Reuter*, Die Entwicklung des Gewerberaummietrechts 2016, NJW 2017, 1071
- *Lindner-Figura/Reuter*, Die Entwicklung des Gewerberaummietrechts 2015, NJW 2016, 1059

Leasingrecht

- *Harriehausen*, Die aktuellen Entwicklungen im Leasingrecht, NJW 2017, 1443
- *Harriehausen*, Die aktuellen Entwicklungen im Leasingrecht, NJW 2016, 1421
- *Harriehausen*, Die aktuellen Entwicklungen im Leasingrecht, NJW 2015, 1422

Bauvertragsrecht

- *Klose*, Reform des Bauvertragsrechts 2017, MDR 2017, 793
- *Reiter*, Das neue Bauvertragsrecht – Teil I: Allgemeines Werkvertragsrecht und Bauvertrag, JA 2018, 161
- *Reiter*, Das neue Bauvertragsrecht – Teil II: Verbraucherbauvertrag, Architekten- und Ingenieurvertrag, Bauträgervertrag, JA 2018, 241
- *Schmeel*, Aktuelle Entwicklungen in der Rechtsprechung zum Bauvertragsrecht, MDR 2017, 254
- *Schmeel*, Aktuelle Entwicklung in der Rechtsprechung zum Bauvertragsrecht, MDR 2016, 252
- *Schmeel*, Aktuelle Entwicklung in der Rechtsprechung zum Bauvertragsrecht, MDR 2015, 567
- *Schmeel*, Aktuelle Entwicklungen in der Rechtsprechung zum Bauvertragsrecht, MDR 2014, 321

- *Wittler/Sieberg*, Die Entwicklung des privaten Baurechts (BGB und VO/B) seit Juni 2017, NJW 2018, 19
- *Wittler/Sieberg*, Die Entwicklung des privaten Baurechts (BGB und VOB/B) seit Dezember 2016, NJW 2017, 1924

Reiserecht

- *Bergmann*, Rechtsprechungsübersicht zum Reiserecht 2016 bis 2017, VuR 2017, 443
- *Bergmann*, Rechtsprechungsübersicht zum Reiserecht 2015 bis 2016, VuR 2016, 363
- *Bergmann*, Rechtsprechungsübersicht zum Reiserecht 2014 bis 2015, VuR 2015, 323
- *Führich*, Das neue Pauschalreiserecht – Umsetzung der Pauschalreiserichtlinie (EU) 2015/2302 in deutsches Recht, NJW 2017, 2945
- *Führich*, Die Entwicklung des Reisevertragsrechts im Jahre 2015, MDR 2016, 566
- *Staudinger/Schröder*, Die Entwicklung des Reiserechts im ersten Halbjahr 2017, NJW 2017, 2797
- *Staudinger/Schröder*, Die Entwicklung des Reiserechts im zweiten Halbjahr 2016, NJW 2017, 928
- *Staudinger/Bauer*, Die Entwicklung des Reiserechts im ersten Halbjahr 2016, NJW 2016, 2855
- *Staudinger/Bauer*, Die Entwicklung des Reiserechts im zweiten Halbjahr 2015, NJW 2016, 913
- *Staudinger/Röben*, Die Entwicklung des Reiserechts im ersten Halbjahr 2015, NJW 2015, 2851

Maklerrecht

- *Fischer*, Die Entwicklung des Maklerrechts im ersten Halbjahr 2017, NJW 2017, 3278
- *Fischer*, Die Entwicklung des Maklerrechts im zweiten Halbjahr 2016, NJW 2017, 1219
- *Fischer*, Die Entwicklung des Maklerrechts seit 2015, NJW 2016, 3281
- *Fischer*, Die neue Rechtsprechung des BGH zum Maklerrecht, WM-Sonderbeilage 2016, 1
- *Fischer*, Die Entwicklung des Maklerrechts seit 2014, NJW 2015, 3278

Haftungsrecht

- *Molitoris/Klindt*, Aktuelle Entwicklungen im Produktsicherheits- und Produkthaftungsrecht, NJW 2017, 1582
- *Molitoris/Klindt*, Aktuelle Entwicklungen im Produktsicherheits- und Produkthaftungsrecht, NJW 2016, 2464
- *Molitoris/Klindt*, Entwicklungen im Produktsicherheits- und Produkthaftungsrecht 2014, NJW 2015, 1568

Sachenrecht

Immobiliarsachenrecht

- *Böhringer*, Entwicklungen des Grundstücks- und Grundbuchrechts seit 2015, Rpfleger 2017, 63
- *Böttcher*, Die Entwicklung des Grundbuch- und Grundstücksrechts bis Ende 2016, NJW 2017, 859
- *Böttcher*, Die Entwicklung des Grundbuch- und Grundstücksrechts bis Juni 2016, NJW 2016, 2782
- *Böttcher*, Die Entwicklung des Grundbuch- und Grundstücksrechts bis Ende 2015, NJW 2016, 844

Wohnungseigentumsrecht

– *Bartholome*, Die Entwicklung des Wohnungseigentumsrechts im Jahr 2016, NJW 2017, 2082
– *Riecke*, Wohnungseigentum – Aktuelle Entwicklungen zu Eigentums- und Nutzungsrechten, baulichen Maßnahmen und Verfahren, MDR 2018, 121
– *Riecke*, Wohnungseigentum – Aktuelle Entwicklungen zu Eigentümerversammlung und WEG-Verwalter, MDR 2017, 190
– *Riecke*, Wohnungseigentum – Aktuelle Entwicklungen zu Eigentums- und Nutzungsrechten, baulichen Maßnahmen und Verfahren, MDR 2017, 121

Familienrecht

– *Brudermüller/Siede*, Die Entwicklung des Familienrechts seit März 2017 – Güterrecht und Versorgungsausgleich, NJW 2017, 3202
– *Brudermüller/Siede*, Die Entwicklung des Familienrechts seit Frühjahr 2016 – Güterrecht und Versorgungsausgleich, NJW 2016, 3215
– *Brudermüller/Siede*, Die Entwicklung des Familienrechts seit Herbst 2015 – Güterrecht und Versorgungsausgleich, NJW 2016, 1286
– *Kurze*, Rechtsprechungsübersicht Betreuungsrecht, NZFam 2014, 1027
– *Niepmann/Schwamb*, Die Entwicklung des Unterhaltsrechts seit Mitte 2016, NJW 2017, 1853
– *Niepmann/Schwamb*, Die Entwicklung des Unterhaltsrechts seit Anfang 2016, NJW 2016, 2543
– *Niepmann/Schwamb*, Die Entwicklung des Unterhaltsrechts seit Mitte 2015, NJW 2016, 685
– *Schneider*, Aktuelle Entwicklungen in Gesetzgebung und Rechtsprechung zum Familienrecht, MDR 2017, 1
– *Schneider*, Aktuelle Entwicklungen in Gesetzgebung und Rechtsprechung zum Familienrecht, MDR 2015, 809
– *Schneider*, Aktuelle Entwicklungen in Gesetzgebung und Rechtsprechung zum Familienrecht, MDR 2014, 1303
– *Weber*, Die Entwicklung des Familienrechts seit Mitte 2016, NJW 2017, 2964
– *Weber*, Die Entwicklung des Familienrechts seit Mitte 2015, NJW 2016, 3076
– *Weber*, Die Entwicklung des Familienrechts seit Mitte 2014, NJW 2015, 3068
– *Wellenhofer*, Rechtsprechungsübersicht zum Abstammungsrecht (2014-2016), NZFam 2016, 731

Erbrecht

– *Bestelmeyer*, Die Entwicklung des Erbrechts seit 2016, Rpfleger 2017, 674
– *Münch*, Rechtsprechungsübersicht Erbrecht, FamRZ 2016, 1413
– *Münch*, Rechtsprechungsübersicht Erbrecht, FamRZ 2015, 981
– *Münch*, Rechtsprechungsübersicht Erbrecht, FamRZ 2014, 1073
– *Siebert*, Die Entwicklung des Erbrechts im ersten Halbjahr 2017, NJW 2017, 2881
– *Siebert*, Die Entwicklung des Erbrechts im zweiten Halbjahr 2016, NJW 2017, 1075
– *Siebert*, Die Entwicklung des Erbrechts im ersten Halbjahr 2016, NJW 2016, 2927
– *Siebert*, Die Entwicklung des Erbrechts im zweiten Halbjahr 2015, NJW 2016, 1063
– *Siebert*, Die Entwicklung des Erbrechts im ersten Halbjahr 2015, NJW 2015, 2855

Handelsrecht

- *Kögel*, Entwicklungen im Handels- und Registerrecht seit 2015, Rpfleger 2017, 313
- *Kögel*, Entwicklungen im Handels- und Registerrecht seit 2013, Rpfleger 2015, 373

Gesellschaftsrecht

- *Hirte*, Die Entwicklung des Unternehmens- und Gesellschaftsrechts im Jahr 2017, NJW 2018, 1221
- *Hirte*, Die Entwicklung des Unternehmens- und Gesellschaftsrechts im Jahr 2016, NJW 2017, 1213
- *Hirte*, Die Entwicklung des Unternehmens- und Gesellschaftsrechts im Jahr 2015, NJW 2016, 1216
- *Ring*, Die Rechtsprechung des BGH zum Personengesellschaftsrecht im Jahre 2016, NJ 2017, 89
- *Ring*, Die Rechtsprechung des BGH zum Personengesellschaftsrecht im Jahre 2015, NJ 2016, 98
- *Ring*, Die Rechtsprechung des BGH zum Personengesellschafsrecht im Jahre 2014, NJ 2015, 353
- *Röcken*, Entwicklung im Vereinsrecht – Die einzelnen Organe und ihre Haftung, MDR 2016, 1067
- *Röcken*, Entwicklung im Vereinsrecht – Zweckbestimmung, Satzungsgestaltung und Mitgliederversammlung, MDR 2016, 1001
- *Röcken*, Entwicklung des Vereinsrechts, MDR 2015, 990
- *Röcken*, Entwicklung des Vereinsrechts, MDR 2014, 879
- *Römermann*, Aktuelles Gesellschaftsrecht rund um die GmbH im Jahre 2017, GmbHR 2017, 1121
- *Verse*, Die Entwicklung des europäischen Gesellschaftsrechts 2014-2015, EuZW 2016, 330
- *Wagner*, Die Entwicklungen im Vereinsrecht, NZG 2015, 1377

Arbeitsrecht

- *Baeck/Winzer/Hies*, Neuere Entwicklungen im Arbeitsrecht, NZG 2016, 857
- *Baeck/Winzer/Hies*, Neuere Entwicklungen im Arbeitsrecht, NZG 2015, 670
- *Zundel*, Die Entwicklung des Arbeitsrechts im Jahr 2017, NJW 2018, 126 und 270
- *Zundel*, Die Entwicklung des Arbeitsrechts im Jahr 2016, NJW 2017, 132 und 302
- *Zundel*, Die Entwicklung des Arbeitsrechts im Jahr 2015, NJW 2016, 132 und 292

Zivilprozess- und Zwangsvollstreckungsrecht

- *Bernau*, Die Rechtsprechung des BGH zur Wiedereinsetzung in den vorigen Stand, NJW 2016, 1999
- *Bernau*, Die Rechtsprechung des BGH zur Wiedereinsetzung in den vorigen Stand, NJW 2015, 2004
- *Büßer*, Neues aus der Rechtsprechung zum Zivilprozessrecht III/2016, JA 2016, 927
- *Büßer*, Neues aus der Rechtsprechung zum Zivilprozessrecht II/2016, JA 2016, 618
- *Büßer*, Neues aus der Rechtsprechung zum Zivilprozessrecht I/2016, JA 2016, 210
- *Büßer*, Neues aus der Rechtsprechung zum Zivilprozessrecht, JA 2015, 689
- *Commandeur/Hübler*, Aktuelle Entwicklungen im Insolvenzrecht, NZG 2018, 97
- *Commandeur/Römer*, Aktuelle Entwicklungen im Insolvenzrecht, NZG 2017, 776

- *Commandeur/Utsch*, Aktuelle Entwicklungen im Insolvenzrecht, NZG 2016, 1377
- *Fischer*, Aktuelles Zivilprozessrecht, JuS 2017, 1174
- *Fischer*, Aktuelles Zivilprozessrecht, JuS 2017, 838
- *Fischer*, Aktuelles Zivilprozessrecht, JuS 2017, 225
- *Fischer*, Aktuelles Zivilprozessrecht, JuS 2016, 1083
- *Fischer*, Aktuelles Zivilprozessrecht, JuS 2016, 799
- *Fischer*, Aktuelles Zivilprozessrecht, JuS 2016, 512
- *Fischer*, Aktuelles Zivilprozessrecht, JuS 2016, 231
- *Fischer*, Aktuelles Zivilprozessrecht, JuS 2015, 1083
- *Fischer*, Aktuelles Zivilprozessrecht, JuS 2015, 797
- *Fischer*, Aktuelles Zivilprozessrecht, JuS 2015, 517
- *Fischer*, Aktuelles Zivilprozessrecht, JuS 2015, 223
- *Fischer*, Aktuelles Zivilprozessrecht, JuS 2014, 1082
- *Fischer*, Aktuelles Zivilprozessrecht, JuS 2014, 799
- *Fischer*, Aktuelles Zivilprozessrecht, JuS 2014, 513
- *Fischer*, Aktuelles Zivilprozessrecht, JuS 2014, 224

Internationales Privatrecht

- *Arnold*, Die Entwicklung der Rechtsprechung zum Internationalen Privatrecht, GPR 2017, 29
- *Rauscher*, Die Entwicklung des Internationalen Privatrechts 2015 bis 2016, NJW 2016, 3493
- *Rauscher*, Die Entwicklung des Internationalen Privatrechts 2014 bis 2015, NJW 2015, 3551
- *Weller/Hategan*, Internationales Privatrecht – Ein Examens-Crashkurs, JuS 2016, 969 und 1063

Sonstiges

- *Heß/Burmann*, Die aktuellen Entwicklungen im Straßenverkehrsrecht, NJW 2017, 1152
- *Sajuntz*, Die Entwicklung des Presse- und Äußerungsrechts im Jahr 2017, NJW 2018, 589
- *Sajuntz*, Die aktuellen Entwicklungen des Presse- und Äußerungsrechts, NJW 2017, 698
- *Spickhoff*, Die Entwicklung des Arztrechts 2016/2017, NJW 2017, 1790

Anhang 2:
Weitere ausgewählte höchstrichterliche Entscheidungen zur Vertiefung

Vertragsschluss

61. BGH, Urt. v. 8.11.2016 – VI ZR 594/15, NJW 2017, 949
62. BGH, Urt. v. 7.7.2016 – I ZR 30/15, NJW 2017, 1024
63. BGH, Urt. v. 13.5.2016 – V ZR 265/14, NJW-RR 2017, 114 = JuS 2016, 935
64. BGH, Urt. v. 2.7.2014 – VIII ZR 316/13, NJW 2014, 3148
65. BAG, Urt. v. 19.3.2014 – 5 AZR 252/12 (B), NZA 2014, 1076 = JuS 2015, 65

Internetauktionen

66. BGH, Urt. v. 24.8.2016 – VIII ZR 182/15, MMR 2016, 737
67. BGH, Urt. v. 23.9.2015 – VIII ZR 284/14, NJW 2016, 395
68. BGH, Urt. v. 8.1.2014 – VIII ZR 63/13, NJW 2014, 1292

Stellvertretung

69. BGH, Urt. v. 22.7.2014 – VIII ZR 313/13, NJW 2014, 3150
70. BGH, Urt. v. 28.1.2014 – II ZR 371/12, NZG 2014, 389 = JuS 2014, 646
71. BGH, Urt. v. 23.1.2014 – III ZR 436/12, NJW 2014, 1294 = JuS 2014, 1032

Schuldverhältnis

72. BGH, Urt. v. 22.11.2017 – VIII ZR 83/16, BeckRS 2017, 135534
73. BGH, Urt. v. 22.11.2017 – VIII ZR 213/16, BeckRS 2017, 136005
74. BGH, Urt. v. 26.4.2016 – VI ZR 467/15, NJW-RR 2017, 272

Schadensersatzrecht

75. BGH, Urt. v. 7.2.2017 – VI ZR 182/16, NJW 2017, 2182 = JuS 2017, 1111
76. BGH, Urt. v. 24.1.2017 – VI ZR 146/16 , NJW 2017, 1664 = JuS 2017, 1111
77. BGH, Urt. v. 24.11.2016 – IX ZR 278/14 , NJW-RR 2017, 334
78. BGH, Urt. v. 27.10.2015 – VI ZR 23/15, NJW 2016, 1589 = JuS 2016, 650
79. BGH, Urt. v. 17.6.2014 – VI ZR 281/13, NJW 2014, 2493 = JuS 2015, 455

AGB-Recht

80. BGH, Urt. v. 8.11.2017 – VIII ZR 13/17, NJW 2017, 3707
81. BGH, Urt. v. 4.7.2017 – XI ZR 562/15, NJW 2017, 2986
82. BGH, Urt. v. 16.2.1017 – VII ZR 242/13, NJW 2017, 1669 = JuS 2018, 69
83. BGH, Urt. v. 21.6.2016 – VI ZR 475/15, NJW-RR 2017, 501 = JuS 2017, 163
84. BGH, Urt. v. 25.6.2015 – IX ZR 199/14, NJW 2015, 3029 = JuS 2016, 167
85. BGH, Urt. v. 4.2.2015 – VIII ZR 26/14, NJW-RR 2015, 738 = JuS 2015, 1036
86. BGH, Urt. v. 20.3.2014 – VII ZR 248/13, NJW 2014, 1725 = JuS 2014, 745

Schuldrecht Allgemeiner Teil im Übrigen

87. BGH, Urt. v. 16.5.2017 – XI ZR 586/15, NJW 2017, 2340
88. BGH, Urt. v. 12.10.2016 – VIII ZR 55/15, NJW 2017, 878 = JuS 2017, 881
89. BGH, Urt. v. 28.6.2016 – X ZR 65/14, NJW 2017, 885 = JuS 2017, 467
90. BGH, Urt. v. 12.7.2016 – XI ZR 564/15, NJW 2016, 3512
91. BGH, Urt. v. 2.6.2016 – VII ZR 107/15, NJW-RR 2016, 859
92. BGH, Urt. v. 25.3.2015 – VIII ZR 38/14, NJW 2015, 1748 = JuS 2016, 351
93. BGH, Urt. v. 28.5.2014 – VIII ZR 94/13, NJW 2014, 3229 = JuS 2015, 68

Kaufrecht

94. BGH, Urt. v. 27.9.2017 – VIII ZR 271/16, NJW 2018, 146
95. BGH, Urt. v. 26.4.2017 – VIII ZR 80/16, NJW 2017, 2817 = JA 2017, 865
96. BGH, Urt. v. 26.4.2017 – VIII ZR 233/15, NJW 2017, 3292 = JuS 2017, 683
97. BGH, Urt. v. 15.6.2016 – VIII ZR 134/15, NJW 2016, 2874 = JuS 2016, 1122
98. BGH, Versäumnisurt. v. 8.4.2016 – V ZR 150/15, DNotZ 2016, 918 = JA 2016, 787
99. BGH, Urt. v. 19.2.2016 – V ZR 216/14, NJW 2016, 2315
100. BGH, Urt. v. 20.1.2016 – VIII ZR 77/15, NJW 2016, 2493 = JuS 2016, 1120
101. BGH, Urt. v. 11.12.2015 – V ZR 26/15, NJOZ 2016, 1793
102. BGH, Urt. v. 6.11.2015 – V ZR 78/14, NJW 2016, 1815 = JuS 2016, 841
103. BGH, Urt. v. 1.7.2015 – VIII ZR 226/14, NJW 2015, 3455 = JA 2016, 385
104. BGH, Urt. v 15.4.2015 – VIII ZR 80/14, NJW 2015, 1669 = JuS 2016, 65
105. BGH, Urt. v. 30.4.2014 – VIII ZR 275/13, NJW 2014, 2351 = JuS 2015, 361
106. BGH, Urt. v. 4.4.2014 – V ZR 275/12, NJW 2015, 468 = JuS 2014, 833
107. BGH, Urt. v. 15.1.2014 – VIII ZR 70/13, NJW 2014, 1086 = JuS 2015, 71

Mietrecht

108. BGH, Urt. v. 29.3.2017 – VIII ZR 45/16, NJW 2017, 2018 = JuS 2017, 1115
109. BGH, Versäumnisurt. v. 3.3.2017 – V ZR 268/15, NJW-RR 2017, 1097 = JuS 2017, 1026
110. BGH, Urt. v. 14.12.2016 – VIII ZR 49/16, NJW-RR 2017, 329 = JuS 2017, 1022
111. BGH, Urt. v. 05.10.2016 – VIII ZR 222/15, NJW 2017, 1596 = JA 2017, 467 = JuS 2017, 466
112. BGH, Urt. v. 20.7.2016 – VIII ZR 263/14, NJW 2016, 3231 = JuS 2017, 264
113. BGH, Versäumnisurt. v. 13.7.2016 – VIII ZR 296/15, NZM 2016, 791 = JuS 2017, 69
114. BGH, Urt. v. 29.6.2016 – VIII ZR 173/15, NJW 2016, 2805 = JuS 2017, 780
115. BGH, Urt. v. 22.4.2016 – V ZR 23/15, NJW 2017, 150
116. BGH, Urt. v. 13.4.2016 – VIII ZR 198/15, NJW-RR 2016, 1032
117. BGH, Urt. v. 25.11.2015 – XII ZR 114/14, NJW 2016, 311 = JuS 2016, 551
118. BGH, Urt. v. 4.2.2015 – VIII ZR 154/14, NJW 2015, 1087 = JuS 2015, 649
119. BGH, Urt. v 21.1.2015 – VIII ZR 51/14, NJW 2015, 1516 = JuS 2016, 67
120. BGH, Urt. v. 11.6.2014 – VIII ZR 349/13, NJW 2014, 2717 = JuS 2015, 171

Werkvertragsrecht

121. BGH, Urt. v. 21.2.2017 – X ZR 49/16, NJW-RR 2017, 756 = JuS 2017, 1211
122. BGH, Urt. v. 19.1.2017 – VII ZR 235/15, NJW 2017, 1607
123. BGH, Urt. v. 6.12.2016 – X ZR 118/15, BeckRS 2016, 113931 = JuS 2017, 552
124. BGH, Urt. v. 2.6.2016 – VII ZR 348/13, NZBau 2016, 558
125. BGH, Urt. v. 28.1.2016 – VII ZR 266/14, NJW 2016, 2032
126. BGH, Urt. v. 5.11.2015 – VII ZR 144/14 , NJW 2016, 52

Reisevertragsrecht

127. BGH, Urt. v. 21.11.2017 – X ZR 111/16, BeckRS 2017, 138616
128. BGH, Urt. v. 6.12.2016 – X ZR 117/15, NJW 2017, 958 = JA 2017, 384 = JuS 2017, 552
129. BGH, Urt. v. 19.7.2016 – X ZR 123/15, NJW 2016, 3304 = JuS 2017, 360

Geschäftsführung ohne Auftrag

130. BGH, Urt. v. 27.11.2014 – III ZA 19/14, NJW 2015, 1020

Bürgschaftsrecht

131. BGH, Urt. v. 27.9.2016 – XI ZR 81/15, NJW 2017, 557
132. BGH, Urt. v. 14.6.2016 – XI ZR 242/15, NJW 2016, 3158 = JuS 2017, 166

Bereicherungsrecht

133. BGH, Urt. v. 16.3.2017 – VII ZR 197/16, NJW 2017, 1808 = JuS 2017, 550
134. BGH, Urt. v. 22.1.2016 – V ZR 27/14, NJW 2016, 3162
135. BGH, Urt. v. 2.6.2015 – XI ZR 327/14, NJW 2015, 2725 = JuS 2016, 72
136. BGH, Urt. v. 21.4.2015 – XI ZR 234/14, NJW 2015, 2497
137. BGH, Urt. v. 10.4.2014 – VII ZR 241/13, NJW 2014, 1805 = JuS 2014, 1123

Deliktsrecht

138. BGH, Urt. v. 23.11.2017 – III ZR 60/16, NJW 2018, 301
139. BGH, Urt. v. 14.2.2017 – VI ZR 434/15, NJW-RR 2017, 725 = JuS 2017, 1116
140. BGH, Urt. v. 27.9.2016 – VI ZR 310/14, NJW 2017, 804
141. BGH, Urt. v. 19.7.2016 – VI ZR 75/15, NJW 2016, 3523 = JuS 2016, 1030
142. BGH, Urt. v. 21.6.2016 – VI ZR 403/14, NZV 2017, 25
143. BGH, Urt. v. 31.5.2016 – VI ZR 465/15, NJW 2016, 2737
144. BGH, Urt. v. 10.5.2016 – VI ZR 247/15 , NJW 2016, 2502
145. BGH, Urt. v. 26.4.2016 – VI ZR 467/15, NJW-RR 2017, 272
146. BGH, Urt. v. 1.3.2016 – VI ZR 34/15, MMR 2016, 418
147. BGH, Urt. v. 13.10.2015 – VI ZR 271/14, NJW 2016, 1094
148. BGH; Urt. v. 9.6.2015 – VI ZR 284/12, NJW 2015, 3096
149. BGH; Urt. v. 24.3.2015 – VI ZR 265/14, NJW 2015, 1681
150. BGH, Urt. v. 18.11.2014 – VI ZR 76/14, NJW 2015, 778 = JA 2015, 386
151. BGH, Urt. v. 25.3.2014 – VI ZR 372/13, NJW 2014, 2434

Besitzschutz

152. BGH, Urt. v. 11.3.2016 – V ZR 102/15, NJW 2016, 2407
153. BGH, Urt. v. 30.1.2015 – V ZR 63/13, NJW 2015, 1678 = JuS 2015, 937
154. BGH, Urt. v. 4.7.2014 – V ZR 229/13, NJW 2014, 3727 = JuS 2015, 269

Eigentümer-Besitzer-Verhältnis

155. BGH, Urt. v. 19.9.2014 – V ZR 269/13, NJW 2015, 229 = JuS 2015, 363
156. BGH, Versäumnisurt. v. 14.3.2014 – V ZR 218/13, NZM 2014, 582 = JuS 2014, 940

Mobiliarsachenrecht

157. BGH, Urt. v. 12.4.2016 – XI ZR 305/14, NJW 2016, 2662
158. BGH, Urt. v. 16.10.2015 – V ZR 240/14, NJW 2016, 1887 = JuS 2016, 938

Immobiliarsachenrecht

159. BGH, Urt. v. 18.5.2017 – IX ZR 51/15, JuS 2017, 888
160. BGH, Urt. v. 7.4.2017 – V ZR 52/16, NJW 2017, 2099 = JuS 2017, 1020
161. BGH, Beschl. v. 21.1.2016 – V ZB 19/15, NZG 2016, 666 = JuS 2016, 646

Familienrecht

162. BGH, Beschl. v. 22.3.2017 – XII ZB 56/16, NJW 2017, 1954 = JuS 2017, 1027
163. BGH, Beschl. v. 15.3.2017 – XII ZB 109/16, NJW 2017, 1883 = JuS 2017, 1209
164. BGH, Beschl. v. 8.2.2017 – XII ZB 586/15, NJW 2017, 1672 = JuS 2017, 790
165. BGH, Beschl. v. 16.11.2016 – XII ZB 362/15, NJW 2017, 734 = JA 2017, 386 = JuS 2017, 1119
166. BGH, Beschl. v. 29.6.2016 – XII ZB 300/15, NJW 2016, 3032 = JuS 2017, 555
167. BGH, Beschl. v. 16.12.2015 – XII ZB 516/14, NJW 2016, 629 = JuS 2016, 741
168. BGH, Urt. v. 29.10.2014 – XII ZB 20/14, NJW 2014, 3786 = JuS 2015, 176

Erbrecht

169. BGH, Urt. v. 28.9.2016 – IV ZR 513/15, NJW 2017, 329 = JuS 2017, 889 = JA 2017, 225
170. BGH, Urt. v. 5.4.2016 – XI ZR 440/15, NJW 2016, 2409 = JuS 2016, 1131
171. BGH, Urt. v. 7.7.2015 – X ZR 59/13, NJW 2016, 324 = JuS 2016, 464
172. BGH, Urt. v. 8.4.2015 – IV ZR 161/14, NJW 2015, 1881 = JuS 2015, 941
173. BGH, Urt. v. 11.3.2015 – IV ZR 400/14, NJW 2015, 1382 = JuS 2015, 1128
174. BGH, Urt. v. 29.4.2014 – VI ZR 246/12, NJW 2014, 2871 = JuS 2014, 1037

Gesellschaftsrecht

175. BGH, Urt. v. 21.3.2017 – II ZR 93/16, NJW-RR 2017, 1069 = JuS 2017, 1217
176. BGH, Beschl. v. 28.6.2016 – II ZR 290/15, BeckRS 2016, 18489 = JuS 2017, 559
177. BGH, Beschl. v. 14.6.2016 – II ZB 10/15, NZG 2016, 1102 = JuS 2017, 469
178. BGH, Beschl. v. 20.5.2016 – V ZB 142/15, NZG 2016, 1223 = JuS 2017, 168
179. BGH, Beschl. v. 19.11.2015 – V ZB 201/14, NZG 2016, 107 = JuS 2016, 274

Arbeitsrecht

180. BGH, Urt. v. 30.5.2017 – VI ZR 501/16, r+s 2017, 445
181. BAG, Urt. v. 27.4.2017 – 2 AZR 67/16, NZA 2017, 902
182. BAG, Urt. v. 28.3.2017 – 2 AZR 551/16, NJW 2017, 2937 = JuS 2017, 1121
183. BAG, Urt. v. 26.10.2016 – 5 AZR 167/16, NJW 2017, 1129 = JuS 2017, 557
184. BAG, Urt. v. 20.10.2016 – 6 AZR 471/15, NZA 2016, 1527 = JA 2017, 308
185. BAG, Urt. v. 9.8.2016 – 9 AZR 575/15, NJW 2016, 3740 = JuS 2017, 886
186. BAG, Urt. v. 26.7.2016 – 1 AZR 160/14, BeckRS 2016, 74173 = JuS 2017, 778
187. BAG, Urt. v. 10.5.2016 – 9 AZR 145/15, NJW 2016, 2906 = JuS 2017, 270
188. BAG, Urt. v. 24.2.2016 – 5 AZR 425/15, NJW 2016, 1674 = JuS 2016, 1124
189. BAG, Urt. v. 19.8.2015 – 5 AZR 975/13, NJW 2015, 3678 = JA 2016, 390
190. BAG, Urt. v. 29.1.2015 – 2 AZR 280/14, NJW 2015, 2205 = JuS 2015, 1123

Zwangsvollstreckungsrecht

191. BGH, Beschl. v. 17.5.2017 – VII ZB 64/16, NZG 2017, 822 = JuS 2017, 1221
192. BGH, Urt. v. 21.10.2016 – V ZR 230/15, NJW 2017, 674
193. BGH, Urt. v. 18.10.2016 – XI ZR 145/14, NJW 2017, 1313
194. BGH, Urt. v. 13.10.2016 – IX ZR 149/15, NJW 2017, 1600 = JuS 2017, 694
195. BGH, Beschl. v. 22.9.2016 – V ZR 4/16, NJW 2017, 893
196. BGH, Urt. v. 10.6.2016 – V ZR 125/15, NJW 2017, 486
197. BGH, Urt. v. 21.4.2016 – I ZR 100/15, NJW 2017, 171 = JuS 2017, 365
198. BGH, Urt. v. 19.4.2016 – VI ZR 506/14, NJW-RR 2016, 759 = JA 2017, 227
199. BGH, Beschl. v. 7.1.2016 – I ZB 110/14, NJW 2016, 645 = JuS 2016, 466
200. BGH, Urt. v. 3.11.2015 – II ZR 446/13, NZG 2016, 221 = JuS 2016, 560